シリーズ・保育の基礎を学ぶ ❸

実践に活かす 社会的養護Ⅰ

小川恭子・坂本　健

編著

ミネルヴァ書房

「シリーズ・保育の基礎を学ぶ」刊行にあたって

　社会福祉に関する代表的な資格として，保育士，社会福祉士が挙げられる。両資格とも養成校で学んで資格を取得するのが一般的な方法であるが，その養成課程において，社会的養護を中心とする子ども家庭福祉についての学びはというと，十分な量と質が担保されているとは言い難い状況がある。確かに多くのことを学ばなければならないし，第1，資格を取得してもそれを子ども家庭福祉分野で活かす機会は，それほど多くないものと予想される。もちろん保育所は子ども家庭福祉の実践の場として大きな位置を占めるものだが，「保育」として独立しているように感じられる。児童福祉施設における実践を鑑みた場合，保育所が圧倒的多数であり，次いで健全育成を担う児童館，その後にこれら2つの通所施設を除いた児童福祉施設等ということになる。したがって社会的養護の領域において実践を担う従事者数は，保育所保育士数からすると格段と少なくなる。しかし社会的養護の重要性には，大きなものがあることには論を待たない。子どもたちのより良い生活の構築に当たり，それを支援する職員には，高度な実践の「知」を有することが期待される。

　この度「シリーズ・保育の基礎を学ぶ」として，社会福祉に関する教科目について，実践に活かす上でのバイブルとなることを目標として，全7巻での出版を企画した。指定保育士養成施設のシラバスに沿いつつ，社会的養護施設の実践に丁寧に触れ，子ども家庭福祉における今日的課題を積極的に取り入れることを基本とした。就職への学生の動向をみると，様々な理由から社会的養護関係施設への就職を躊躇することが多いようだが，子どもの全生活を支援する点では苦労も多いが，その分喜びを享受できるのも事実である。これから施設で働こうと考えている皆さんを後押しする，及び毎日の実践に全力で取り組んでいる皆さんにとって，いつでも参考にしていただけるような内容となるよう心掛けた。

i

社会福祉はさまざまな隣接分野との接点が多い領域だが，近年再犯防止という観点から，社会福祉と司法との連携が強化されている。筆者は矯正分野において長年受刑者処遇に尽力された景山城佳氏から，「心に絆を打ち込む」ことの大切さを学んだ。東日本大震災以降，「絆」という言葉は耳にする機会が多いが，浅学な筆者は「絆」という使い方についてはあまり理解していなかった。『広辞苑第7版』によれば，「絆される」の意味として，「特に，人情にひかれて心や行動が束縛される」との説明が付されている。社会福祉分野と矯正分野では，対象者が異なるわけであるから，そのアプローチの仕方に相違があって当然である。しかし，人を対象とするという点からすれば，社会福祉や教育に従事する私たちも，その対象者に対し「絆」を打ち込むぐらいの気概をもって取り組むことが必要ではないかと考える。そしてこれまでの実践において蓄積されてきたノウハウを令和の時代に継承させていくために，本シリーズが少しでも貢献できれば望外の喜びである。

　年間の出生数（2019年）が90万人を割った今日，持続可能な社会福祉の構築のために，実践知を結集し，魅力ある子ども家庭福祉実践を作り上げるための基礎として，本シリーズが活用されることを願う。赫赫たる子ども家庭福祉の実現に向けて，執筆者一同，読者の皆様と共に努力を重ねたいと思う。

2020年2月

坂本　　健

ま え が き

・晩秋のある日，児童家庭支援センターの電話が鳴り響いた。近くに住む里親さんからの電話だった。「お久しぶりです。実は，今度中学生の子どもを迎えることになって……。それで少し相談したいことがあるの。」

・夏休みを目前に，児童養護施設で生活をする高校生が相談に来た。「自分の母親に会ってみたい。今さら一緒に住みたいとは思わないけれど，どんな人なのか知りたい。」 （社会的養護での現場経験より）

　皆さんは，「社会的養護」という言葉を聞いたことがあるだろうか。本来，すべての子どもは温かい愛情を受けながら家庭で健やかに育つ権利があるが，何らかの事情でその環境が奪われた時，国が責任をもって養育環境を整備し自立に向けて支援をすることが社会的養護である。社会的養護を担う保育者にはさまざまな知識やスキルが求められる。たとえば，社会的養護を必要とする子どもが生み出される社会的背景を知る必要がある。また不適切な養育の影響による子どもの言動の理解や，地域と連携をしながら子どもと家族を支援するスキルなどである。

　2016（平成28）年6月に児童福祉法が改正され，2017（平成29）年8月には改正児童福祉法の理念を具体化した「新しい社会的養育ビジョン」が公表された。本書は，それをもとに，今後の社会的養護を担う保育者にとって必要不可欠な内容を盛り込み，「実践に活かす」ことを目的に構成している。

　「理解は最大なるアプローチ」という。本書が，社会的養護を必要とする子どもたちを取り巻く状況の理解に寄与できることを願っている。その上で，大学や専門学校で保育を学ぶ学生や，すでに現場で活躍をしている関係者の方々の専門性向上に役立てていただければ幸いである。

2020年2月

小川恭子

目　　次

索　　引

<table>
<tr><td>第1章</td><td>社会的養護の現代的課題と基本理念</td></tr>
</table>

1 社会的養護に関する今日的状況

(1) 増加する児童虐待相談──現代日本の養護問題

　子どもは本来，家庭で養育されることが望ましい。しかし，親の死別や拘禁等でそれが叶わない子ども，虐待や貧困状態等による家庭環境不和のためにその生活が一方的に奪われてしまう子どもが少なくない。このように何らかの事情で家庭環境を奪われた子どもを「公的責任で社会的に養育する」ことを社会的養護という。

　現在のわが国における社会的養護の対象児童は約4万5,000人である。里親や児童養護施設等で生活を送っているが，その措置理由⁽¹⁾（養護問題発生理由）として，「児童養護施設入所児童等調査結果」(2015年)⁽²⁾では，一般的に「虐待」とされる「放任・怠だ」「虐待・酷使」「棄児」「養育拒否」を合計すると，里親委託児は全体の37.4%，養護施設児37.9%，情緒障害児50.0%，自立施設児41.7%，乳児院児27.1%となっている。また，同調査によると，虐待経験を持つ子どもの割合が児童養護施設では約6割，児童心理治療施設では約7割，児童自立支援施設では約6割と報告されている。このように現代日本における深刻な養護問題として児童虐待がある。

　1994年に児童の権利に関する条約に日本が批准したことを受け，子どもの権利侵害としての児童虐待問題に関心が高まり，児童相談所等における虐待相談対応件数が増え始めた。さらに，2000（平成12）年に「児童虐待の防止等に関する法律」（児童虐待防止法）が施行され，多くの国民が虐待問題をより身近で深刻なものとして捉えるようになった結果，1998（平成10）年には6,932件であ

った児童虐待相談対応件数が2000（平成12）年にはおよそ3倍の1万7,725件，2018年の調査によると児童虐待相談対応件数はさらに増加し，13万件を超えている。（速報値で13万3,778件）。[3]

　増加する虐待相談であるが，近年大きく増加傾向にあるのが心理的虐待である。これは2004（平成16）年に児童虐待防止法が改正された際，児童が配偶者間暴力（Domestic Violence）を目撃することを心理的虐待と定義した影響が大きい。虐待問題が深刻化するにつれ，社会的養護の必要性も高まっていく。そのような状況におかれた子どもたちが，自己肯定感を育み，将来への希望を持てるようにするためにも，社会的養護が重要であり，そこ携わる者や各種関係機関，そして社会全体が責任をもって子どもたちと関わることが必要である。

（2）今，地域に求められること

1）家族の変容

　わが国は高度成長期以降，社会構造が大きく変化し大都市に人口が集中した。それに伴い核家族化の傾向が強まり，家族のあり方も変わってきた。特に核家族化により親族や祖父母とともに子育てをしていく機会が持てない家族が増えた点は重要である。仮に3世代以上の大家族での子育てを考えた時，親が育児や家事に悩んだとしても身近に支えてくれる人の存在があり，周りの人に支えられ協働して子育てをしている実感が持てるであろう。それに比べ，周りに頼る親や親族もおらず，近所との繋がりも稀薄である核家族が存在していたとしたら，子育てや家庭での問題に行き詰ってしまうのは当然だと考えられる。

　周囲の人間や地域社会から孤立してしまうことは児童虐待が発生するリスクを高めると言われている。現代は家族のあり方がさらに変容，多様化している。3世代世帯は減少し続け，ひとり親と未婚の子世帯は増加している。[4]孤立から起きる虐待を防ぐためには地域で子どもを育むことの重要性をより強く意識する必要があると思われる。

2）地域における子育て支援

　子どもは家庭で育つが，その家庭は地域の中に存在している。したがって，

地域で家庭を支え，見守り，支援する体制が必要不可欠である。その中心となるべき機関として社会的養護関係の児童福祉施設が挙げられる。

　2011（平成23）年に厚生労働省が公表した「社会的養護の課題と将来像」[5]では，児童福祉施設に対して「子育て短期支援事業の夜間養護等（トワイライトステイ）事業と短期入所生活援助（ショートステイ）事業を行い，地域の子育てを支える。」「施設ソーシャルワーク機能の高めることで，施設を地域の社会的養護の拠点とする。家族支援や地域支援の充実を図っていく。」等が述べられており，特に地域で孤立しがちな親に対しての支援充実が虐待防止に繋がるとしている。地域で子育てをする世帯にとって，いざという時に頼れる支援が身近にあるということは心強い。社会的養護関係の児童福祉施設はその専門性や機能を発揮し，地域における家庭支援体制の中核を担うことが期待されている。

　また，これまで地域における子育てサービスの窓口は分散化しており，利用者にとってわかりにくい状況であった。そのため，2016（平成28）年の児童福祉法改正（以下，法改正）において，妊娠期から子育て期にわたり切れ目のない包括的な支援を行う子育て世代包括支援センター（母子保健法による法律上の名称は母子健康包括支援センター）の全国展開が必要であるとされた。ここでは母子保健サービスと子育て支援サービスを一体的に提供できるよう相談支援が行われ，医療機関や保育サービス機関等多くの関係機関との連絡調整を行う機能も持つ。今後も施設設置数は増加する見込みであり，地域の子育て拠点としての役割が期待されている。

（3）子どものニーズに応じた養育の保障

1）家庭と同様の環境における養育の推進

　虐待等の理由により，生まれ育った家庭で生活をすることができなくなった子どもが，より家庭的な環境のなかで特定の養育者から継続的に養育されるように，2016（平成28）年の法改正では，家庭と同様の環境における養育の推進が記され，国及び地方公共団体に対して次の方向性を示した。

①子どもが家庭において養育されるよう，保護者（実父母や親族）の支援
　をまずは優先とすること。
②子どもを家庭において養育することが適当でないときには「家庭におけ
　る養育環境と同様の養育環境（里親家庭，養子縁組家庭，ファミリーホー
　ム）」において継続的に養育されるよう，必要な措置をとること。
③家庭と同様の養育環境においても養育することが適当でない場合には
　「できる限り良好な家庭的環境（地域小規模児童養護施設，小規模グルー
　プケア）」において養育されるよう，必要な措置をとること。

　さらに，2017（平成29）年に出された「新しい社会的養育ビジョン」[6]（以下，
新ビジョン）では，代替養育の具体的な方向性が数値目標として公表されてい
る（第3章参照）。

　この背景にはパーマネンシー保障の考え方が存在する。パーマネンシーとは，
「永続性」「恒久性」と呼ばれており，子どもにとっての「養育者」や子どもを
取り巻く「養育環境」の永続性を保障する，というものである。社会的養護を
必要とする子どもの永続的の解決を目指した対応が，今後は求められるであろう。

2）ニーズに応じた養育支援

　2016（平成28）年の法改正でもう一つ注目すべき点は，子どもが権利の主体
として位置づけられたことである。権利の主体ということは，子どもの考えや
意見が尊重され，最善の利益が保障されることである。この観点から，子ども
の生活の場はそれぞれのニーズに応じたものでなければならない。

　この点について，新ビジョンでは，子どものニーズに応じた養育の提供と施
設の抜本改革として，「子どものニーズに応じた個別ケア提供のための加算制
度創設，障害等ケアニーズの高い子どもの家庭養育のための補助制度，施設の
小規模化，地域分散化，職員配置の見直し」を明記した[6]。

　ここでは子どものニーズを的確にアセスメントすることが重要になる。子ど
もが抱える状況や願い，家族が抱える状況や願い，これらを総合的に判断し，
子どもの最善の利益を保障する場の提供が求められる。子どもによっては，当

初は大規模な集団がなじみやすい子どももいるかもしれない。段階的に小規模・里親へと移行することが必要な子どももいるであろう。新ビジョンに示された数値目標の達成や，より家庭における家庭環境と同様の家庭環境での養育を意識しすぎるあまり，子どものニーズや希望が置き去りにされることがあってはならない。

　これらの見直し等が今後も積極的に進んでいくとすれば，子どもが抱える複雑かつ多様なニーズに応じられるようになり，子どもの最善の利益が保障されることにも繋がる。子どものニーズを的確に捉え，最良の養育環境を整えることが社会的養護の現場には求められている。

2　社会的養護の基本理念

（1）社会的養護の根本的な考え方

1）理念，原理・原則という言葉の意味

　「会社の理念」とか「経営理念」という言葉を一度は耳にしたことがあるとは思うが，そもそも「理念」という言葉の意味は何であろうか。「理念」とは，「ある物事についての，こうあるべきという根本的な考え方」を意味する。社会福祉の分野においては，その目指すべき方向性，「こうあるべき」という理想像を指し，例えば「ノーマライゼーション」や「ウェルビーイング」が理念にあたる。また，「原理・原則」についても改めて確認していくと，原理とは「認識や行動の基本規則」，原則とは「活動の基本的な規則」のことを意味し，社会福祉の分野においては，実践の積み上げや経験知の中からそれらが導き出されてきた。例えば，「エンパワーメント」や「権利擁護」などの原理，「バイステックの7原則」などが挙げられよう。これらの原理・原則は制度やサービス，あるいは援助や実践の中に具体的に反映され，理念の実現が図られていくのである。社会的養護の分野においても同様に，理念，原理・原則，法・実施体系があり，相互に関連し合っているわけだが，本節ではその基本理念について取り上げていく。

5

2）社会的養護の理念

　2011（平成23）年7月に「社会的養護の課題に関する検討委員会・社会保障審議会児童部会社会的養護専門委員会」が取りまとめた「社会的養護の課題と将来像」によると，社会的養護は「子どもの最善の利益のために」という考え方と，「社会全体で子どもを育む」という考え方を理念とし，保護者の適切な養育を受けられない子どもを，社会の公的責任で保護養育し，子どもが心身ともに健康に育つ基本的な権利を保障する，と説明している。

　子どもの養育は，保護者が家庭で行う「家庭養育」が通常であるが，第1節で見てきたように，現代社会においては子育てを取り巻く環境の変化により，誰もが養育上の困難を抱える可能性がある。特にさまざまな理由・状況から，保護者による子どもの養育が困難なとき，公的に児童養育を行うことが必要であり，その仕組みのことを「社会的養護」という。社会的養護は「子どもの最善の利益のために」および「社会全体で子どもを育む」ことを基本理念として，家庭での養育に対する様々な公的援助を実施している。社会的養護の体系については，第4章を参照されたい。

（2）子どもの権利条約の理念

1）権利主体としての子どもの位置づけと「子どもの最善の利益」の追求

　わが国では第2次世界大戦以前までは，子どもは「未熟な存在であり保護の対象」とみなされていたが，基本的人権の尊重を唱えた日本国憲法に従って制定された児童福祉法の理念や児童福祉に対する国民の意識啓発を目的とした児童憲章の中で，子どもも一人の人間として尊重されるべきであることが唱えられ，国民にもその理念が浸透していくこととなった。

　その後，国際社会においては「児童権利宣言」「児童の権利に関する条約」（以下，子どもの権利条約）などによって，子どもも一人の人間としての尊厳と権利をもつ存在として位置づけられ，わが国も子どもの権利条約に批准することによって，その理念を具現化していくために法改正や制度・サービスの充実など，さまざまな施策や実践がなされてきた。

　子どもの権利条約では，能動的権利（自分らしく，いきいきと生きる・育つ権利）と受動的権利（親や社会によって育てられ，必要によっては社会的な保護や養育を受ける権利）が明文化され，従来の「保護される存在」としての子ども観から「固有の人格主体，権利主体としての子ども」という子ども観の転換を国際社会にもたらした点で非常に画期的であった。特に，能動的権利として「意見表明権」（第12条）をはじめ，「表現・情報の自由」（第13条）「思想・良心・宗教の自由」（第14条）「結社・集会の自由」（第15条）が挙げられ，大人に認めている権利を子どもにも認めたものになっている。

　また第3条では「子どもの最善の利益」が明示されており，子どもに関わるすべての活動において「子どもにとって何が最善であるか」を大人側は考慮する必要がある。それと同時に，年齢や成熟度に応じて，子ども自身が気持ちや想い，考えや意見，希望や要望などを自由に述べる権利（＝意見表明権）を保障することが求められる。

　このように，子どもの権利条約は，子どもの基本的人権を国際的に保障するために定められた条約であるが，子どもの権利保障や「子どもの最善の利益」の追求，権利擁護等のための制度・サービス，具体的な取り組み・実践などは国によってさまざまである。各国の文化・歴史的背景，社会・経済状況，考え方や価値観の違い等，さまざまな要因により理念の具現化された形が異なってくるのであろう。そこで次に，国際的な基準に照らした場合に，わが国の子どもの権利擁護上の課題としてどのような事柄があるのかを見ていくこととする。

2）子どもの権利擁護上のわが国の課題

　子どもの権利条約は，世界196カ国で採択（2019年2月時点）されており，各締約国は国連子どもの権利条約委員会に対し，条約をどのように実施してきたかに関する政府報告書を定期的に提出することとなっている（条約発効後2年以内に最初の報告書，その後は5年ごと）。そして同委員会は，他の国際機関やNGOの情報を参考にしながら，その政府報告書を審査し，その審査に基づいて，締約国の政府に対して，問題点の指摘や改善のための提案・勧告を盛り込んだ総括所見を出すこととなっている。

日本政府もこれまで1996年（第1回），2001年（第2回），2008年（第3回），2017年（第4・5回）に政府報告を提出しており，その間，子どもの権利条約に従って国内の法制度を整えながら，さまざまな取り組みを行ってきた。しかし，国際的な基準からすると子どもの権利を十分に保障できていない状況があり，同委員会よりさまざまな問題点の指摘や提案・勧告を受けている。例えば，「制度・政策への子どもの参加や意見の反映」「家庭や学校における体罰の全面禁止」「施設措置を前提とするのでなく，家庭支援を強化して子どもの最善の利益を確保する社会的取り組み」「（国が）子どもの貧困を根絶するための適切な予算配分や制度・政策」「子育ての責任を履行する家族の能力を確保するための仕事と家庭生活の適切なバランスの促進」などの指摘や勧告を受けている。

　特にわが国の社会的養護においては，長い間，入所施設養護を中心に制度化されてきたため，2010（平成22）年の同委員会の総括所見では「子どもの養護を，里親家庭，または居住型養護における小集団編成のような家庭的環境のもとで提供すること」との勧告を受けた。わが国ではこの事を重く受け止め，近年，入所施設養護を中心としたこれまでの社会的養護のあり方を見直し，大きな方向転換を図っているところである。措置制度のあり方と権利擁護，家庭的養護（施設の小規模化と地域分散化）および家庭養護（里親，ファミリーホーム）の推進，施設の多機能化，在宅支援の充実，さらには社会的養護と一般の子育て支援の連続性および連携など，子どもの権利条約や社会的養護の理念である「子どもの最善の利益のために」「社会全体で子どもを育む」という考え方をどのような形で具現化していくのかが課題であり，より一層様々な議論と適切な取り組みが求められる。

（3）理念を具現化するための取り組み

1）理念を施策に反映させるプロセス

　社会的養護の理念である「子どもの最善の利益のために」および「社会全体で子どもを育む」という考え方を，施策や具体的な取り組みの中に反映させていくために，国や地方自治体ではどのようなプロセスが踏まれるのであろうか。

　厚生労働省社会保障審議会における専門委員会において，国としての枠組みや方針を検討し，それを基に地方自治体は計画策定委員会などにおいて，地域の実情に応じた取り組み計画を考えていく。そして国，地方自治体のいずれにおいても，現状の把握，理想と現実のギャップの確認，問題の発見と分析がなされ，その上で施策や実施計画上の課題の設定，施策案や実施計画案の検討・提案・決定がなされる。この委員会には学識経験者，現場の実践者など様々な立場の人たちが参加し，必要な調査・研究，現場実践例，国際的な動向などを踏まえながら，理念の実現に向けた具体的な方策を協議・検討していく。

　社会的養護の分野でもこのようなプロセスを経て，社会的養護の理念を具現化していく取り組みが続けられている。では実際に児童福祉法の改正（1997年，2004年，2008年，2016年）や厚生労働省による2011年「社会的養護の課題と将来像」および2018（平成30）年「新しい社会的養育ビジョン」がわが国の社会的養護の制度・サービス・実践をどのように方向づけきたのか以下見ていくこととする。

2）わが国における権利擁護の取り組み

　「子どもの最善の利益」のために，わが国ではどのような法制度の改正や権利擁護の取り組みが行われてきたのであろうか。

　1997（平成9）年8月以降，わが国では社会福祉基礎構造改革に関わる議論が起こった。それに先立ち，1997年6月には改正児童福祉法が成立し，同年12月には介護保険法も制定された。これまで措置制度中心だったわが国の社会福祉サービス体系は，利用者と地方自治体との利用契約制度へと変化した。たとえば保育所の場合，保護者の申し込みにより地方自治体が実施機関に保育の委託を行うという選択申請方式が採られ，それに伴い実施機関に対する情報公開の義務付けや努力の要請がなされた。一方で，要保護児童に対する社会的養護においては，戦後70年を経てなお措置制度が継続されたままに現在に至る。

　利用契約制度は，利用者本位の制度であり，利用者の意思や自己決定を尊重し，同時にその権利を保障していくために実施機関には情報開示や権利擁護，サービスの質の向上等の取り組みが求められる。逆に措置制度の場合は，行政

9

機関がサービス受給要件を満たす者に対してサービスの開始・終了を判断・決定し，実施機関にサービス提供を委託するという仕組みであるため，利用者の意思や自己決定が尊重されにくいという構造がある。場合によっては人権への配慮を欠き侵害する危険性も潜んでおり，措置制度においてはなおさら権利擁護を意識した取り組みが必要となる。

　このため，1997年の改正児童福祉法と社会福祉基礎構造改革を機に，社会的養護の分野では①苦情解決制度の導入（第三者委員や運営適正化委員制度），②被措置児童等虐待の防止に関する取り組みの強化，③サービスの質の改善（児童福祉施設の設備及び運営に関する基準の改正，第三者評価や利用者評価の推進など），④サービスの透明化（情報提供，情報開示等），等の取り組みが進んだ。

　特に被措置児童等虐待については，2008（平成20）年の改正児童福祉法により，施設職員などから虐待行為を受けた児童本人の届出や周囲からの通告を受け，都道府県市が調査などの対応を行うことが法定化された。また，2016年改正児童福祉法では，子どもの権利擁護機関として都道府県に設置されている児童福祉審議会をオンブズマン制度として活用することとなった。具体的には，児童福祉審議会が児童福祉に関する調査審議の一環として，弁護士との協力により直接苦情等を受け付け，児童の権利擁護の審査をする仕組みを構築することとなった。

　厚生労働省の調査では，被措置児童等虐待への各都道府県市の対応および通告件数が2015年度に233件，2016年度に255件であった。このうち子ども本人からの通告は25％前後であるが，これはまだ氷山の一角であると考えられるため，より一層の権利擁護体制の強化と子どもが通告しやすい外部の権利擁護機関の充実が必要になる。

3）子どもを中心に据えた社会的養護の枠組みと方向性

① 「家庭的養護」および「家庭養護」の推進

　前述の通り，入所施設養護を中心としたこれまでの社会的養護のあり方を見直し，家庭的養護（施設の小規模化と地域分散化）および家庭養護（里親，ファミリーホーム）へと大きく方向転換しつつある。

　「社会的養護の課題と将来像」(2011年) では，原則として家庭養護 (里親委託) を優先するとともに，施設養護もできる限り家庭的な養育環境 (小規模グループケア，グループホーム) の形態に変えていく必要があるとし，将来的には要保護児童の受け皿を，施設 (施設養護) ／小規模ケアなどのグループホーム (家庭的養護) ／里親とファミリーホーム (家庭養護) と，それぞれ1／3ずつにするという数値目標が掲げられた。

　施設等での生活が小規模な集団の単位で営まれ，家庭的な環境や信頼できる大人 (職員) の存在によって安心・安全・あたりまえの生活が保障され，そのような人間関係や生活体験が将来の自立生活や家庭モデルにつながっていく。「子どもの最善の利益のために」「社会全体で子どもを育む」という理念に照らしてみても，「家庭的養護」や「家庭養護」を充実させていくことは，社会的養護児童の権利保障の上で重要である。

　一方，被虐待児や障害児の施設入所が増えている状況の中，職員にはより高度な専門性が求められている。施設の小規模化・地域分散化によって職員配置数や勤務形態等の関係上，職員が一人で勤務しなければならない状況もある。関わりの難しい子どもの入所が増えている中で職員にかかる負担も大きく，悩み事や相談があってもすぐに解決できない場合もある。このような閉鎖的な状況から，職員の子どもへの関わりが独善的になったり，支援に行き詰り職員が疲弊してバーンアウトしてしまう等の課題もある。そして，このことは，里親家庭においても同様に当てはまることである。今後は，研修等により職員や里親の権利意識や専門性の向上を図るだけでなく，職員や里親の孤立化を防ぎ，安心して子どもの養育にあたることのできるようなサポート体制の構築が求められる。

　②　「家庭養育優先」と「永続的解決 (パーマネンシー) 保障」の推進

　2016 (平成28) 年の児童福祉法の改正では，理念に相当する第1条から第3条までの総則が改正された。第1条では，児童の権利に関する条約の精神を前面に打ち出し，子どもを権利の主体として位置づけている。第2条では，子どもの意見が尊重され，その最善の利益が優先して考慮されるとして「子どもの

最善の利益」の保障を明確にするとともに，子どもの養育について「児童の保護者は…（中略）…第一義的責任を負う」「国及び地方公共団体は…（中略）…責任を負う」として，保護者と国及び地方公共団体のそれぞれの養育責務を法文化している。

　このように第1条と第2条では，児童の福祉を保障するための原理を明確化したことが重要な点である。また第3条では，国および地方公共団体は「児童の保護者を支援しなければならない」として公的責任と役割を明記し，「ただし，…（中略）…児童を家庭において養育することが困難であり又は適当でない場合にあつては児童が家庭における養育環境と同様の養育環境において継続的に養育されるよう」，さらにそれが難しい場合は「できる限り良好な家庭的環境において養育されるよう，必要な措置を講じなければならない」とし，家庭と同様の環境における養育の推進を明確化した点が重要である。

　そして，これを受けた2017年「新しい社会的養育ビジョン」では，里親制度の抜本的な改革と「家庭養育優先」の理念（詳細は第1章第1節を参照）を明確にしており，その中でも特に「家庭養育優先」と「永続的解決（パーマネンシー）保障」の原則について理解しておくことが重要である。「家庭養育優先」とは，実親家庭での養育が困難な場合には，すぐに親子分離するのではなく，まずは在宅支援を優先して行い，それでもその家庭にとどめておくことが「子どもの最善の利益」に反する場合には，特別養子縁組による永続的解決（パーマネンシー保障）や里親による養育を推進し，さらにそれらも困難な場合は，できるだけ良好な家庭的環境，6人ぐらいのファミリーホームや小規模グループケアで養育するというものである。

　また「永続的解決（パーマネンシー）保障」とは，子どもの成長・発達にとって望ましい養育環境や養育者との関係性が「安定的で永続すること」を指し，特に乳幼児期は特定の養育者との愛着関係（情緒的絆や信頼関係）が大切であり，その人格形成の基礎となる重要な時期であるため，パーマネンシーの観点から，養子縁組や里親・ファミリーホームへの委託を原則としている。

　このように，現在わが国では社会的養護のあり方を見直し，欧米に倣って施

設養護から里親養育へとシフトする方向に向かっている。しかし，里親養育が中心の国々では，いわゆる里親ドリフト（drift＝漂流）と呼ばれるように，里親との関係不調が原因で子どもが何人もの里親家庭をたらいまわしにされる問題も起きている。「子どもの最善の利益のために」「社会全体で子どもを育む」という理念をどのような形で具体化していくのが一番よいのか，そして子どもや家族にとってどのような社会的養護のあり方が望ましいのかを私たちも一緒に考えながら，今後の社会的養護の動向を見守っていく必要があるだろう。

注
(1) 児童相談所が，社会的養護を必要とする子どもやその保護者に対して指導をしたり，子どもを児童福祉施設あるいは里親に養育を委託することを「措置」という。措置には主に「在宅措置」と「施設入所・里親委託等措置」の2つがある。
(2) 厚生労働省「児童養護施設入所児童等調査結果（平成25年2月1日現在）」2015年。
(3) 厚生労働省「平成29年度児童相談所での児童虐待相談対応件数」2018年。
(4) 厚生労働省政策統括官（統計・情報政策担当）「グラフで見る世帯の状況　国民生活基礎調査（平成28年）の結果から」2018年。
(5) 厚生労働省「社会的養護の課題と将来像」2011年。
(6) 厚生労働省「新しい社会的養育ビジョン」2019年。

参考文献
・第1節
浅倉恵一・峰島厚編著『新・子どもの福祉と施設養護』ミネルヴァ書房，2004年。
池上彰『日本の大課題　子どもの貧困——社会的養護の現場から考える』ちくま新書，2015年。
中央法規出版編集部『改正児童福祉法・児童虐待防止法のポイント』中央法規出版，2016年。
原田旬哉・杉山宗尚編『図解で学ぶ保育　社会的養護Ⅰ』萌文書林，2018年。
・第2節
伊藤嘉余子『社会的養護の子どもと措置変更——養育の質とパーマネンシー保障から考える』明石書店，2017年。
栄留里美『社会的養護児童のアドボカシー——意見表明権の保障を目指して』明石書店，2015年。
厚生労働省『新しい社会的養育ビジョン』2018年。

厚生労働省『社会的養護の課題と将来像』2011年。

古川孝順『子どもの権利と情報公開』ミネルヴァ書房，2000年。

古川孝順『子どもの権利』有斐閣，1982年。

吉田幸恵『社会的養護の歴史的変遷——制度・政策・展望』ミネルヴァ書房，2018年。

<table>
<tr><td>第2章</td><td>社会的養護の歩み</td></tr>
</table>

1 明治期以前の子どもの養護

福岡県の太宰府に万葉集で有名な山上憶良が詠んだ歌碑が置かれている。

　　瓜_は食めば　子ども思ほゆ

　　栗食めば　まして偲はゆ

　　何処_{いずく}より　来たりしものそ

　　交眼_{まなかい}に　もとなかかりて　安眠_{やすい}しなさぬ

　反歌

　　銀_{しろかね}も金_{くがね}も玉も何せむに

　　まされる宝　子にしかめやも

　　　　　　　　　　筑前国守　山上憶良

　万葉集巻五803番にあるこの歌は，子を思う歌としてよく知られている。つまり親の子どもに対する愛情は，今も昔も変わらないものであったようである。しかしながら子どもは家長の所有物と見なされ，親の命には従うものとされていた。今日のような社会的な養育体制が築かれるようになったのは，第2次世界大戦後日本国憲法が発布されて以降のことであるが，何らかの理由で家庭での養育が困難な子どもは，いつの時代にも多数存在していた。わが国において，そうした子どもを施設に入所させ保護するという歴史は非常に古く，593（推古天皇元）年に厩戸皇子_{うまやどのおうじ}（聖徳太子）が建てた四天王寺四箇院の一つ悲田院に孤児や捨て子を保護したことに始まったとされている。厩戸皇子は仏教思想に

基づき，貧困者や孤児を保護し救済した。

　奈良時代には，和気広虫が戦乱によって生じた孤児の救済に努めた。親のために子どもが犠牲になることも常であり，子どもが身を売ることも当然のこととして正当化されていた。中世の時代において子どもの救済活動に従事していた人達の多くは仏教関係者で，中でも僧忍性による鎌倉の極楽寺につくられた悲田院の活動が知られている。

　室町時代から戦国時代にかけても，相次ぐ戦乱，凶作，自然災害によって，大量の孤児や棄児が生み出された。しかし子どもの保護が制度として取り組まれたという史実はなく，キリスト教宣教師のフランシスコ・ザビエル（Xavier, Francisco de）や医師でもあったルイス・デ・アルメイダ（Almeida, Luis de）らの救済活動が伝えられているに過ぎない。こうした慈善活動が，わが国におけるキリスト教社会事業のはじまりとして位置づけられる。

　約260年間続いた江戸時代においても，幕府による子どもの救済が強化されることは無かったようである。1690（元禄3）年10月には「捨子御制禁之儀ニ付御触書」（捨て子禁止に関する最初のお触れ）が出されたりしたが，飢饉や疾病の流行などが一度起これば，幼い命が多数失われるという現実があった。しかし江戸時代後期には，五人組制度に捨て子の養育が含まれ，1791（寛政3）年に老中松平定信によって創設された七分積み金制度において，その運営機関として町会所にて棄児の養育が行われるなど，一部ではあるが儒教的思想や倫理観に支えられた慈善救済が実施された。

2　明治期の子どもの養護

　江戸時代から明治時代への急激な社会変化は，多くの生活困窮者を創出し，中でも貧困児対策は急務を要した。しかし富国強兵を国是とし，その強化しか眼中になかった明治政府は，子どもの救済活動にまで手が届かないというのが実際のところであった。

　明治政府はまず1868（明治元）年に「堕胎禁止令」を出し，次いで1871（明

治4）年6月20日に「棄児養育米給与方」を太政官達第300号にて定めた。こ
れは15歳までの棄児を養育する者に対し，年間7斗の米を支給するものである。
次いで1873（明治6）年3月3日には，太政官布告第79号をもって「三子出産
ノ貧困者ヘ養育料給与方」を定め，養育料として一時金5円を支給することと
したが，三つ子の出生は希少であり，実際に適用されたのはそれほど多くなか
ったようである。

　明治政府の出した貧困者に対する救済制度としては，1874（明治7）年12月
8日に制定された「恤救規則」（太政官達第162号）があり，ここに初めて全国的
な救済制度が誕生した。この恤救規則は全文5条からなる簡単なもので，「人
民相互ノ情誼」を重視し，どうしても放置しておくことができない「無告ノ窮
民」のみを救済の対象とした慈恵的・制限扶助主義的な救貧法であり，子ども
については，極貧の13歳以下の孤児について「独身ニテ十三年以下ノ者ニハ一
ケ年米七斗ノ積ヲ以給与スヘシ」（第4条）と規定されていた。こうした点から
恤救規則は，「もともと英国の救貧法のように貧困者の救助を国家の義務とし
たものでなく，逆に『国家が積極的に何等の責任を負わないことを表明』した
ようなものであった」と評されている。

　このように公的な救済施策が極めて低調な社会状況の中で，民間の社会事業
家の活動には目を見張るものがあり，仏教やキリスト教など宗教関係者や篤志
家の手によって多くの子どもを保護するための施設が設立され，今日に続く児
童福祉施設の源流がつくられた。中でも，1887（明治20）年9月22日に岡山市
三友寺に石井十次によって創設された岡山孤児院は，その代表的施設の一つで
ある。石井十次はバーナード・ホームに倣い，家族制を取り入れるなど様々な
実践の工夫を試み，その方針を以下の「岡山孤児院十二則」（1902年）としてま
とめている。

　　①　家族主義…子どもを10人単位の家族にわけ，一家に一人の主婦を住ま
　　　　　　　　　せることにより子どもの世話にあたらせ，家庭ごとに家計
　　　　　　　　　をもたせるなど，一般家庭に準じた生活様式を取り入れる。

② 委託主義…6歳以下の幼児は農家に委託して養育させる。

③ 満腹主義…子どもの問題行動は空腹のために起こることが多いので，食事は十分に，子どもが満足するだけ与え，ひもじい思いをさせないこと。

④ 実行主義…子どもは大人の言うようにはせず大人のなすようにするので，職員は良いと思ったことは実行する。

⑤ 非体罰主義…子どもには決して体罰を用いない。

⑥ 宗教主義…祈りを重んじ，宗教心が養われるようにする。

⑦ 密室教育…子どもの善行は誉め，悪行は戒めるが，人前ではなく密室で行い，自分の行動に気づかせる（暗い，人のいない部屋に子どもと相対して座り，微笑をたたえ，静かに話し合うことによって子どもの中に潜む良心と人間性を呼びさますこと）。

⑧ 旅行教育…生きた人間，役に立つ社会人を育てるには旅の経験が役立つとの考えから，子ども達にはよく旅行をさせた。

⑨ 米洗教育…米は幾度も洗ううちに糠が落ち本来の米の色になる。子どもも同じで，色々問題があっても，一所に集め水を浴びせ，まぜているうちに天真の特質を発揮するようになる。

⑩ 小学教育…幼年時代は遊ばせ，10〜15歳まで学ばせる。

⑪ 実業教育…青年時代は本人の希望で実業教育を受けさせる。

⑫ 托鉢主義…院の経営は寄附によってまかなう。

　1909（明治42）年2月11日に成績優秀な私設社会事業に対する内務大臣の奨励金の交付が始まるまで国家による援助などなく，また施設に対する社会的理解が乏しい明治期に，これだけの実践をなし得たことは高く評価される。石井十次の考え方の根幹は，現在の社会的養護実践においても広く通用するものである。

　子どもを保護する取り組みとともに早期に進展したのは，非行少年に対する感化事業である。旧来の懲罰を与え懲らしめるやり方から，懲罰ではなく環境

を整え，感化教育によって社会復帰させることの必要性が認識されるようになった。1884（明治17）年に大阪で池上雪枝が皇室中心主義の神道によって精神強化をはかる池上感化院を設立，その翌年には高瀬真卿が東京に私立予備感化院（東京感化院の前身）を設立している。さらに1899（明治32）年11月23日に留岡幸助は東京巣鴨に少年保護施設を設立したが，彼は家庭的な雰囲気の中で教育し更生させることが効果的であると考え，その名称を家庭学校とし，家族制度の下で生活，教育，職業訓練を行った（その後留岡は1914〔大正3〕年9月24日に家庭学校分校〔現・北海道家庭学校〕を設けた）。

　このような取り組みが契機となり，1900（明治33）年3月9日には「感化法」（法律第37号）が公布され，8歳以上16歳未満の不良少年を感化院に収容すること（第5条）が定められたが，当初はわずか5施設のみであった。しかし刑罰の観念を離れて，教育によって非行少年を取り扱うとしたところは，評価点の一つである。なお1907（明治40）年4月23日刑法改正（法律第45号）により，14歳未満の子どもは罰せられなくなった（第41条　14歳ニ満タサル者ノ行為ハ之ヲ罰セス）。そのため14歳未満の年少非行少年は感化院に入所させる途しか方法がなくなったことにより，感化事業は全国的に発展した。

　子どもの保護事業や感化事業の他にも，保育事業においては1900（明治33）年に野口幽香，森島峰の両人によって創設された二葉幼稚園（現・社会福祉法人二葉保育園）がよく知られている。障害児への取り組みにおいては，石井亮一が第一人者として知られている。彼は濃尾大震災（1891年）による孤児を引き取るために孤女学院を設けたが，保護した子どもの中に知的障害を持つ女児がいた所から，その生涯を知的障害児教育に捧げることとなり，1897（明治30）年に孤女学院を滝乃川学園と改称し，わが国初の知的障害児のための施設をスタートさせた。このように，民間人の子どもへの愛情と奉仕の精神に支えられた事業の開拓により，各種の子どもに対する保護事業の萌芽を見ることができるが，先駆的な支援の対象となった子どもは限られており，多くの子どもは厳しい状況の下で生活していたと推察される。

3　大正・昭和前期の社会的養護

　この時期は，1918（大正7）年の米騒動，1923（大正12）年9月1日の関東大震災，長引く不況とそれに追い打ちをかけた1929（昭和4）年の世界大恐慌，そして第2次世界大戦への突入という激動の時代の中，社会不安，生活難が深刻化し，貧困ゆえの欠食児童の増加や子女の身売り，親子心中などが後を絶たなかった。しかしこうした社会情勢の中，民間社会事業の組織化や，社会事業施設の実態調査が行われ，社会事業においても近代化への歩みを開始する。

　産業が発展するにつれ，多くの子どもや女性が劣悪な条件下で労働に従事するようになった。労働時間は1日10時間を超え，危険を伴う作業に就く児童労働，婦人労働は大きな社会問題であった。資本家の強力な反対の中でようやく1911（明治44）年3月28日に公布された「工場法」（法律第46号）であるが，施行は5年遅れの1916（大正5）年まで引き延ばされた。工場法では，12歳未満の者の使用禁止（第2条），15歳未満の者と女子の1日12時間以上の労働（第3条）及び深夜業（午後10時から午前4時）（第4条）の禁止，毎月2日の休日の設定（第7条）などをその主な内容としていたが，実際にはこの程度さえも遵守されなかった。[6] この点については，『女工哀史』（細井和喜蔵著）などにおいて，紡績工場で働く少女たちの悲惨な生活実態が著されている通りである。

　子どもの保護に関しては，大正デモクラシーの風潮を受け，欧米の新しい子ども観や児童施設での支援のあり方が取り入れはじめられた。明治期に芽生えた孤児・棄児・貧困児の育児事業や非行少年の感化事業に加えて，子どもの状況に応じた多様な対応がなされるようになった。

　障害児関係では，盲学校・ろうあ学校が学校教育制度の中に位置づけられた。知的障害関係では，白川学園，八幡学園，藤倉学園などがあり，いずれも法に基づく支援がない中で知的障害児・者の福祉向上に尽力した。また病弱・虚弱児童のための健康増進を図る施設として一の宮学園，ろうあ児のための施設として東京ろうあ技芸学園が創設された。このように子どもの保護事業の対象が

拡大されるとともに，子どもの心身の状況に応じて専門分化が進んだ。

　感化事業については，1917（大正6）年8月18日に公布された「国立感化院令」（勅令第108号）により国立武蔵野学院開設，感化救済事業職員養成所も付設され，専門職員養成への取り組みが始まった。また1922（大正11年）4月15日には「少年法」⁽⁷⁾（法律第42号）と「矯正院法」（法律第43号）が制定され，これに基づき少年審判所と矯正院を設置，14歳以上を少年法，14歳未満を感化法にて処遇するという非行少年に対する少年保護体系の確立を見た。

　一方，一般家庭を対象とした育児相談や子どもの健康相談なども，1919（大正8）年7月の大阪市立児童相談所の設立をはじめとして，公立，私立の児童相談所や教育相談所で扱われるようになった。そして1926（大正15）年12月2日には東京において第1回全国児童保護事業会議が開かれ，子どもの保護に対する社会的関心が高まった。

　またこの時期には，欧米のセツルメント運動⁽⁸⁾がわが国においても学生セツルメントを中心として普及し，現在の児童健全育成事業につながる幅広い地域活動の隆盛を誇り，地域住民の生活向上に大きく寄与した。

　しかしながら，このような動きも世界大恐慌とそれに続く軍国主義のあおりを受け，十分な発展を見ないままゆがめられていく。失業者や生活困窮者の増大は，子どもに対しても大きな影響を与え，子どもを保護する必要性を高めた。1874（明治7）年の制定以来続いて来た恤救規則に対する批判が高まったことにより，ようやく1929（昭和4）年4月1日に「救護法」（法律第39号）が制定されるが，財政難により1932（昭和7）年1月1日からの施行となった。

　救護法は恤救規則よりいくらか救済対象は広げられたが，依然として制限扶助主義をとっていた。救護法の対象となる子どもは第1条第1項第2号において「13歳以下ノ幼者」と恤救規則の年齢規定と同じであった。ただ救護法の施行により貧困児童の施設入所が認められ，⁽⁹⁾また民間社会事業家の設置した施設の整備に要する費用への補助が公式に認められたこと（第25条）により，民間社会事業は経営危機が幾分か緩和されるとともに，民間社会事業が公的な社会事業へと転化していく契機となったことは，救護法の効果として押さえておく

必要があると思われる。

　救護法が施行された翌年の1933（昭和8）年には，「児童虐待防止法」（4月1日）（法律第40号）と，「少年教護法」（5月5日）（法律第55号）が制定された。児童虐待防止法では，14歳未満の「児童ヲ保護スベキ責任アル者児童ヲ虐待シ又ハ著シク其ノ監護ヲ怠リ因テ刑罰法令ニ触レ又ハ触レル虞アル場合」（第2条）[10]には訓戒，もしくは第2条第1項第3号で保護者から子どもを引き離して施設などに委託処分とすること（児童ヲ保護スベキ責任アル者ヨリ児童ヲ引取リ之ヲ其ノ親族其ノ他私人ノ家庭又ハ適当ナル施設ニ委託スルコト）[11]を定めている。また14歳未満の子どもに軽業曲馬，街頭での演技を業務としてさせることを制限または禁止した（第7条）（内容については，「児童虐待防止法第7条ニ依ル業務及行為ノ種類指定ノ件」〔1933（昭和8）年8月2日，内務省令第21号〕）[12]。少年教護法は，14歳未満の不良少年を対象とし，少年教護院（第2条）及び少年鑑別機関の設置（第4条），少年教護委員の配置（第6条）を規定していた。そして第26条の条文は，以下の通りであった。

　　第26条　少年ノ教護処分ニ付セラレタル事項ハ之ヲ新聞紙其ノ他ノ出版物ニ掲載スルコトヲ得ズ（以下略）[13]

と，名前の新聞掲載禁止を規定するなど，子どもを保護するための法律として，今日的な側面を有していた。1937（昭和12）年3月31日には「母子保護法」（法律第19号。施行は1938〔昭和13〕年1月1日）が制定された。主な内容は，13歳以下の子どもを有する生活の困難な母親に対し，これを保護しようというものであり，第9条には以下のように施設の設置が謳われている。

　　第9条　扶助ヲ受クル母及其ノ子ヲ保護スル為必要ナル施設ノ設置，管理，廃止其ノ他施設ニ関シ必要ナル事項ハ本法ニ定メルモノノ外命令ヲ以テ之ヲ定ム
　　　市町村又ハ私人前項ノ施設ヲ設ケントスルトキハ地方長官ノ認可ヲ受ク

ベシ[14]

　しかし軍国主義が進行する中で，子どもに対する施策は，国のための人的資源の確保としての子どもと母子保護対策という形で進められていく。つまりその対策が，特定の子どもから一般児童へと拡大されるわけであるが，この意味は"戦争目的完遂の必要からくる対象の拡大であって，戦後の生存権を背景とする対象拡大とは似て非なるものであったことを忘れてはならないのである[15]。

4　第2次世界大戦後の社会的養護の復興とホスピタリズム論争

　第2次世界大戦後の数年間は全くの混乱状態で，国民の生活は窮乏し，戦災孤児，引き揚げ孤児，浮浪児が大量に出現した。これらの子どもに対する緊急の対策として，政府は終戦一か月後の1945（昭和20）年9月20日に「戦災孤児等保護対策要綱」を次官会議にて決定，次いで1946（昭和21）年4月15日には，「浮浪児其の他児童保護等の応急措置実施に関する件」（厚生省発第387号）を厚生省社会局長から各地方長官に通達した。応急措置とは，駅や公園など浮浪児が徘徊するおそれのある場所を巡回して，彼らを発見保護すること及び都道府県に児童保護相談所を設けることなどである。同年9月19日には「主要地方浮浪児等保護要綱」（厚生省発社第115号）が厚生次官から七大都府県長官あてに通達され，上野駅や大阪駅などの主要駅において定期的な一斉発見を行い，児童収容保護所や施設に保護する方策がとられた。しかし施設での生活といっても雨露と飢えをしのがせることに終始したもので，食うにも着るにも事欠くという有様であった。それ故に「狩り込み」によって保護された子どもが，街での自由な浮浪生活を求めて飛び出していくのも無理のないことであった。

　1947（昭和22）年6月30日に出された厚生省児童局養護課による「要保護児童数調」では，孤児1万2,700名，浮浪児5,485名，要教護少年3万300名，精神薄弱児6万6,200名と報告されている[16]。

　しかし翌1948（昭和23）年2月の「全国孤児一斉調査」では，「孤児総数12万

3,504人と著しくふくれあがる[17]」結果が出されている。この点について寺脇隆夫は、「後者（筆者注：全国孤児一斉調査）は、それなりに準備した悉皆調査であるから、より実際に近いと思われるが、前者（同：要保護児童数調）は収容施設への収容孤児数に推計の基礎を置いており、明らかに過小見積りであった。この児童局の過小な孤児数の見積りを注目しておく必要があろう[18]」と指摘している。

　このような深刻な状況に対応するため、GHQからの指示を受けながら、政府は中央社会事業委員会に対し児童保護の具体策を諮問した。同委員会では要保護児童対策を最優先としつつも同時にすべての子どもの福祉を積極的に推進することで意見がまとまり、1947（昭和22）年1月25日に「児童福祉法要綱案」を答申、これに基づき、日本国憲法下の第1回国会に「児童福祉法案」が出され、同年12月22日「児童福祉法」制定（法律第164号）、翌1948（昭和23）年1月1日から一部施行、同年4月1日全面施行となる。児童福祉法は、日本国憲法第25条の生存権に基礎をおき、わが国で初めて「福祉」という名を冠した法律であり、積極的にすべての児童の福祉を図るものであることが示された。そして児童福祉施設として第7条に「助産施設、乳児院、母子寮、保育所、児童厚生施設、養護施設、精神薄弱児施設、療育施設及び教護院[19]」の9種類と、相談及び施設入所措置を行う児童相談所（第15条）が設けられた。また同1948（昭和23）年12月29日には、児童福祉施設の設備や職員の資格、配置基準について定めた「児童福祉施設最低基準」が公布された。

　しかしすべての子どもの福祉といいながらも現実には、保護を要する子どもへの対応で一杯であった。そこで、児童福祉の理念を周知し、社会全体で子どもの福祉を推進していくための共通理解を広めるために、1951（昭和26）年5月5日「児童憲章」が制定され、これを記念して5月5日は「こどもの日[20]」の祝日となった。

児童憲章前文

児童は，人として尊ばれる。

児童は，社会の一員として重んぜられる。

児童は，よい環境のなかで育てられる。

児童憲章は，上記を含む前文と，それに続く12条からなる本文からなっており，本文においては，おとなと社会の共同責任について各側面から述べられている。

施設に入所する子どもが増大する中で，雑誌『社会事業』に，堀文次石神井学園園長の「養護理論確立への試み」（第33巻第3号・1950年4月）が掲載され，ホスピタリズム論争が開始された。堀氏は養護施設での観察と経験に基づいて，入所施設で育つ子どもに共通して現れる問題について指摘したものであった。この堀論文を契機として，昭和30年代半ば頃までに瓜単憲三，潮谷総一郎，高島巌氏等により活発な論争がなされた。これらの論争の要点を大まかにまとめるならば，施設に入所する子どもの運動能力や精神発達の遅れや情緒的・社会的側面の遅滞が明らかにされ，合わせて施設における支援のあり方や運営管理問題についても議論された。

そして施設の「家庭代替機能」という施設を家庭に近づけることによってホスピタリズムを防止するという考えが強調された。これに対し施設の集団生活を積極的に評価する立場から，石井哲夫の「積極的養護技術論」（養護施設を集団治療教育の場として捉える），積惟勝の「集団主義養護理論」（施設を集団主義的生活の場とする）などが提唱され，施設生活のマイナス点を克服する方向が模索された。

このようなホスピタリズム論争が行われるようになった背景には，敗戦直後の混乱状態から脱出し，入所する子どもの個別的状況に目を向ける余裕が生まれてきたことが挙げられる。目前の子どもたちが抱える様々な発達上の課題に対し，どのような支援を組み立てていくかという問題が，職員の課題として浮かび上がっていた。ホスピタリズム論争を通して，施設で生活する子ども達の発達を保障するための方向性が追究され，養護理論確立への足掛かりとなった

ことは評価点である。

　しかし，「施設生活（あるいは集団生活）のどの部分が，どんな子どもの，どんな範囲の発達を阻害しているのか，そして，それらの問題をいかに取り除き，処遇内容をいかに向上させていくのか」という実践課題については，十分に解明されないまま依然として今日の課題として継続しているという現実があり，実践を科学化することへの弛まぬ努力が引き続き要請されている。またホスピタリズムの今日的課題とし残された，「施設での生活が長期になれば母親代理者の交替を何回か経験することになる。この依存関係の中断の繰り返しの累積的効果が，長い目でみたその子の人格発達に障害をもたらす可能性が問題」であるとの結論に対し，どのような支援策を用意すべきか。

　子どものパーマネンシーを保障するという観点から，毎日の支援を点検し，子どもの成長発達にマイナスとなる要因を取り除くとともに，施設であることのメリット，例えば社会資源の利用やグループ・ワークの活用など，施設ならではの環境をいかに有効に生かしていくか。一人ひとりの子どものウェルビーイングを必ず保障するという共通理念のもと，毎日の丁寧な支援に全力で取り組むことが求められている。

注

(1)　児童福祉法研究会編『児童福祉法成立資料集成　上巻』ドメス出版，1979年，167頁。
(2)　厚生問題研究会『厚生省20年史』1960年，44頁。
(3)　大島清「石井十次の思想と子どもの人権」児童養護7(3)，1976年，27-28頁。
(4)　厚生問題研究会，前掲書，資料編年表14頁。
(5)　児童福祉法研究会編，前掲書，245頁。
(6)　年少者，女子の労働時間の制限や夜業禁止は15年間の猶予が許されたので，実際に効力を発揮したのは大正年代に入ってからである（厚生省児童局編『児童福祉10年の歩み』日本児童問題調査会，1959年，8頁）。
(7)　旧少年法では，第1条において，「本法ニ於テ少年ト称スルハ18歳ニ満タサル者ヲ謂ウ」と，18歳未満を少年としていた（児童福祉法研究会編『児童福祉法成立資料集成　上巻』ドメス出版，1979年，251頁）。
(8)　セツルメントの先駆は，1892（明治25）年にアメリカ人アリス・アダムス

（Adams, Alice Pettee）が設立した岡山博愛会であるといわれている。続いて片山
潜がトインビーの影響のもとに，1897（明治30）年に神田三崎町に設立したキング
スレー・ホールである。（厚生省児童局編，前掲書，9頁）

(9)　救護法が1932（昭和7）年1月から実施され，はじめて市町村による貧困者に対
する救護体制が整備され，孤児院入所中の児童に関する費用についても国や道府県
から補助されるようになり，またこの法律による補助を受けて救護施設としての孤
児院は整備されたが，さらに1933（昭和8）年，児童虐待防止法が制定実施される
とともに，救護法の体系とは別に，この法律により児童の保護にあたる施設がつく
られることとなった。（同前書，67頁）

(10)　児童福祉法研究会編，前掲書，212頁。

(11)　同前書，212頁。

(12)　同前書，214頁。

(13)　同前書，234頁。

(14)　同前書，185頁。

(15)　宇都栄子「昭和の社会福祉における児童対策」『月刊福祉』72(14)，1989年，75頁。

(16)　児童福祉法研究会編，前掲書，851頁。

(17)　寺脇隆夫「戦後児童保護関係法令通知，同関連資料」児童福祉法研究会編，前掲
書，45頁。

(18)　同前書，45頁。

(19)　児童福祉法研究会編，前掲書，597頁。

(20)　国民の祝日に関する法律（法律第178号）第2条において，こどもの日は「こど
もの人格を重んじ，こどもの幸福をはかるとともに，母に感謝する」日であると規
定されている。

(21)　北川清一「養護施設におけるグループワークの理論的展開——養護原理研究の一
面として」道都大学紀要社会福祉学部編　創刊号，1978年，106頁。

(22)　渡辺久子「女性的養育の剝奪と家族（その2）——現代における意義と動向」
『講座　家族精神医学　第3巻　ライフサイクルと家族の病理』弘文堂，1982年，104-
105頁。

参考文献

児童福祉法研究会編『児童福祉法成立資料集成　上巻』ドメス出版，1979年。
児童福祉法研究会編『児童福祉法成立資料集成　下巻』ドメス出版，1979年。
厚生省児童家庭局監修『わが国の児童福祉施設——昭和62年版』日本児童福祉協会，
1987年。
桑原洋子編『日本社会福祉法制史年表』永田文昌堂，1988年。

厚生省50年史編集委員会編『厚生省50年史 記述編・資料編』中央法規出版，1988年。

付　記

　　わが国における社会的養護の礎となる実践に取り組んだ石井十次，石井筆子，留岡幸助の歩みについては，山田火砂子監督によって映画化され，子ども達のために全身でその生涯を懸けた姿を振り返ることができる。

・『石井のおとうさんありがとう　岡山孤児院──石井十次の生涯』（主演：松平健）［本編111分］2004年。

・『筆子・その愛──天使のピアノ-滝乃川学園物語』（主演：常盤貴子・市川笑也）［本編119分］2006年。

・『大地の詩──留岡幸助物語』（主演：村上弘明・工藤夕貴）［本編116分］2011年。（3本とも，現代ぷろだくしょんからDVD化され，販売されている。）

第3章	社会的養護の基本原則

1　子どもの権利擁護

（1）子どもの権利擁護の背景と意味

　「子どもの権利」という言葉をよく耳にするようになり，子どもの貧困率が極めて高いとの報道も目にするようになった。一方，戦災孤児の救済から始まり，子どもの貧困救済が大きな課題となった社会的養護は，子ども虐待が大きく取り上げられる中で，権利主体として子どもを捉えるよう求められている。その流れの中で，2016（平成28）年の児童福祉法改正に基づき2017（平成29）8月に「新しい社会的養育ビジョン」がとりまとめられ，多くの問題点の指摘はあるものの，社会的養護は変化をとげようとしている。このような背景には，子どもの権利条約批准後の動きと児童福祉法改正がある。

　1989年の国際連合総会（第44回）において「児童の権利に関する条約」（以下，子どもの権利条約）が採択され，1990年に発効された。日本では，1994（平成6）年に158番目の条約国として批准がなされた。その後，2016（平成28）年にこの条約の理念に基づいて「児童福祉法」が改正された。子どもの権利条約採択から遅れること27年後である。

　子どもの権利を考える時に，生まれたばかりの子どもは食事もできず，一人で生命を維持することはできない事，言語的な他者との意思疎通もできず，知識も判断する力も極めて未発達な状態から，徐々に成長し大人に変化して行く途上にある事が課題となる。そのため，近世になり社会・国家・大人は子どもを見守り，保護する義務があると考えるようになってきた。わが国では，明治憲法で初めて西洋的人権が認められたが，自由権を中心としたものでなおかつ

法律の枠内でとの条件がついていた。基本的人権と言われるものは第2次世界大戦後に認められたもので、このような考え方に基づき、保護や援助をうける権利＝「受動的権利」として戦後ようやく認められた。すなわち、1947（昭和22年）年に公布された日本国憲法に基づく戦後最初の社会福祉立法である児童福祉法にみられるような「…育成される」「…愛護される」「…尊ばれる」といった権利である。

　一方で、第1次世界大戦以後、子どもといえども一個の人間として、大人と等しく人権を有するとの考えが登場し、個性を発揮し、意見を表明する権利＝「能動的権利」が認められるべきであるとの国際的な活動が起きた。これが「子どもの権利条約」の基盤となった。これは、基本的人権の中でも、自分の意見を述べ追求する権利は子どもだからといって制限されず、保障されなければならないとの考え方であった。つまり人として主張し行使する自由があって実現される、「意見表明権」「表現の自由」「思想・良心・宗教の自由」「結社・集会の自由」などが重要であるという意味である。

（2）子どもの権利とその擁護

　受動的権利と能動的権利を、もう少しくわしく考えてみよう。日本ユニセフ協会によると、子どもの権利は大きく分けて「生きる権利」「育つ権利」「守られる権利」「参加する権利」の4つに分類できる。この4つの権利の内、命の生存を保証する「生きる権利」「守られる権利」は受動的権利に、「育つ権利」は能動的権利と受動的権利の両側面を持つ権利に、「参加する権利」は能動的権利に、各々分類できると考えられる。以下、この分類を基に、子どもの権利擁護について解説する。

1）「生きる権利」

　「生きる権利」とは、「すべての子どもの命が守られること」ことである。わが国は、母子保健制度が発展しており世界に誇れる母子手帳制度を持っている。乳幼児期の健康についても、医療・保健サービスが行われている。また、児童期においても皆保険制度が整っている。しかし世界の中には、不衛生な水や必

要な栄養を得ることのできない子ども達がたくさんいる。

　一方で豊かといわれるこの国で，虐待により命をなくし，傷つく子ども達も
いる。十分に食事をさせてもらえない子どもがいる。積極的な保護者への教
育・支援がまだまだ足りないのだろう。虐待や保護者の精神疾患，望まない妊
娠，経済的困窮などに際して子どもの命を守るために，乳児院や里親制度・施
設養護の充実と機能強化が望まれている。

2）「育つ権利」

　「育つ権利」とは，「もって生まれた能力を十分に伸ばして成長できるよう，
医療や教育，生活への支援などを受け，友達と遊んだりすること」である。国⁽²⁾
連子どもの権利委員会第による第2回勧告（2004年）によって，「教育制度の過
度に競争的な性質によって，子どもの身体的および精神的健康に悪影響が生じ，
かつ子どもが最大限可能なまで発達することが阻害されていること」が指摘さ
れたが，第4・5回勧告（2019年）においても「いじめ」の問題とともに同様
に指摘されている。

　つまり，もっと遊ぶ権利を保障するための努力強化が求められているのであ
る。この権利は，制限された生活に陥り兼ねない児童養護施設のあり方として
も指摘されている。入所している子ども自身の家族や入所理由を，成長の度合
いに応じて知ることが重要である。

　情報を得る権利は，守られる権利と矛盾するように思えるが，情報を正しく
理解し選択できる教育がなされていることが重要であり，これを前提に得た情
報を使えるようになるだろう。

3）「守られる権利」

　「守られる権利」とは，「暴力や搾取，有害な労働などから守られること」で
ある。わが国でも，虐待，児童ポルノ，SNS等による性犯罪等が大きな問題⁽²⁾
となっている。こうした問題に有効な手立てが打たれていないのが，事件の増
加から明らかであろう。一方で被害にあった子どもは，普通と違う子どもだと
捉えられる雰囲気がある（差別的な扱いともいえる）。

　また国の違いや，言葉，男か女か，宗教の違い，心や体に障害あるかないか，

親がどういう人であるか等，「違う」事を受け入れられない社会的雰囲気がある。社会的養護のもとにある子ども達も，違うと見られことがまだある。そのためには，社会的養護のもとにある子どもの安心・安全の保障と，安定した生活が送れるようにすることが重要である。専門職は，その中で安定していく子どもの姿を通して，社会の中の子どもとして理解されるようにすることが大事になる。

4）「参加する権利」

「参加する権利」とは，「自由に意見を表したり，団体を作ったりできること」である。[2] この権利はわが国ではなかなか理解されてこなかった権利だが，これが能動的権利の重要部分である。情報が開示され，客観的に自分の立場を考え，意見を述べ，行動を決定できることが求められている。社会全体や教育の中できちんと伝えられなくてはならない点でもある。その意味で，日本の教育や社会全体の変革が求められている（子どもの権利委員会第4・5回勧告）。

社会的養護では，子どもが考え答えを出すための時間と客観性をどのように担保するのかが求められているし，自分の意見を表明しにくい子どものために権利を守るアドボケーター（権利主張の代弁者）の必要性もある。児童養護施設では，苦情解決制度や「子どもの権利」に関する冊子の配置がなされてきた。絵に描いた餅にしないためには，支援者の不断の努力が求められる。

これら4つの権利は，他者の権利や信用を尊重すること，国の安全や公の秩序を守ることが前提である。権利は，他者の権利を守る姿勢があって行使できるのだが，大人や政府がその模範となっているのか問われている。

政治や社会の忖度やごまかしが制度や法をないがしろにしていると感じられる中，理念に終わらせないためにこの権利を如何に大事にして，実現可能とするか日々の実践が大事である。ともすれば「子どもだから」と制限しがちな社会に対して，具体的な権利擁護の制度保障を求めて，ソーシャルアクションを起こす必要がある。

（3）代替的養育と子どもの権利

　第1章でも前述した2016（平成28）年の児童福祉法改正によって，「子どもの権利条約」に沿った「家庭養育優先」の理念が明確にされたが，環境上の理由・虐待などにより家族から離れて生活せざるを得ない子どもが，今でも存在している。その家族に代わるものとして，わが国では施設養護を中心とした代替的養育があった。この施設養護を中心としたものから，前述の児童福祉法改正によって，里親を中心とした「家庭養護」への転換が求められるようになった（里親を家庭養護とし児童養護施設の小規模ホームを家庭的養護とした）。

　これは，最も課題とされている「愛着」形成を大切にすることを明確にしたものである。この改正によって，2017（平成29）年8月に「新しい社会的養育ビジョン」が取りまとめられた。この提言は，社会的養護を必要とする子どもの里親委託を最優先とし，特別養子縁組も強く押し進める事を明確に掲げている。そして施設養育を縮小し，一年を原則とした滞在期間とし，地域子育て支援，里親支援を中心とするように求めている。新しい社会的養育ビジョンには，数値目標を中心として以下の点が挙げられている。

　　・全年齢層にわたる里親委託率向上に向けた取組（今から）。
　　・3歳未満：75％以上の里親委託率実現【概ね5年以内】，3歳以上・就学前：75％以上の里親委託率実現【概ね7年以内】，学童期以降：50％以上の里親委託率実現【概ね10年以内】。
　　・当面の間，家庭養護が必要と判断される児童は，小規模化・地域分散化された養育環境（地域に分散することが条件）を整え，施設等における滞在期間について，乳幼児は数ヶ月以内，学童期以降は1年以内とする。
　　・ケアニーズが非常に高く，施設などにおける十分なケアが不可欠な場合は，本体施設に小規模化し設置可能とする。
　　・乳児院は多機能化・機能転換する。

　一方「社会的養護の課題と将来像」によると，2029年度における里親等の委

託率の目標を33%としていた。この事から里親等委託は，この間社会的養護関係者では，必要な事としてゆるやかに推進されようとしてきたといえる。しかし新しい社会的養育ビジョンでは，里親委託率を2023年に就学前の児童について一挙に75%とするとし，また「社会的養護の課題と将来像」は「子どもの真のニーズに合わせた改革となっているか疑問」であり，「限界」に来ているとして急速な変化を求めている。

　しかし，少なくとも戦後70年以上社会的養護の必要な子どもの育ちを支えてきた施設養育の役割や，施設養育が子どもの心や発達にどのような影響を与えているのか，施設退所後どのような生活をしているかに関する追跡研究がほとんどなく，様々な意見があることも事実である。根拠に基づく社会的養護のあり方の論議が求められている。

　ちなみに，「新しい社会的養育ビジョン」のモデルとされるイギリスにおいては，施設をほぼ全廃し里親委託となっているが，10回から15回もの里親変更が起きているとの報告もあり，愛着形成の不調が問題となっており，そのため近年，スコットランドなどを中心に，施設養育の展開が始まっている[3]。また，イギリスの里親委託率は71.7%であるが，ドイツ50.4%・フランス54.9%・イタリア49.5%[4]など，ヨーロッパにおいても違いはあるのが現状である。

　またわが国の里親委託率は19.7%であり[5]，里親家庭での養育が，子どもたちのために適切になされるよう，里親の推進を進める必要があるのは事実である。また，わが国においては2013（平成25）年度から2017（平成29）年度の5年間に里親等（ファミリーホームを含む）に委託された子どものうち約7%の子どもが措置変更され，そのうち約45%が施設に再委託されている（「福祉行政報告例　各年度」を基に筆者計算）。この点から考えると，施設養育の必要性はまだまだ高いと思われる。これから子どもの最善の利益に沿って何をなすべきか検討が急がれている。また，虐待を受けて社会的養護のニーズのある子どもが，児童相談所の児童虐待相談対応件数のわずか3%程度しか施設入所していないこと[6]にも課題があるといえる。

　一方で，施設内体罰・虐待や管理的運営が児童養護施設において問題となっ

ている。また，今なお大舎制の施設が多く存在することも課題である。社会的
養護を必要とする子ども達にとって，どのような養育が必要なのか，子どもの
権利を守るために何が必要なのか考え，子どもの背景や年齢毎の課題を丁寧に
取り扱って行く必要がある。育つ権利の保障をどのように考えていくのか変革
期にあるといえる。

　全国児童養護施設協議会は，新しい社会的養育ビジョンに対して，対立構造
を作るのではなく，子どもの最善の利益のために何をなすべきかとの観点から，
「戦後70年かけて積み上げてきた児童養護施設の実践と歩みを，向こう10年間
で大きく改革するように求めたため，ビジョンからは子どもの育ちゆく姿が描
けない」と主張するとともに，「行き場を失う子ども達を生まないように，子
どものたちの様々な受け皿・生活の場を選択肢として用意する必要があること
等を主張してきた」として，施設の高機能化・多機能化・地域分散化について
基本となる考え方を明示している。⁽⁷⁾

2　社会的養護の基本原理

　現在，社会的養護に共通する基本理念として「子どもの最善の利益」「全て
の子どもを社会全体で育む」ことが，「児童養護施設運営指針」「里親及びファ
ミリーホーム養育指針」（厚生労働省，2012年）に示されている。これにより原
理が示され，児童養護施設や里親等で実践と支援への努力がなされている。

　なお「児童養護施設運営指針」によって示された「社会的養護の原理」とは，
「家庭的養護と個別化」「発達の保障と自立支援」「回復をめざした支援」「家族
との連携・協働」「継続的支援と連携アプローチ」「ライフサイクルを見通した
支援」である。以下，これらの基本原理を基に，これからの社会的養護に求め
られる支援のあり方について解説する。

（1）「家庭的養護と個別化」

「社会的養護の課題と将来像」において「子どもの生活の場を大規模な施設

養護としてしまうのではなく，できるだけ家庭あるいは家庭的な環境で養育する『家庭的養護』と，個々の子どもの育みを丁寧にきめ細かく進めていく『個別化』が必要である」と明示された点を踏まえ，翌年に児童養護施設運営指針が示された。これは，小舎制養育研究会（1978〔昭和53〕年設立）が提言し実践し続けたことが実を結び，国の方針が大舎制養育から小舎制へ転換した事を示すものでもある。また，これは，これまでの大集団の施設から小集団で生活を営み，子どもをそれぞれ違いのある「一人の人間」として向き合う事を重視した事も意味しており，集団として子どもの養育を捉えてきたわが国の社会的養護の転換を示す指針となった。

2007（平成19）年より大舎制の施設から小規模化（1ホーム最大6名の子ども）を行った施設の報告には，「毎日，目と鼻の先に子どもがいる」と記載されていた。大舎制養育では，そこまで密に子どもと接することができなかったということである。おそらく，家族とは同じ空間を大人も子どもも共有することから始まるのだろう。こうした密接な関係が子ども一人ひとりを大切にし，1対1の関係を作り上げる事になる。さらに，実親との関係を大事にしながら担当職員とのほどよい距離関係を作り上げることも重要となる。

（2）「発達の保障と自立支援」

「社会的養護は，未来の人生を作り出す基礎となるよう，子ども期の健全な心身の発達の保障を目指して行われる。特に，人生の基礎となる乳幼児期では愛着関係や基本的な信頼関係の形成が重要である」。

乳幼児期の愛着は，24時間同じ養育者が存在することが重要である。これは，（住みこみによる養育実践もあるとはいえ）職員の交代による養育が多い施設養育の弱点とされる。そのため里親等が重要な意味を持つ。養育者が変わらない事で培われる愛着が，社会を信頼する力となる。しかし里親等養育が養育者の個人性（私的養育）を用いながら，「人間関係の始まりは，母と子の関係である。しかし，これは『関係』と呼べるかどうか疑問に思われるほど，一方的な関係」を，公的養育（子どもは法律上措置委託される）の中でどのように作り上げ，

実親との関係も大事にしながら家族の再構築をどのように行うのか，試行錯誤が続いている。

（3）「回復をめざした支援」

「社会的養護を必要とする子どもには，その子どもに応じた成長や発達を支える支援だけでなく，虐待体験や分離体験などによる悪影響からの癒やしや回復をめざした専門的ケアや心理的ケアなどの治療的な支援も必要」である。このような子ども達は自己肯定感が低い事が多く，保護者との分離の体験もしている。里親や施設に専門性が求められる点である。

施設養育では，専門職への研修が数多く実施され，心理療法の取組が進められている。里親養育においても研修が進められている。しかし治療や専門的ケアを支える，日常が丁寧になされていることが最も基本となる。

最も大事な事は，暴力が存在しないことであり，職員・里親等からの小さな暴力も一切ない，安全性の保障が必要である。これを通して，子ども達は力によらない他者との関係を理解するのである。そして，食事が重要である。「おいしい食事はどんな治療にも勝る」と言われる通りである。そのため，施設によっては，専門の調理員によって，インスタント食品に頼らず，且つうま味調味料に極力頼らず，薄味で手作りの食事を提供することを大切にしている所もある。そして，その食事を各ホーム毎に一緒に食べる。特殊な方法ではなく，このような「あなたの事をいつも気にかけている」と伝わる日常が回復の要素である。

（4）「家族との連携・協働」

「『安心して自分をゆだねられる保護者』がいない子どもたちがいる。また子どもを適切に養育することができず，悩みを抱えている親がいる。さらに配偶者等による暴力（DV）などによって『適切な養育環境』を保てず，困難な状況におかれている親子がいる。社会的養護は，親と共に，あるいは親を支えながら，あるいは親に代わって，子どもの発達や養育を保障していく包括的な取

り組みである[10]」。

　まず，その一歩は保護者との関係を作ることから始まる。直接子どもを守る
だけではない。社会的養護の下にある子ども達の保護者への関わりも先々子ど
も達を守る事になる。施設では，子どもの運動会や学校行事への参加の促し，
問題行動があれば，必要に応じてではあるが，保護者にも参加をお願いし一緒
に対応してもらうところもある。また保護者会を開催し，職員・保護者が共に
食事をしながら，子どもの様子や進路の話を行うなどの取り組みを行っている
施設もある。

　こうしたことを可能とするために，「施設において，職員はどんなに課題の
ある親だと思っても，来られた時はお客様としてお迎えしなさい」と職員は指
導される。これは，施設における関わり方の原則であろう。保護者を困った人
と決めつけるのではなく，様々な環境の中で苦しんできた人として寄り添い，
どのような保護者であっても，子どもにとっては替えることのできない存在で
ある以上，私たちとの良好な関係ができれば，子どもたちの応援者となりうる
との考え方である。これが，子どもの育ちの将来性を保障しやすくなるとの考
え方を取っている。こうした取組が日々行われることが大事であろう。

（5）「継続的支援と連携アプローチ」

　「社会的養護は，その始まりからアフターケアまでの継続した支援と，でき
る限り特定の養育者による一貫性のある養育が望まれる[10]」。

　今，要保護児童地域対策協議会，児童相談所，市区町村における「子育て世
代包括支援センター」「市区町村子ども家庭総合支援拠点」「独立した里親支援
機関」など多くの試みが始まろうとしている。「市町村の子ども家庭支援体制
の構築」として「新しい社会的養育ビジョン」（前述）の中で，子どものニー
ズに合ったソーシャルワーク体制確保（概ね5年以内），支援メニューの充実
（概ね5年後までに）とされている。

　また，できうる限り乳幼児期の子どもには，愛着関係を大事にそだてる意味
で，訓練された専門性のある里親が必要である。確かに関わる人々は，熱心に

取り組んでいる。問題は投入される人的数量，経験的資質が極めて不足している点である。一貫性のある養育を行うための，あるいは継続的支援の人材に対する社会的評価，待遇の低さに（処遇改善がようやく始まっているが）課題があると言われている。さらに行政機関の人的な移動（転勤問題），10年はかかるといわれるソーシャルワーカーの育成など解決すべき課題は多い。

（6）「ライフサイクルを見通した支援」

「社会的養護には，育てられる側であった子どもが帰属意識をもちその後親となり，今度は子どもを育てる側になっていくという世代を繋いで繰り返されていく子育てのサイクルへの支援が求められる。虐待や貧困の世代間連鎖を断ち切っていけるような支援が求められている[11]」。

社会的養護にあった子どもが子どもを育てる側になるとき，重要な事は，愛着関係がきちん成立していることである。これが，帰属意識にもつながってくる。専門職としてここまでの関係を作り上げるには，共に生活を行う時間と子どもとの関係づくりが大きな要素である。この関係が成立した時に，世代間連鎖は解決へ向かうだろう。

一方，子どもが親となっていく時に経済の問題を無視して次の世代を育てることは困難であろう。養護問題発生理由（厚生労働省「児童養護施設入所児童調査」）は，父母の就労・破産などの経済的理由が，虐待の増加と併せ平成に入って増加していることを示している。また，相対的貧困率は，多くの問題発生の要因となっている。阿部彩によれば，貧困世帯における育児放棄になった時期の割合は，非貧困世帯の10倍近いとも述べている[12]。もちろん貧困が，虐待や育児放棄のすべてではないにしても，貧困問題は社会全体で対応すべき課題であろう。

さらに，人と人との関係形成を行う人的資源と社会的養護の下で育った子どもが，結婚してその子どもを育てる過程にも対応できる里親・施設の体制構築が求められている。これは，職員配置が少なく虐待への対応で，なかなか社会的養護における育ちや長期にわたる関わりに困難さを伴う現状では課題が大き

いと思われる。新しい社会的養育ビジョンでは，理念としては社会的養護の必要性が少なくなるような在宅支援も求め，市区町村への大きな期待とアフターケア機関による自立支援機能強化も掲げている。

3　社会的養護の過程

社会的養護では，日常の生活基盤となる施設養護（インケア）が中心となるが，子どもの入所前の児童相談所における受理（インテーク）から始まり，施設入所後から退所（ターミネーション）そして退所後のケア（アフターケア）までの過程がある。

（1）施設入所前の過程

1）インテーク――児童相談所における受理会議

相談，訪問，通告，緊急保護などにより子どもの問題が把握されると，児童相談所において受理会議が開催される。ここで，調査・診断の方針，安全確認，一時保護の必要性等が検討され，「子どもにとっての最善の利益」の観点から相談援助方法を検討する。

2）アセスメント――一時保護入所・調査・観察・検査

多くの場合子どもは，児童相談所に一時保護され，保護の期間中に調査・観察・検査が行われる。具体的には，児童福祉司による面接・生活環境等の社会診断や，児童心理司による心理検査・面接等の心理診断，そして医師による診察・医学的検査等の医学診断がなされる。これらの診断と併せ，一時保護中に児童福祉司やケアワーカーによる行動観察・生活指導等により得られる子どもの行動上の特徴を基にした行動診断がなされる。

3）プランニング――判定会議等

この診断を総合して援助方針会議（判定会議）によって施設入所か家庭養育による支援かが決定される。施設入所の決定がなされると，施設への指針が作成される。

4）インターベーション──措置委託

施設への入所については，事前に施設への打診が行われ，入所が決定する。

（2）施設入所後の過程

1）インテーク（アドミッションケア）──措置委託開始・児童の入所

多くの子どもは，入所に当たって事前面接や，事前説明を行えることは少ない。可能な児童には，施設の見学（可能であれば保護者も）を行うことがある。

入所当日は，施設では，生活を行うホーム〈グループ〉を決定し，部屋の準備を行う。一部屋当たり1〜2名で生活することになる。その子どもに必要なタオル，歯磨き，コップなどが準備され，施設によっては玄関に花を準備するところもある。担当の児童福祉司・児童心理司に付き添われ，まず，施設側の担当者・心理担当者・施設長と面接する。次に子どもと施設担当者が所属のホームに荷物を持って行き，生活のルールを伝える。その間に児童相談所担当者との情報交換が行われ，必要な書類の受け渡しが行われる。保護者も同伴の場合は，保護者にも施設の案内を手渡し，面会・外出・外泊について説明する。

担当職員は，子どもの持ち物を点検し，購入する必要がある場合（サイズがあっていない，季節にふさわしくない服を持っていることが多い）できるだけその日のうちに準備する。保護者には，入所直後に連絡し，施設との面接の日程調整を行う。その後，夜，ホームの子ども達が帰宅すると，食事の前に自己紹介を行う。入所1週間ほどは，子どもにとって大変緊張する期間である。職員は目配りや気配りを特に丁寧に行う。この点は，記録（日誌）にも詳しく記載される。

2）アセスメント（調査）

施設にもよるが，児童相談所の調査を基に，直接保護者宅・学校などを施設職員が訪問し調査を行う（環境調査）。入所後のこの調査は，記載されていない事も知ることがある。

3）プランニング（計画）

数カ月ほどは，子どもの観察期間であり，平熱の確認・好き嫌い・関係の取り方などを観察し，自立支援計画を準備する。

4）インターベーション（インケア）——施設内の生活

　入所後，直ちに学校との情報交換を行う。学齢期の児童は，前の学校情報もここで詳細に知ることができる。登校可能な児童は，1週間ほどの施設内での生活後，登校を行う（登校開始までの日数は施設によって異なる）。登校開始1週間は，施設職員による送迎を行い，また担任とも密に連絡を取り合う。入所後は，生活のリズムを整えること，遊ぶことを大事にする。ゲーム機には頼らず生身の人間と遊ぶことを基本としている。

　学力の低下している子どもが多いので，学習については担当者はもちろんの事，中・高校生については，塾を使った補習や進学に向けた取り組みを行う。高校進学は全員進学を当然のこととし，全員の卒業に向けて学校との連絡・調整も行う。

　近年は，専門学校，短大，大学への進学意思のある子どもは，それを可能とするため，高校入学後から，進学資金の準備（アルバイト）を行う。就職希望でも，当初の生活資金とするため，積極的に進めている。また，スマートフォンの所有を可能とするため，自立の練習もかねてアルバイトを行い自分の力で支払う事としている。

　日々の生活で大切な事は，安心して眠れること，生活のリズムを保つことである。また，地域との関係を大事にするために，地域行事には積極的に参加し，地域の子ども会に所属し，地域の自治会に施設が属している。もちろん保護者との連絡もこまめに取る事が重要である。

5）モニタリング——記録を基にしたケース会議等

　自立支援計画は，学期毎に作成される。また日々の記録を基にケース会議も開催される。すべての子どもについて，毎日記録（日誌）が作成され，担当者以外の職員も，時に記載を行う。トラブルの場合で複数のホームに関わる場合，それぞれの担当者の記録と，中心に関わった職員の記録がなされる。さらに，毎朝の全ホームからの引き継ぎ，毎日の施設長と責任者との報告会，週1回の職員会によって，日々の生活のあり方や，行事，学校関係の調整が検討される。また，食事に関する会議や子どもとの食事に栄養士が参加している。こうした

情報は，子どもの担当者が共に生活する中でしか手に入らない。変化も含め，ケアワーカーの重要な観察と支援が求められる点である。

　必要と思われる子どもに対しては，心理療法も行われる（基本的に毎週1回）。心理療法中に心理職員を独占できる体験は，子どもにとって重要な要素である一方，職員にとっても様々な課題が発見される良い機会となる。そして，発見された課題について，また子どもの問題行動については，随時持たれる担当者・責任者レベルあるいは心理職，施設長も含めたケース検討会で支援方針を踏まえ議論する。こうした時に，前述した記録が大きな意味を持つ。

6）エバリュエーション──児童相談所との連携

　家族の統合に向けた施設と保護者との関係が進み，保護者と子どもとの関係・子どもの生活状況などが整ってくると，家庭引き取りが検討される。児童相談所とケースの検討を行い，引き取りに向けた準備にとりかかる。その後児童相談所で再度援助方針会議が行われる。重視されるのは，保護者の養育環境と経済的自立の可能性である。

7）ターミネーション（終結）

　必要に応じて，転校先の学校関係者，民生委員・児童委員等の検討による地域の見守り体制を作る場合もあるが，児童相談所・施設による訪問，学校生活の状態確認を家族統合後しばらくの間続け，終結とする場合もある。逆の場合もある。里親に委託変更，あるいは必要に応じて施設の変更もある。児童相談所は，この結果を見ながら措置解除を行う。

8）自立に向けた準備と支援（リービングケア）

　高校進学の子どもは，学習の補習を施設独自に行いつつ，必要に応じて塾も利用する。子どもと保護者には，高校進学は義務教育ではなく，自らの意思によって行く旨の確認をし，保護者は問題が生じた場合，施設に協力していく事を誓約する。

　さらに就職や進学に向かう関わりとして，家族の力も借りながら（家族との連携・協働参照）高校入学後，進路に向けた準備を開始する。就職か進学かを話し合い，就職を目指す子どもは，職業選択について学校とも連携しながら行

う（途中で進学に変更する子どももいる）。

　就職・進学は，保護者と細やかに連絡を取りながら，「保護者との懇談会」によって決定する（施設長も参加）。日常の関わりができていることで可能となっている。進学の場合必要な奨学金もできるだけ給付型の支援が受けられるよう，担当者を中心に準備していく。

　高校卒業が近づくと，一人ひとりの生活に必要な資金について，担当者・責任者・心理・施設長などとケース会議を行う。就職者については，住居の確定と敷金，家賃（給与支払いまでの）生活費の準備，入社にあたっての保証人（多くはこれまでの話し合いで保護者）の決定を行う。どうしても保証人が立てられない時は，施設長が立つ。進学の場合，学費（2020〔令和2〕年度より授業料の免除が国の政策で準備されている）の支払い方，生活費とそれに必要なアルバイトの必要額，住居，家賃などの経費を計算し，卒業年までに要する資金計画を策定する。ここに至るまでに作り上げた施設と子ども・保護者との関係性が具体的なリービングケアをスムーズに進める力となる。

9）アフターケア

　「児童養護施設等及び里親等の措置延長等について」（雇児発1228第2号，平成23年12月28日付）によって，施設出身の子どもは20歳の誕生日前日，里親・自立援助ホームは22歳の誕生日前日まで，それぞれ措置延期が可能とされた。この通知により，以前よりもアフターケアが比較的容易になった。

　アフターケアにおいては資金を含め支援を要することが多いため，措置延長を積極的に利用し，就職した子ども・進学した子どものどちらにも面会を定期的に行うとともに，仕送りとして送金も行う。施設から通う子どももいれば，県外で生活する子どももいる。上記通知以降，ようやく積極的に行えるようになってきた。

　アフターケアは，子どもをよく知る職員と施設長・職業指導員が担当する。このことによって，仮に就職・進学がうまくいかなくても，直ちに施設内での支援，再度の社会参加が可能となっている。もちろん，措置延長をせず，自立する子どもいる。これもまた同様に連絡をとりながら支援を行う。施設内で培

われた職員と子どもの関係が支援の大きな力となる。

　「新しい社会的養育ビジョン」では，就職・進学などに不利益を受けやすい社会的養護出身の子ども達に自立支援に向けた組織を作ろうと進めている。もっと積極的な支援が可能となるだろう。組織ができたとしても，子どもと担当者との関係についてどのように培っていくのかが今後の課題である。

注

(1)　童話屋編集部編『新しい憲法の話』童話屋，2001年11・35-40頁。

(2)　日本ユニセフ協会ホームページ（https://www.unicef.or.jp/about_unicef/about_rig.html, 2019年12月18日アクセス）。

(3)　マーク・スミス，レオン・フルチャー，ピーター・ドラン／楢原真也監訳，益田啓裕・永野咲・徳永祥子・丹羽健太郎訳『ソーシャルペダゴジーから考える施設養育の新たな挑戦』明石書店，2018年，6頁。

(4)　厚生労働省子ども家庭局家庭福祉課「社会的養育の推進に向けて」2019年，26頁。

(5)　同前，22頁。

(6)　2018（平成29）年度の児童虐待相談対応件数13万3,778件で施設・里親入所人数4,579人であった（同前，8頁）。この点に基づくと，施設に入所等をした児童の割合は約3％となる。

(7)　全国児童養護施設協議会「今後の児童養護施設に求められるもの」（児童養護施設のあり方に関する特別委員会第1次報告書）2019年。

(8)　「児童養護施設運営指針」（厚生労働省雇用均等・児童家庭局長通知，平成24年3月29日付），2頁。

(9)　河合隼雄『流動する家族関係』（河合隼雄著作集⑭）岩波書店，1994年，17-18頁。

(10)　「児童養護施設運営指針」（厚生労働省雇用均等・児童家庭局長通知，平成24年3月29日付），3頁。

(11)　同前，4頁。

(12)　阿部彩「子どもの貧困とは何か」『世界の児童と母性』79，資生堂社会福祉事業財団，2015年，2-5頁。

参考文献

喜多一憲監修，堀場純矢編『社会的養護』みらい，2017年。

児童養護における養育のあり方に関する特別委員会編『この子を受けとめて，育むために』全国児童養護施設協議会，2016年。

マーク・スミス，レオン・フルチャー，ピーター・ドラン／楢原真也監訳，益田啓
　裕・永野咲・徳永祥子・丹羽健太郎訳『ソーシャルペダゴジーから考える施設養育
　の新たな挑戦』明石書店，2018年。
全国児童養護施設協議会「今後の児童養護施設に求められるもの」（児童養護施設の
　あり方に関する特別委員会第 1 次報告書）2019年。

第4章	社会的養護の仕組みと法・実施体系

1　社会的養護の仕組み

（1）児童相談所——社会的養護における専門行政機関

1）要保護児童と児童相談所

　社会的養護の主たる対象として専門的・重点的な対応が求められるのが，「要保護児童」である。要保護児童とは，児童福祉法（以下，法）第6条の3第8項で「保護者のない児童又は保護者に監護させることが不適当であると認められる児童」と定義されている。ここで「保護者に監護させることが不適当」な児童とは，具体的には，保護者から虐待等を受けている子どもや不良行為をなしている子どもなどを意味している。

　こうした要保護児童への対応を中心的に担っているのが児童相談所である。児童相談所は，法第12条に基づき各都道府県（政令指定都市等を含む）に設置義務のある，子ども家庭福祉の専門機関として，とりわけ虐待や非行等の問題への対応を担う，社会的養護における専門行政機関として位置づけられている。

2）児童相談所の役割と機能

　従来は，あらゆる子ども家庭相談への対応は，都道府県等の設置する児童相談所が行っていたが，児童虐待相談等の急増により，児童相談所の対応だけでは困難となってきた。そのため，2004（平成16）年の法改正で，子ども家庭相談への対応を市町村の業務（市町村を子ども家庭相談の第一義的窓口）として法的に規定するとともに，児童相談所の役割を，より専門的知識・技術が必要なケースへの対応や市町村への後方支援に重点化した。それにより，児童相談所（都道府県等）と市町村との役割分担とその連携・協力のあり方が明確化された。

表 4-1　児童相談所の基本的な機能

基本的機能	市町村援助機能	市町村による子ども家庭相談への対応について，市町村相互間の連絡調整，市町村に対する情報の提供その他必要な援助を行う機能
	相談機能	子どもに関する相談のうち，専門的知識・技術を要するものについて，必要に応じて子どもの家庭・地域状況，生活歴・発達，性格・行動等について専門的・総合的に調査，診断，判定し，援助指針を定め，一貫した援助を行う機能
	一時保護機能	必要に応じて子どもを家庭から離して一時保護する機能
	措置機能	・子どもや保護者を児童福祉司，（主任）児童委員，市町村，児童家庭支援センター等に指導させる機能 ・または，子どもを里親や施設，医療機関に委託する機能
	ネットワーク機能	・地域における子どもと家庭に対する相談援助活動の総合的企画とその実施を行う機能 ・要保護児童対策地域協議会の設置・運営の支援など，市町村とともに関係機関のネットワーク化を推進する機能
その他の機能 （民法上の権限）		・親権者の親権喪失，親権停止もしくは管理権喪失の審判の請求，またはこれらの審判取消しの請求，ならびに，未成年後見人選任及び解任の請求を家庭裁判所に対して行う（ことのできる）機能

出所：厚生労働省雇用均等・児童家庭局長通知「児童相談所運営指針について」を基に筆者作成。

　厚生労働省通知「児童相談所運営指針について」によれば，市町村とのこうした適切な役割分担・連携を基盤とした児童相談所の主たる設置目的を「相談援助活動[(1)]」を行うことと位置づけた上で，児童相談所のもつ基本的な機能として次の6つの機能を挙げている。すなわち，児童相談所には，市町村援助機能，相談機能，一時保護機能，措置機能，ネットワーク機能，民法上の権限・機能の6つの基本的な機能がある（表4-1参照）。

3）児童相談所から社会的養護へ繋がる経路

　図4-1の流れを参照しながら，相談の受理から社会的養護の処遇実施に至るプロセスを，以下に，概説する。

①　要保護児童の発見と受理

　要保護児童の発見に繋がる相談・通告・送致には，①近隣等からの相談・通告，②保護者・親戚・子ども本人からの相談，③学校，保育所，市町村，保健医療機関等からの相談・通告，④警察からの通告，⑤福祉事務所からの送致，⑥家庭裁判所からの送致，等がある（なお，相談の受付形態には，来所によるもの，

図4-1　児童相談所における相談援助活動の体系・展開

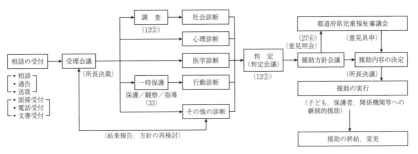

出所：厚生労働省雇用均等・児童家庭局通知「児童相談所運営指針について」。

電話によるもの，文書によるものがある）。それらが「受理会議」にかけられることとなる。

②　調査・診断

調査の主たる内容としては，子どもの家庭環境，家族の状況，子どもの生育歴，子ども・保護者等の現況，援助に関する子どもや保護者等の意向等である。それらを踏まえて，児童福祉司等による「社会診断」，児童心理司等による「心理診断」，医師による「医学診断」，必要により理学療法士等による「その他の診断」がなされる。また必要に応じて，「一時保護」がなされ，そこでの「行動診断」が行われる。

③　一時保護

一時保護は，子どもの生命と安全の確保のため，または子どもの心身やその養育環境の状況把握のために行われ（法第33条），虐待等により家庭から一時的に引き離すことが望まれる子どもや，棄児など緊急に保護が必要な子どもが対象となる。児童相談所長または都道府県知事が必要と認めた場合には，親の同意を基本としながらも，親の同意なしに一時保護する権限が認められている。

④　判定，処遇決定

社会診断をはじめとした調査・診断の結果は「判定会議」にかけられ，援助指針案が立案される。その案がさらに「援助方針会議」にかけられて，具体的な援助内容が決定される（援助内容の概要は表4-2参照）。

表4-2　児童相談所の援助内容の概要

1．在宅指導等 　（1）措置によらない指導 　（2）措置による指導 　　・児童福祉司指導 　　・児童委員指導 　　・児童家庭支援センター指導　など 　（3）訓戒，誓約措置 2．児童福祉施設入所措置 　　指定医療機関委託	3．里親，ファミリーホーム委託 4．自立援助ホーム措置 5．福祉事務所送致，通知 　　都道府県知事，市町村長報告・通知 6．家庭裁判所送致 7．家庭裁判所への家事審判の申し立て 　　・施設入所の承認 　　・親権喪失等の審判の請求　など

出所：厚生労働省雇用均等・児童家庭局通知「児童相談所運営指針について」を基に筆者作成。

⑤　里親委託や施設措置など——援助の実施

　家庭復帰が難しいと判断される場合には，里親への委託や施設への入所措置等が行われることになる。この場合には，一時保護の時とは異なり，親の同意を得ることがその前提となる。子どもの最善の利益から里親委託や施設入所が必要と判断されるケースであっても，親の同意がどうしても得られない場合には，児童相談所は家庭裁判所の承認を得て措置を行うこととなる（法第28条）。

（2）社会的養護における市町村の役割

1）要支援児童・特定妊婦と市町村

　要保護児童にはまだなっていないが，「保護者の養育を支援することが特に必要と認められる児童」を「要支援児童」という（法第6条の3第5項）。具体的には，虐待等のリスクを抱え，特に支援が必要と認められる保護者やその子どもである。また，「出産後の養育について出産前において支援を行うことが特に必要と認められる妊婦」を「特定妊婦」という（法同条項）。具体的には，若年の妊婦や健診未受診，望まない妊娠などの妊婦がそれに該当する。

　要保護児童への対応には，（都道府県等の設置する）児童相談所が中心的役割を果たすが，要支援児童，特定妊婦への対応については，主に市町村がその子育て支援施策などにおいて担っている（表4-2）。

2）児童相談所と市町村の連携・協働

　前述のように2004（平成16）年の法改正で，市町村が子ども家庭相談の第一

図4-2　社会的養護における市町村と児童相談所（都道府県等）の連携・協働

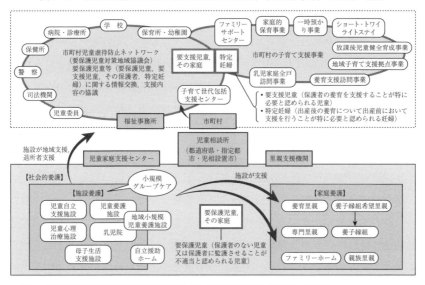

出所：厚生労働省「社会的養育の推進に向けて」（令和3年5月）208頁を一部改変。

義的窓口となり，児童相談所の役割が，要保護性の高い困難なケースへの対応
や，市町村への支援ということに重点化されることとなった。

　その上で（同法改正で），市町村には「要保護児童対策地域協議会」の設置が
法定化され，市町村で対応した要保護性のあるケースについては，本協議会に
て集約的な協議がなされるようになった。そして，要保護性の比較的軽微な
ケースは市町村の子育て支援事業等において対応し，より対応の困難なケース
については必要に応じて児童相談所に繋ぐ体制となっている（図4-2参照）。

（3）要保護児童対策地域協議会の役割

1）要保護児童対策地域協議会とは

　要保護児童対策地域協議会（以下，要対協）は，各市町村において要保護児
童の早期発見や適切な保護を図るため，自治体内の関係機関で構成される，要
保護児童に関する情報交換や支援内容の協議を行う機関である。

2）要保護児童対策地域協議会の概要（法第25条の2の規定）

　要保護児童対策地域協議会とは，地域（各市町村）における要保護児童の早期発見や適切な支援・保護を目的として，要支援児童，要保護児童等およびその保護者に関する情報の交換・共有や支援方法・内容に関する協議を行う機関である（現在，全国のほぼすべての市町村に設置されている[2]）。協議会の主な構成員は，当該市町村，児童相談所，福祉事務所，児童家庭支援センター，民生委員，主任児童委員，保育所，児童養護施設等の児童福祉施設，幼稚園，小中学校等の学校機関，教育委員会，保健所，医療機関，警察などである。

3）要保護児童対策協議会の運営

　運営の推進役として，構成員のうち「調整機関[3]」が，関係機関との連絡調整や会議の議事運営，支援の実施状況の把握等を担っている。また，要対協の具体的な運営は，以下の3種類（三層構造）の会議において展開されている。

①　代表者会議（構成員の代表者による会議／年1～2回開催）。
②　実務者会議（実際に実務に携わる者による会議／年数回開催）。
③　個別ケース検討会議（個別の事例についての担当者レベルでの会議／随時開催）。

2　社会的養護の法体系

（1）児童福祉法──社会的養護の基本法でもある

　社会的養護において，いわばその「基本法」として最も基本となる事項を規定しているのは，「児童福祉法」である。

1）社会的養護の理念と児童福祉法──「子どもの最善の利益のために」

「社会的養育の推進に向けて」（厚生労働省，令和3年5月）では，社会的養護の基本理念として「子どもの最善の利益のために」と「社会全体で子どもを育む」の2つの理念が挙げられている。これらの理念は，まさに児童福祉法の第1条から第3条における「児童福祉の理念」や「児童育成の責任」，「国及び地

方公共団体の責務」等の規定に則ったものといえる。

　「児童のすべての措置をとるに当たっては…（中略）…児童の最善の利益が主として考慮されるものとする」との大原則を打ち出している「児童の権利に関する条約」（第3条）の精神に沿って，児童福祉法第1条では「全て児童は，児童の権利に関する条約の精神にのつとり，適切に養育されること，その生活を保障されること，愛され，保護されること，その心身の健やかな成長及び発達並びにその自立が図られることその他の福祉を等しく保障される権利を有する」と規定している。さらに，同法第2条では「全て国民は，…（中略）…児童の年齢及び発達の程度に応じて，その意見が尊重され，その最善の利益が優先して考慮され，心身ともに健やかに育成されるよう努めなければならない」と規定している。

2）児童福祉法と「家庭養育優先の理念」

　上記の第3条の2の規定は，「社会全体で子育てすること」を推進するための，保護者支援を含めた公的な責務を明記していると同時に，「子どもの最善の利益」を第一に考慮した，子育てにおける「家庭養育優先の理念」を明記している。つまり，子どもは，最善の利益の保障という観点から，実親の下での「家庭での養育」が第一に保障されなければならない。ただし，それが困難または不適当な場合には，「家庭における養育環境と同様の養育環境」での継続的な養育が保障されなければならない。さらに，当該環境での養育も適当でない場合には，できる限り「良好な家庭的環境」での養育が保障されなければならない。

　以上より，子どもの養育においては，子どもの最善の利益の保障という観点から，第1に①「家庭」での実親による養育が保障されるべきであり，それが困難または不適当な場合は，（次善の策として）②「家庭と同様の養育環境」での養育が保障されるべきであり，さらにそれがまた適当でない場合には，③できる限り「良好な家庭的環境」での養育が保障されなければならないということである。ここで，②「家庭と同様の養育環境」とは，特別養子縁組あるいは

里親やファミリーホーム（小規模住居型児童養育事業）を意味しており，③「良好な家庭的環境」とは，グループホーム（地域小規模児童養護施設）や小規模グループケア（分園型）を意味している。

　したがって，同条項においては，子どもの養育は，第一に①家庭での実親による養育が，それが無理な場合は②特別養子縁組，または里親やファミリーホームでの養育が，それも無理な場合は③グループホームや小規模グループケアでの養育が保障されなければならないことが規定されている。同法でのこの「家庭養育優先の理念」が，2017（平成29）年8月に公表された「新しい社会的養育ビジョン」の内容にそのまま反映されている。

（2）社会的養護に関する主な関連法規等

1）児童虐待の防止等に関する法律（児童虐待防止法）

　児童虐待の社会問題化や児童の権利に関する条約の批准などを背景に，2000（平成12）年に制定された。この法律により，児童虐待の定義とその禁止が明記され，関係者の早期発見の努力義務と発見者による通報の義務が規定された。

　2004（平成16）年施行の改正法では，「虐待を受けたと思われる児童」も通告義務の対象となった。また，「心理的虐待」の定義に「児童が同居する家庭における配偶者に対する暴力」（いわゆる「面前DV」）等も加えられた。

　2008（平成20）年施行の改正法では，児童相談所の機能が強化され，立ち入り調査権の強化や保護者への面会・通信等の制限の強化などが規定された。

　2016（平成28年）10月施行の改正法では，保護者の同意の下での一時保護や施設入所等の場合でも，「接近禁止命令」が可能となる等の改正が行われた。

2）児童福祉施設の設備及び運営に関する基準（設備運営基準）

　児童福祉法の規定に基づき1948（昭和23）年に厚生省令として定められた「児童福祉施設最低基準」が，2011（平成23）年の同法改正により「児童福祉施設の設備及び運営に関する基準」（以下，設備運営基準）へと改称された。しかも，地方の実情も考慮して，本基準は各都道府県の条例で定められることになった。

　設備運営基準では，児童福祉法第45条の「その基準は，児童の身体的，精神的及び社会的な発達のために必要な生活水準を確保するものでなければならない」との規定を具体化するために，児童福祉施設の目的，一般原則，非常災害対策，職員の一般的要件，虐待や懲戒権濫用の禁止，衛生管理，健康管理，苦情対応など，また施設の種別ごとに最低限守るべき設備基準や職員配置，援助・支援の基準を定めている。なお，設備運営基準で定める基準は「最低基準」であり，常に基準向上のための努力が求められている（設備運営基準第3,4条）。

3）里親委託ガイドライン

　2011（平成23）年に厚生労働省から出された「里親委託ガイドライン」は，2017（平成29）年3月に大きく改正されることとなった。それまでは「里親委託を優先して検討することを原則とするべき」としていたところが，本改正からは「養子縁組里親を含む里親委託を原則として検討する」と明記された。これは，2016（平成28）年5月の児童福祉法改正の上記「家庭養育優先の理念」に則ったものであり，その理念にそって展開される今後の社会的養護の体制に向けて新しい里親委託の方針を明示するものとなった。

4）民　　法

　市民生活や家族関係上の基本的ルールを定めた法律である民法には，社会的養護に深く関わる規定が含まれている。例えば，「親子（実子・養子）」「養子縁組・特別養子縁組」「親権」「後見」などについての規定である。

　とりわけ，成年に達しない子を監護，教育し，その財産を管理するために，その父母に与えられた身分上および財産上の権利・義務である「親権」についての理解は，子どもの権利や最善の利益を考える上でも重要である。昨今の親権濫用による児童虐待が増えているなかで，2012（平成24）年からは，虐待する親から子を守るため2年以内の「親権停止」を認める民法改正が施行された。なお，表4-3は，厚生労働省がまとめた関連法令・通知等一覧からの抜粋である。

表4-3　社会的養護に関する主要な法令・通知等

大区分	小区分	法令・通知等の名称
制度全般	法令等	児童福祉法
		児童福祉施設の設備及び運営に関する基準
		里親が行う養育に関する最低基準
指針	通知	社会的養護施設運営指針及び里親及びファミリーホーム養育指針について（児童養護施設運営指針，乳児院運営指針……等）
里親	制度全般	里親制度の運営について
		里親委託ガイドラインについて
	里親支援	里親支援事業の実施について
ファミリーホーム	制度全般	小規模住居型児童養育事業（ファミリーホーム）の運営について
養子縁組	制度全般	養子制度等の運用について
		特別養子縁組制度における家庭裁判所との協力について
	あっせん事業	養子縁組あっせん事業の指導について
施設	小規模化	児童養護施設等のケア形態の小規模化の推進について
		地域小規模児童養護施設の設置運営について
	職員	家庭支援専門相談員，里親支援専門相談員，心理療法担当職員，個別対応職員，職業指導員及び医療的ケアを担当する職員の配置について
	自立支援計画	児童養護施設等の入所者の自立支援計画について
	その他	年長児童に対する処遇体制の強化について
		配偶者からの暴力の被害者への対応に係る留意事項について
自立援助ホーム	制度全般	児童自立生活援助事業（自立援助ホーム）の実施について
共通事項	措置延長等	児童養護施設等及び里親等の措置延長等について
	自立支援等	社会的養護自立支援事業等の実施について
	被措置児虐待	被措置児童等虐待対応ガイドラインについて
	児童相談所	児童相談所運営指針の改正について
		児童相談所運営指針について
社会的養育推進計画	計画やガイドライン等	「都道府県社会的養育推進計画」の策定について
		「フォスタリング機関（里親養育包括支援機関）及びその業務に関するガイドライン」について
		「乳児院・児童養護施設の高機能化及び多機能化・機能転換，小規模かつ地域分散化の進め方」について
		一時保護ガイドラインについて

出所：厚生労働省「社会的養護に関する法令・通知等一覧」（令和元年8月31日現在）より抜粋。

3　社会的養護の実施体系

　社会的養護とは，親の死亡，行方不明，虐待，養育拒否，離婚，疾病などを理由に保護者が子どもの養育が出来ない場合，公的責任として社会が行う子どもの保護や養育のことを意味する。昨今では，保護者が子どもの養育に困難を抱えている場合に行われる支援も社会的養護として捉えられている。この社会的養護を実施している施設や事業がその実施体系である。

（1）社会的養護の広義と狭義

　社会的養護を広く捉える「広義」と狭く捉える「狭義」がある。図4-3には，社会的養護の実施体系が示されているが，広義に捉えると，示されている施設や事業すべては社会的養護であり，4つの領域に分類される。「補完的養護」とは，親の養育の一部を補うための支援であり，保育所，児童発達支援センターなどの通所型の施設やサービスがこれに当たる。この場合，子どもの生活の拠点は家庭であるが，親や子どもの事情により1日の一部を施設で過ごす。「支援的養護」とは，親が続けて子どもの養育ができるように行う支援であり，地域子育て支援拠点事業，児童家庭支援センター，母子生活支援施設などが挙げられる。

　「代替的養護」とは，親の代わりに子どもの養育を行う支援であり，乳児院，児童養護施設，里親などがこの役割を担っている。「代替的養護」の場合，子どもの生活の拠点が一時的又は長期的に保護者（家庭）から施設などに移される。「治療的養護」とは，子どもの不適応問題や障害などを理由に専門的な治療や療育（訓練）を行う支援であり，児童心理治療施設，児童自立支援施設などの入所施設がある。「代替的養護」と同様，子どもは保護者から離れ，生活の拠点は施設となるが，その支援内容は専門的な治療や療育（訓練）である。

　社会的養護を狭義に捉えると，保護者に代わり社会が子どもの養育を行っている支援を意味し，「代替的養護」を行っている乳児院，児童養護施設，里親

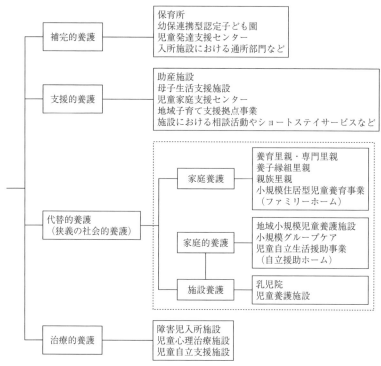

図4-3　社会的養護の体系

```
┌─ 補完的養護 ─── 保育所
│                幼保連携型認定子ども園
│                児童発達支援センター
│                入所施設における通所部門など
│
├─ 支援的養護 ─── 助産施設
│                母子生活支援施設
│                児童家庭支援センター
│                地域子育て支援拠点事業
│                施設における相談活動やショートステイサービスなど
│
├─ 代替的養護 ─┬─ 家庭養護 ─── 養育里親・専門里親
│ (狭義の社会的養護)              養子縁組里親
│              │                親族里親
│              │                小規模住居型児童養育事業
│              │                （ファミリーホーム）
│              │
│              ├─ 家庭的養護 ── 地域小規模児童養護施設
│              │                小規模グループケア
│              │                児童自立生活援助事業
│              │                （自立援助ホーム）
│              │
│              └─ 施設養護 ─── 乳児院
│                              児童養護施設
│
└─ 治療的養護 ─── 障害児入所施設
                 児童心理治療施設
                 児童自立支援施設
```

出所：櫻井奈津子編『子どもと社会の未来を拓く――社会的養護の原理』青踏社，2018年，66頁を基に筆者作成。

などに範囲が限定される（図4-3参照）。この視点では，「治療的養護」に分類される施設や「支援的養護」に分類される母子生活支援施設は社会的養護としての位置づけはない。「治療的養護」の施設の場合，治療や療育（訓練）に重点が置かれており，母子生活支援施設の場合，母親と子どもが一緒に入所するため，どちらも「代替的養護」とはいえない。しかし，これらの施設は入所施設であり，日常生活の支援も行っているため，「代替的養護」施設と共通点が多い。

1）広義の意義

　従来から社会的養護は「代替的養護」の類語として理解されることが多かった。その背景には児童家庭福祉施策は親の死亡や家庭環境の問題により代替的

養護が必要な子どもや障害を抱えている子どもへの施策が中心であったからである。また，保育施策では，ひとり親家庭や共働き家庭への支援との認識が強く，社会的養護と結びつける意識は低かった。しかし，一般家庭の子育て能力の脆弱化や子どもの虐待の増加に伴い，子どもの代替的養護を防ぐための「補完的養護」や「支援的養護」の必要性が理解されるようなった。最近の動きとして2017年に「新たな社会的養育の在り方に関する検討会」が発表した「新しい社会的養育ビジョン」では，社会的養護を家庭への養育支援から代替的養護までと捉えており，家庭支援から代替的養護の連続性のある改革を提示している。

　このように，社会的養護を広く捉える視点は求められるようになっており，保育学生にとっても必要な視点である。将来，児童養護施設，乳児院などの施設に就職する希望はなくても，保育所などの現場は密接に社会的養護の施設や事業と関連している意識は欠かせない。保育所は社会的養護の支援の一角である「補完的養護」の機能を果たしてきており，今後「支援的養護」の機能は益々期待されている。

2）狭義の意義

　社会的養護の「狭義」の視点も必要である。社会的養護を「代替的養護」と把握すると「代替的養護」の施設や子どもに焦点を当てることとなる。「代替的養護」の下で保護・養育される子どもは特有な経験を強いられる。子どもにより個人差はあるが，多くの子どもの共通経験として保護者からの緊急保護，生活環境の変化，大切な愛着関係（信頼関係）の喪失，将来の見通しの不明確さなどがある。また，多くの子どもは親からの虐待に起因する心的トラウマや愛着障害などを抱えている。従って，「代替的養護」は単なる親代わりの養育ではなく，これらの経験から生じる子どものニーズに応える専門的な養育や支援が求められる。社会的養護の「狭義」は，この視点を与える。

　社会的養護の施設や事業の「連続性」や代替的養護の「特有性」を把握するためには，その「広義」と「狭義」の理解は欠かせない。本節に関しては，「狭義」の社会的養護について説明する。

表4-4　社会的養護の施設・事業

	施設・事業	定義（省略）
①	里　親	児福法第6条の4：要保護児童を自宅で養育することを希望し，厚生労働省が定められている研修などを修了した者である。「養育里親」，「専門里親」，「養子縁組里親」，「親族里親」，と4種類ある。
②	小規模住居型児童養育事業（ファミリーホーム）	児福法第6条の3：要保護児童の養育の経験ある者が自宅で5～6人の要保護児童を養育する事業。
③	児童自立生活援助事業（自立援助ホーム）	児福法第6条の3：義務教育終了後，児童養護施設や児童自立支援施設などを退所するが自立生活が困難な者に対して生活の場と自立援助を提供する事業。
④	乳児院	児福法第37条：乳児（必要のある場合幼児）を入院させて，それを養育する施設。
⑤	児童養護施設	児福法第41条：保護者のいない児童，虐待されている児童その他環境上養護を要する児童を入所されて，これを養護し，自立支援を行う。
⑥	母子生活支援施設	児福法第38条：配偶者のいない女子又はこれに準ずる事情にある女子並びにその児童を入所させて，これらの者を保護するとともに，これらの者の自立の促進のためにその生活を支援する。
⑦	障害児入所施設	児福法第42条：福祉型障害児入所施設と医療型障害児入所施設と2種類がある。福祉型障害児入所施設は，障害を抱えている児童を保護し，日常生活の指導及び独立自治に必要な知識技能を与える。医療型障害児入所施設は，障害を抱えている児童を保護し，日常生活の指導及び独立自治に必要な知識技能を与え，必要な治療を行う。
⑧	児童心理治療施設	児福法第43条の2：家庭環境などの理由により社会生活へ適応が困難となった児童を，短期間，入所・通所させて，必要な心理的治療や生活指導を行う。
⑨	児童自立支援施設	児福法第44条：不良行為をなし，又はなすおそれのある児童及び家庭環境その他の環境上の理由により生活指導等が必要な児童を入所・通所させ，必要な指導や自立支援を行う。

注：(1)里親は，法律上施設や事業ではないが，社会的養護の養育環境である。
　　(2)母子生活支援施設，障害児入所施設，児童心理治療施設，児童自立支援施設を「社会的養護」の関連施設として表に載せている。

（2）社会的養護の実施体系

　　社会的養護の実施体系は表4-4に示されているとおり，里親，ファミリーホーム，自立援助ホーム，乳児院と児童養護施設で構成されている。里親，ファミリーホーム，自立援助ホームは「家庭養護」であり，乳児院と児童養護施設は「施設養護」と分類される。現在の実施体系は戦後の戦災孤児や不良児

への対応に由来する。1947（昭和22）年の児童福祉法成立により，乳児院と児童養護施設は児童福祉施設として設置された。乳児院は，戦災孤児や栄養失調や衛生問題を抱えている乳児の保護に努めた。児童養護施設は，道に溢れていた戦災孤児や不良児の主な受け皿になった。また，児童福祉法成立により里親制度が制度化され，戦災孤児の受け入れにも貢献した。このように始まった社会的養護は，要保護児童の特徴や社会の変動にかかわらず50年の間その体系には大きな変化はなかった。

　1998（平成10）年に，義務教育終了などを理由に児童養護施設等から退所が強いられ，自立する能力が充分にない子どもを支援するために児童自立生活援助事業（自立援助ホーム）が法定化された。また，2008（平成20）年には，「家庭養護」を進めるために里親以外の形態として小規模居住型児童養育事業（ファミリーホーム）が始まった。このような経緯を通して現在の社会的養護の実施体系となった。比較的最近になって自立援助ホームとファミリーホームは加わったが，児童福祉法成立から一貫として続いている特徴は「施設養護」への過剰な偏りである。その背景には，里親を充分に確保できていないことや，児童相談所にとって施設措置は比較的に容易であること，保護者は「家庭養護」より「施設養護」を好むことなどが挙げられる。2018（平成30）年3月末現在，乳児院や児童養護施設で養育されている子どもは社会的養護を受けている子どもの79％を占めており（乳児院は8％；児童養護施設は71％），「家庭養護」で生活している子どもは全体の少数派である。⁽⁴⁾

　表4-4には，障害児入所施設，児童心理治療施設，児童自立支援施設が関連施設として示されている。これらの施設は「治療的養護」として位置づけられ，それぞれは子どもの療育，治療，生活指導を行っている。しかし，これらの施設は入所施設であることや多くの子どもの背景には家庭環境上の問題（特に，児童虐待）があることから，社会的養護の施設との共通点が多い。また，母子生活支援施設も関連施設とされており，「支援的養護」としての位置づけとなる。母子生活支援施設も入所施設であり，多くの場合，家庭環境上の問題であるDV（配偶者間暴力）や児童虐待から免れるために母子が入所しているこ

とから，社会的養護のとの関連性が高く，社会的養護施設としての位置づけも可能である。

（3）「社会的養護」の養育環境

　図4-3では，「社会的養護」が，「家庭養護」「施設養護」と「家庭的養護」の3種類に分類されている。これは子どもが生活する養育環境の特徴を示すものである。2009（平成21）年に国連の「子どもの代替養育に関するガイドライン」が採択され，2011（平成23）年に社会的養護専門委員会は「社会的養護の課題と将来像」を取りまとめた。これには，要保護児童の特質（親からの虐待経験など）をかんがみ，子どもにできる限り家庭的な生活環境を提供する方向性が示された。また，社会的養護においては原則として「家庭養護」を優先する方針も提言された。

1）「家庭養護」

　子どもの養育環境が養育者の家庭であることが特徴である。子どもは養育者と一緒に生活するため，養育者による個別的な関わり，安定した生活による生活習慣の習得，一般の子育て家庭と同様の養育経験などが期待される。里親やファミリーホームは「家庭養護」に当たる（よく混同されるが，親が子どもを養育する一般的な家庭を「家庭養育」と呼ぶ）。

2）「施設養護」

　子どもの養育環境が施設であることを意味する。施設の養育環境の主な特徴として，子どもは大人数で集団生活をすること，養育者は交代勤務で子どもの養育を行うこと，また施設は一般家庭と比べ大規模であることが多く，一般の住宅地から外れた場に設置されることもあり，住民から誤解や偏見が生じやすいことが挙げられる。子どもの生活集団が大人数であるほど養育者の目が子ども一人ひとりに行き届かない，子どもと個別的に関わる時間が限られるなどの問題が懸念される。

　また，養育者の交代勤務により，子どもとの安定した人間関係が保ち難く，一貫性のある生活支援を提供することが難しい。子どもの健康な成長・発達に

図4-4　「家庭養護」と「家庭的養護」

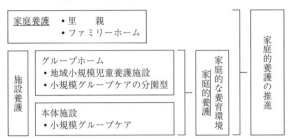

出所：社会的養護専門委員会『「家庭的養護」と「家庭養護」の用語
の整理について』厚生労働省，2012年1月16日。

とってマイナスな要素が多いため，「社会的養護の課題と将来像」では，施設
と子どもの生活集団の小規模化の方向性が示されている。

３）「家庭的養護」

　子どもの養育環境は施設であるが，その生活環境はより家庭的であることが
その特徴である。施設でより家庭的な養育を実現するため，以下の２つの生活
環境の改善が行われている。

①　子どもに小規模な集団生活を提供すること。子どもを小人数のグルー
　　プに分け（児童養護施設では子ども６～８人，乳児院では４～６人など），養
　　育者の支援の下，子どもは日常生活の基本的な営み（食べる，寝る，団ら
　　んなど）をグループメンバーと共に行う。この小規模な集団生活は小規
　　模グループケアと呼ばれる。

②　子どもの生活拠点を施設の敷地外，住宅地に設置する。この場合，一
　　軒家やアパートを借りて，小人数の子どもと養育者が一般の住居で生活
　　をする。この形態はグループホームと呼ばれ，小規模グループケア（分
　　園型）と地域小規模児童養護施設の形態がある。小規模グループケアや
　　地域小規模児童養護施設では養育者は交代で子どもの養育をする。従っ
　　て，子どもと養育者の生活拠点が異なるという「施設養護」の特徴には
　　変わりはない。

表 4 - 5　家庭養護・家庭的養護の現状

	措置・委託児童数(人)	総数の割合[1](%)
家庭養護		
里親家庭	5,190	14.3
ファミリーホーム	1,356	3.7
自立援助ホーム	516	1.4
合計:	7,062	19.4
家庭的養護[2]		
小規模グループケア（乳児院）	1,008	2.8
小規模グループケア（児童養護施設）	8,664	23.9
地域小規模児童養護施設	2,142	5.9
合計:	11,814	32.5
総合計:	18,876	51.9

注：(1)総数とは，社会的養護（代替的養護）を受けていた子どもの合計である。2017（平成
　　 29）年3月末では，3万6,312人が児童養護施設，乳児院などで生活していた。
　　 (2)家庭的養護のデータは，2016（平成28）年のものである。
出所：厚生労働省『社会的養護の現状について（参考資料）』2017年12月を基に筆者作成。

　この「家庭養護」と「家庭的養護」の関係は図4-4の通りである。「家庭養護」では，子どもは里親家庭やファミリーホームで養育者と一緒に生活する。「家庭的養護」の場合，生活環境は施設であるが，家庭的な要素がある。小規模グループケアでは，子どもは小集団で生活を送り，養育者の個別的な関わりにより安定した人間関係の下で家庭的な養育環境を経験する。グループホームでは，子どもは小集団での生活に加えて地域で普通の住宅で生活するため，さらに一般的な家庭に近い養育環境を経験する。本体施設での小規模グループケアとグループホームの養育環境は少し異なるが，双方は家庭的養護と分類される。2015（平成27）年度から「社会的養護の課題や将来像」に示された方向性に基づいて都道府県と施設は計画的に家庭的養護の推進（「家庭養護」と「家庭的養護」）に取り組むことが始まっている。

　「家庭養護」と「家庭的養護」の現状は，表4-5の通りである。2017年現在では，「家庭養護」の養育環境で生活していた子どもは合計7,062人であり，社会的養護を受けている子どもの19.4%を占めている。「家庭的養護」については，合計1万1,814人の子どもが小規模グループケアや地域小規模児童養護施

設（グループホーム）で生活しており，社会的養護を受けている子どもの32.5％を占める。両方を合わせると，1万8,876人（51.9％）の子どもは「家庭養護」若しくは「家庭的養護」の養育環境で生活していることとなる。確実に「家庭養護」や「家庭的養護」の環境が増え，より多くの子どもは小集団での生活や一般家庭に近い環境を経験している。しかし，1万7,436人（48％）の子どもは「施設養護」において大集団での生活を強いられている。

　「社会的養護の問題と将来像」では，原則として「家庭養護」（特に，里親とファミリーホーム）を優先することを掲げているが，「家庭養護」が提供されている子どもは少数派である。「家庭的養護」に進展は見られる一方，「施設養護」で生活している子どもはいまだ多いが，いずれにおいても，子どもの権利を尊重した社会的養護であることが求められている。

（4）将来の社会的養護の実施体系

2016（平成28）年に「児童福祉法」が改正され，子どもは権利の主体者であり，健康に成長・発達する権利があることが児童福祉の理念として明文化された。第3条では，子どもの家庭環境上の問題により保護者との生活ができない，または共に生活することが不適切である場合，その子どもは「家庭における養育環境と同様の養育環境」（家庭養護）で養育されるべきであることが明記された。この改正に伴い，「社会的養護の課題と将来像」の全面的な見直しを目的に2017（平成29）年に「新しい社会的養育ビジョン」が発表された。

　この「新しい社会的養育ビジョン」では，子どもの在宅での支援から代替養育までの具体的な方向性を示している。社会的養護を必要とする子どもに対しては「家庭養護」が提供されるべきであり，「家庭養護」が適切ではない場合に「家庭的養護」が用意される。「家庭養護」が提供できないため子どもが「家庭的養護」で生活する場合，その養育は一時的なものでなければならない。この「一時的」の基準は子どもの年齢によって異なり，乳児の場合には数日から数週間，就学後の子どもは当面長くて3年間との原則が提言されている。このように，長期的な取り組みになるが，社会的養護は大きく変わる方向に進ん

でおり，これによって，社会的養護の施設も変わることが求められている。この構想では，大規模な集団生活（施設養護）は行われず，社会的養護を必要とする子どもの大部分は「家庭養護」で養育され，乳児院や児童養護施設は一時的な「家庭的養護」を提供する場となる。子どもの健康に成長・発達する権利の視点に基づいた社会的養護であることが肝要である。

注

(1) 「児童相談所運営指針」（3頁）では，児童相談所の主たる設置目的は「相談援助活動」を行うことであるとしており，その活動についての説明としては，（「相談援助活動」とは）「子どもに関する家庭その他からの相談に応じ，子どもが有する問題又は子どもの真のニーズ，子どもの置かれた環境の状況等を的確に捉え，個々の子どもや家庭に適切な援助を行い，もって子どもの福祉を図るとともに，その権利を擁護すること」と記している。

(2) 2017（平成29）年4月1日現在，全国の市町村の99.7％で設置されており，設置数は1,735カ所となっている（厚生労働省「要保護児童対策地域協議会の設置運営状況調査結果の概要」）。

(3) 「調整機関」には，「専門的な知識及び技術に基づき…（中略）…業務に係る事務を適切に行うことができる者として」の「調整担当者」を配置することが規定されている（2016年児童福祉法改正）。なお，調整担当者（となる）には研修受講が義務づけられている。（同法第25条の2の⑥，⑧）

(4) 厚生労働省「社会的養育の推進に向けて」厚生労働省，2019年4月。

参考文献

・第1・2節

大竹智・山田利子編『保育と社会的養護原理　第2版』みらい，2017年。

厚生労働省子ども家庭局家庭福祉課『社会的養育の推進に向けて』2019年4月。

児童育成協会監修，相澤仁・林浩康編『社会的養護①』（新・基本保育シリーズ⑥）中央法規出版，2019年。

中山正雄監修，浦田雅夫著『よりそい支える社会的養護Ⅰ』教育情報出版，2019年。

比嘉眞人監修，石山直樹・岡本眞幸・田屋英二編『輝く子どもたち——子ども家庭福祉論』みらい，2017年。

・第3節

新たな社会的養育の在り方に関する検討会「新しい社会的養育ビジョン」厚生労働省，

2017年。

伊藤嘉余子・福田公教編著『社会的養護』ミネルヴァ書房，2018年。

厚生労働省「社会的養育の推進に向けて」2019年4月。

厚生労働省「社会的養護の現状について（参考資料）」2017年12月。

櫻井奈津子編『子どもと社会の未来を拓く──社会的養護の原理』青踏社，2018年。

施設の小規模化及び家庭的養護推進ワーキンググループ「児童養護施設等の小規模化
　及び家庭的養護の推進のために」2012年9月。

社会的養護専門委員会「『家庭的養護』と『家庭養護』の用語の整理について」2012
　年1月16日。

社会的養護専門委員会「社会的養護の課題と将来像」2011年7月。

鈴木崇之『児童虐待時代の社会的養護』学文社，2015年。

第5章	社会的養護の対象と求められる環境

1 社会的養護の対象

(1) 社会的養護の対象児童の範囲

　社会的養護の対象児童を考える際，子ども達は要保護児童対策地域協議会（以下，要対協）の対象児童と考えて差し支えない。要対協における対象児童は，「要保護児童（保護者のない児童又は保護者に監護させることが不適当であると認められる児童）」（児童福祉法第6条の3第8項）であり，虐待を受けた子どもに限らず，非行児童なども含まれる。また要対協における対象児童の範囲は，より多くの児童を救うため，更に拡大し，要支援児童及び特定妊婦も含まれている。その要因としては，要保護児童については後述するが，特定妊婦については，虐待死する子どもの4割が0歳児という点に鑑みると，妊娠期から切れ目のない支援を必要とするからである。

　なお要支援児童とは，「保護者の養育を支援することが特に必要と認められる児童（第8項に規定する要保護児童に該当するものを除く。）」であり，特定妊婦とは，「出産後の養育について出産前において支援を行うことが特に必要と認められる妊婦」である（児童福祉法第6条の3第5項）。

　次に2011（平成23）年7月に，児童養護施設等の社会的養護の課題に関する検討委員会・社会保障審議会児童部会社会的養護専門委員会が取りまとめた「社会的養護の課題と将来像」に基づいた対象児童である。この「社会的養護の課題と将来像」では，社会的養護について以下のように定義している。

　　「社会的養護は，保護者のない児童や，保護者に監護させることが適当

でない児童を，公的責任で社会的に養育し，保護するとともに，養育に大きな困難を抱える家庭への支援を行うことである。」[1]

「保護者のない児童」とは，保護者が死亡したり行方不明となったり，入院等によって一緒に生活できなくなった状態にある児童である。一方，「保護者に監護させることが不適当と認められる児童」を，どのように解釈するかというのは難しい問題である。そこで，「児童養護施設入所児童等調査結果」による措置理由の項目から，「保護者に監護させることが適当でない児童」とは，「就労・精神疾患等・離婚・虐待（放任・怠惰・虐待・酷使，棄児，養育拒否）・父母の不和・破産等の経済的理由・児童問題による監護困難」などにより，養育に困難を抱えた保護者の子どもと捉えられる。

　なお，厚生労働省が2013（平成25）年度に実施した「児童養護施設入所児童等調査」による児童養護施設への児童の措置理由をみてみると，虐待（放任・怠惰・虐待・酷使・棄児・養育拒否）が最も多く，1万1,377人（37.9％）である。

　その他の措置理由について考えておかなければならないこととして，保護者の下を離れて施設等に入所すること自体，子どもの心身への影響が少なからずあり，そうした子どもたちは，それぞれの社会的養護の養育環境下において，何かしらの生きにくさを抱えての生活が始まることに留意しなければならない。

（2）社会的養護の対象施設等の範囲

　本項では，実際にそうした境遇に生きる子どもたちが生活する，社会的養護の養育環境としての対象施設等の範囲について，「社会的養護の課題と将来像」によると，乳児院，児童養護施設，母子生活支援施設，児童心理治療施設，児童自立支援施設，自立援助ホーム，里親とファミリーホーム，養子制度（特別養子縁組を含む），児童家庭支援センターが，対象施設等の範囲となる。

　しかし養子制度（特別養子縁組を含む）については，養子縁組が成立すると社会的養護の対象から外れると考えられるため，また児童家庭支援センターはその機能上，生活を営む所ではないため，対象の範囲に加えない。

　次に，2009（平成21）年４月に改正した児童福祉法に基づき作成された「被措置児童等虐待ガイドライン」を踏まえると，その対象施設等として，小規模住居型児童養育事業者，里親，乳児院，児童養護施設，障害児支援施設，児童心理治療施設，児童自立支援施設，一時保護所が挙げられており，自立援助ホームは対象施設等には入っていないが，「社会的養護の課題と将来像」には記載があり，ここにすべての施設等が網羅されているといえる。

2　社会的養護に求められる生活環境

（1）社会的養護の環境の歴史的変遷

　本項では，社会的養護を担ってきた施設等における環境についての現在の状況を説明する前に，まずは第２次世界大戦以降の歴史的変遷について，とりわけ社会的養護との関連について解説する。

　日本国憲法の基本理念に基づいて成立した児童福祉法は，戦災孤児及び，戦災によって父親を亡くした母子（ひとり親）家庭を救済することを出発点として制定された法律である。戦災孤児は，終戦直後12万人以上おり，その救済はわが国にとって喫緊の課題であり，養護施設（現・児童養護施設）等が受け皿となって生活の場を提供した。また，父親を亡くした母子（ひとり親）家庭の救済は，母子寮（現・母子生活支援施設）が受け皿となって生活の場を提供した。

　当時の養護施設は，戦災浮浪孤児対策として，保護を要する児童が生活に困窮する状況を，どのように打破するかに懸命であった時代であったといえる。母子寮についても同様に，「寮」としての生活の場の提供で精一杯の状況だった。

　1960年頃になって，ようやく保護を要する児童の生活の場について，その生活の質について議論しはじめた背景には，戦災孤児たちは終戦時に０歳児であっても15年経つと「金の卵」として社会に巣立ち，戦災孤児対策としての養護施設の役割を終え，その時々の世相を反映する措置理由が課題となってきたという要因がある。「サラ金による一家離散による措置」，つまり高い利息により

支払い不能になった親が，子どもを施設に預けて離散する行為や，性格行動上の問題として，非行や引きこもりなどの，子どもたちにとって，その時代における環境上の生きにくさが措置理由となってきた事も，その理由の一つである。

　近年では，被虐待児童や自閉スペクトラム症（ASD），注意欠陥多動性障害（ADHD），学習障害（LD）など，生きにくさを抱える子ども達の顕在化が進んでおり，入所児童に占める割合も増加傾向にある。

（2）家庭的養護における生活環境の実際

1）社会的養護における家庭的養護

　本項では，近年の社会的養護を必要とする子どもの養育環境について，厚生労働省雇用均等・児童家庭局長より，2012（平成24）年10月に開催された社会的養護専門委員会で「児童養護施設等の小規模化及び家庭的養護の推進について」が，都道府県知事及び指定都市市長並びに児童相談所設置市市長に通知（雇児発1130第3号，平成24年11月30日付）したものの一部を抜粋しながら，社会的養護を必要とする子どもたちの養育されるべき環境について解説する。

　なぜならば，全国児童養護施設協議会等の会議において，小規模化及び家庭的養護をテーマに研修会を実施した際，「あたりまえの生活」についての先駆的な事例報告がなされているからである。表5-1は，児童養護施設等における小規模化の意義は「家庭的養護と個別化」を行いやすい点にあるとして，児童養護施設での「あたりまえの生活」の目安をまとめたものである。

　家庭的養護は，本体施設から離れて，地域で生活する地域小規模児童養護施設や分園型の小規模グループケアを実施する際，その住居がマンションや一軒家等において，まさしく家庭に代わる生活の営みであり，職員と子どもが寝食を共にすることで，一般家庭に近い生活体験を積み重ねていくことになるのである。以下，この「あたりまえの生活」について，筆者の現場での実践経験を踏まえ，具体的に解説する。

表5-1　児童養護施設の小規模化の意義と課題

```
小規模化の意義…「家庭的養護と個別化」を行い，「あたりまえの生活」を保障
　□一般家庭に近い生活体験を持ちやすい。
　□子どもの生活に目が届きやすく，個別の状況にあわせた対応をとりやすい。
　□生活の中で子どもたちに家事や身の回りの暮らし方を普通に教えやすい。
　□調理を通じ，食を通じたかかわりが豊かに持てる。
　□近所とのコミュニケーションのとりかたを自然に学べる。
　□集団生活によるストレスが少なく，子どもの生活が落ち着きやすい。
　□日課や規則など管理的になりやすい大舎制と異なり，柔軟にできる。
　□安心感のある場所で，大切にされる体験を提供し，自己肯定感を育める。
　□家庭や我が家のイメージを持ち，将来家庭を持ったときのイメージができる。
　□少人数のため行動しやすい。
　□地域の中にグループホームを分散配置することにより，地域での社会的養護の理解が深まる。
```

資料：厚生労働省雇用均等・児童家庭局長「児童養護施設等の小規模化及び家庭的養護の推進について」（2012年11月）より抜粋。
出所：厚生労働省雇用均等・児童家庭局家庭福祉課「社会的養護の課題と将来像の実現に向けて」2016年，14頁。

2）家庭的養護における「あたりまえの生活」

①　食事を通じたコミュニケーション──「あたりまえの生活」①

　地域小規模児童養護施設における実践は，食習慣について子どもからの学びが多いものであった。本体施設と比べ，圧倒的に生活する人数が少ない中で，食費を予算内でやりくりすると，予算の都合上，牛肉を買いたいと思っても，どうしても豚肉や鶏肉になってしまうことが多々あった。しかし，子どもたちは，出来たてホヤホヤではあるが，多少焦げ付いた鶏肉を「おいしい」と文句も言わず食べてくれていた。

　また日常的に食を共有することで，子どものみならず，職員を含めた好みの目玉焼きの焼き加減や，発熱時におかゆなのか，普通食で大丈夫なのか，好みの味噌汁の濃さなどをお互いに理解していくのである。このような日々の営みの積み重ねが，家庭的養護の特徴である。

　家庭的養護は，本体施設に比べて残食が少ないという特徴がある。職員と一緒に料理を作り食べるということは，自分たちで料理した食べ物へのありがたさを実感し，食べ物を残さない習慣が知らず知らずに身に付くことにつながる。同じ職員と子どもが，そうした生活を1年くらい共有体験すると，生活感覚を共

有したことによる,「阿吽の呼吸」が生まれることも少なくないと思うのである。

　たとえば,子どもの一人が,自分のご飯の「おかわり」をしようと席を立つと,向かいに座っていた子どもから,そっとお茶碗が差し出されることがある。席を立った子どもと,お茶碗を差し出した子どもは,阿吽の呼吸でお互いの気持ちを理解するのである。おそらく席を立った子どもは,「おかわりは,どれくらい?」と聞いているだろうことは容易に推察できるし,お茶碗を差し出した子どもは,その時の自らの腹具合から,「ちょい盛り」あるいは「一口分」などと言うのである。

　こうした曖昧な表現なのだが,目分量の共有を子ども同士,あるいは職員と子どもで共有するようになるのである。言い換えれば,匙加減がいい塩梅になるのである。つまり,こうした食習慣が「調理を通じ,食を通じたかかわりが豊かに持てる[(2)]」ということなのである。

　②　近隣とのコミュニケーション——「あたりまえの生活」②

　筆者の働いていた地域小規模児童養護施設の地域環境は,片田舎にある山間の集落での家庭的養護の場であったが,近所の方には本当に良くしていただいた。週末に職員と子どもが一緒になって,玄関の掃き掃除や草抜きなどをしていると,お隣さんが子どもへ声掛けしてくださることがある。子どもが隣の家へ遊びに行くと,お菓子を頂戴したり,昔話を聞かせてもらったり,子どもたちを地域ぐるみで可愛がってもらっていたことを思い出すのである。

　また子どもたちには,本体施設での生活を感じ,また本体施設の子どもたちとの交流という意味から,毎年の盆と正月に本体施設に戻り,数泊の生活体験していた。その際,近所へ不在の時期を知らせるために,手作りクッキーを持って事情を説明してまわっていた。職員と子どもが,盆や正月の期間を終え,本体施設から戻ってくる日には,決まってドアノブに近所のスーパーマーケットの袋がかかっており,中にはたくさんの野菜が入っていた。職員も子どもたちも,ドアノブへのスーパーマーケットの袋の掛け方で,近所のどの方かも分かるほどにお付き合いさせてもらえたのである。

　また近所での訃報は回覧板で知らせが来て,葬儀では職員に何かしらの役割

が振り当てられ，当時の専任職員が葬儀場の受付を任されたこともあった。当然ではあるが，子どもたちも，しばしば参列する機会があり，地域とのつながりを実体験したものである。

こうした体験を通して，「近所とのコミュニケーションのとりかたを自然に⁽²⁾」学ぶことができ，そうした関わりが「地域の中にグループホームが分散配置することにより，地域での社会的養護の理解が深まる⁽²⁾」のである。

③ 自己肯定感の醸成と「家庭」の経験——「あたりまえの生活」③

家庭的養護で生活する子どもには，「家庭」や「我が家」を知らない環境で育った場合も多々あるであろう。また，仮に家庭での生活経験がある子どもであっても，破綻している生活環境の中で育つ子どももいる。

そうした子どもたちにとって，「あたりまえの生活」とは，日々繰り返される何気ない会話や，家庭的養護の場で経験した過去の話などを，ゆったりとした時間と場所で，職員と共有することから生まれるものである。こうした日々の積み重ねによって，子どもたち自身が，「自分は，生きていていいんだ」「大切にされる存在なんだ」と思えることで，自己肯定感を少しずつ醸成していくのである。このことは正に，「安心感のある場所で，大切にされる体験を提供し，自己肯定感を育てる⁽²⁾」ことなのである。

そして，家庭的養護の中で職員と子どもが一緒になって作り上げた，懸命な営みを紡ぐ実践の積み重ねが，近い将来に大人になって，おそらく持つであろう「家庭」や，「我が家」のロールモデルとなっていくのである。こうしたことが，「家庭や我が家のイメージを持ち，将来家庭を持ったときのイメージができる⁽²⁾」ということなのである。

④ 日課の柔軟な変更——「あたりまえの生活」④

現在，地域小規模児童養護施設の定員は5〜6人，分園型の小規模グループケアの定員は6〜8人である。筆者の経験上，それぞれの定員が人数的に小人数とは言い難いのだが，これが現在の基準である。しかしながら，本体施設と比べると圧倒的に少ない人数の生活単位であり，その生活は，柔軟であり融通が利くのである。日課についても，個々人の生活プログラムを優先でき，時間

的に融通が利き，このことは，「少人数のため行動しやすい」を意味するのである。[(2)]

　本体施設においては，ハード面において，ブラインド（子どもの生活空間のにおける陰）となる空間も多々あるが，家庭的養護の場面においては，子どもたちの放つ生活音や生活臭を常に身近に感じることができる。時には，ドアや襖の向こう側の，子どもの動きも感じとりやすく，また，個別対応の時間を，子どものニーズに合わせることが可能である。こうしたことが，「子どもの生活に目が届きやすく，個別の状況にあわせた対応をとりやすい」ということなのである。[(2)]

　また，子どもたち一人ひとりのニーズに応えるには，「自分だけの空間」（個室）があることは，非常に重要だと考える。本体施設においては，中学生や高校生でさえも，個室を持てないといった環境も存在するが，家庭的養護においては，個室経験も早い段階から可能である。子どもたちは，その時々の自分の気分によって，個室と共有部分（リビングルーム）を使い分けながら成長していくのである。

　さらに，入浴時に一人で入り，ゆっくりと寛ぐことができるのも，家庭的養護の環境の利点の一つである。そうした環境を安定的かつ継続的に提供することによって，子どもの生活は，少しずつだが落ち着きを取り戻すのである。このことが，「集団生活によるストレスが少なく，子どもの生活が落ち着きやすい」に繋がるのである。[(2)]

　一方，本体施設での生活は，集団生活であるがゆえの悩みとして，どうしても日課や規則など，管理的になりやすい傾向にある。施設毎に違いがあるにせよ，テレビの視聴時間や，スマートフォンの利用に関するルール等の規則があり，起床時間や就寝時間といった日課がある場合が多いといえる。

　しかし，家庭的養護においては日課や規則などについて，柔軟に対応可能である。たとえば，職員からであっても子どもたちからであっても，「今日は天気もいいので，花見に行こう」といったアイデアが出た時に，あり合わせのおかずとおにぎりを持って，花見に出かけることも可能である。その道程で，ジ

ュースの自動販売機を見つけたら，自分で買ってみることも体験できる。最初は，自分で飲み物を決めることに一苦労だった子どもも，幾度かの経験から自己決定することを学んでいく。まさに，「日課や規則など管理的になりやすい大舎制と異なり，柔軟にできる⁽²⁾」のである。

　また筆者は，幼稚園の女児と週末に，こんなやりとりをしていたことを思い出すことがある。当時，「あたりまえ」なのかもしれないが，牛乳や新聞を配達してもらっており，週末なると年中女児と一緒になって1週間の新聞と広告を分別し，廃棄する前に，広告の裏が白いものはメモ帳として使うために，大きさ別に切ってストックするという作業をしていた。その女児は，広告の裏に絵や字を書いたり，紙飛行機を作ったりしながら職員との暮らしを共感していた。

　さらに，広告を見て近所のスーパーマーケットの安い商品を，一緒に買い出しに行ったり，野菜などの商品の名前を覚えたりもしたのである。こうした何気ない日常における実践はまさに，職員と子どもの生活感覚の共有なのであり，こうした日常風景が，「生活の中で子どもたちに家事や身の回りの暮らし方を普通に教えやすい⁽²⁾」ということを意味するのである。

　これまで挙げた具体的な実践は，それぞれの地域小規模児童養護施設や分園型の小規模グループケアにおいて，かたちを変えて紡がれていくのである。

（3）社会的養護の課題

　2017（平成29）年10月1日現在，地域小規模児童養護施設に暮らす児童数は2,195人であり，児童養護施設へ入所している児童総数に占める割合は8.4%である⁽³⁾。また，分園型の小規模グループケアに暮らす子どもは789人で，入所している児童総数に占める割合は3.0%である⁽³⁾。地域小規模児童養護施設や，分園型の小規模グループケアで暮らす児童を足しても2,984人であり，入所している児童総数に占める割合は11.4%である⁽³⁾。また，設置箇所数についても，「地域小規模児童養護施設は，391ヶ所⁽³⁾」「分園型小規模グループケアは，109ヶ所⁽⁴⁾」（2016〔平成28〕年10月1日現在）であり，まだまだ地域分散とは言い難い。

　地域分散化が進まない要因として，職員の配置基準の薄さがあり，厚生労働

省は，2019年度予算で配置職員の強化策を打ち出した。この強化策は，地域小規模児童養護施設と分園型小規模グループケアともに，地域分散化加算によって常勤職員1人を加配することで，子ども1.5人に職員1人（6人の子どもに対し，概ね4人の職員）というものである。さらに2020（令和2）年度からは，子ども6人に職員6人，計算上は1対1の配置が可能となる。

　また次世代育成支援対策施設整備交付金において，小規模かつ地域分散化を積極的に推進して，地域小規模児童養護施設及び分園型小規模グループケアの整備を優先的に採択するという方針を打ち出している。

　こうした国の施策を児童養護施設がしっかりと受け止め，小規模かつ地域分散化について，着実に歩を進めることによって，地域においての社会的養護の理解が深まると考えられる。

注
(1)　児童養護施設等の社会的養護の課題に関する検討委員会・社会保障審議会児童部会社会的養護専門委員会とりまとめ「社会的養護の課題と将来像」2011年（https://www.mhlw.go.jp/bunya/kodomo/syakaiteki_yougo/dl/08.pdf，2019年12月11日アクセス）。
(2)　厚生労働省雇用均等・児童家庭局長「児童養護施設等の小規模化及び家庭的養護の推進について」（雇児発1130第3号，平成24年11月30日付）。
(3)　厚生労働省子ども家庭局家庭福祉課「社会的養育の推進に向けて」2019年（https://www.mhlw.go.jp/content/000474624.pdf，2019年12月11日アクセス）。
(4)　厚生労働省「児童養護施設等について」（第14回　新たな社会的養育の在り方に関する検討会参考資料1）2017年（https://www.mhlw.go.jp/file/05-Shingikai-11901000-Koyoukintoujidoukateikyoku-Soumuka/0000166119.pdf，2019年12月15日アクセス）。

参考文献
全国児童養護施設協議会『子どもとおとなが紡ぎあう7つの物語』（養育に関する特別委員会報告書）全国社会福祉協議会，2019年。
全国児童養護施設協議会「この子を受け止めて――育むために・育てる育ち合ういとなみ」（児童養護における養育のあり方に関する特別委員会報告書）全国社会福祉協議会，2008年。

第6章	社会的養護を担う施設の役割と機能

1 乳児院

（1）乳児院の概要と現状

1）乳児院とは何か

　乳児院は，児童福祉法37条に規定され，その文字の通りであれば，乳児（新生児を含む）を入所させて養育する施設となるが，実際には2歳児あるいは3歳児が入所していることも多く，乳幼児を養育するというところに特色がある。特に乳児院の保護は一時保護機能もあるため，緊急かつ突発的に行われることが多く，生命の危険をはらんでいることも少なくない。全国に乳児院は約140カ所あり，都市部に多く地方には少ない傾向があるが，現在，新規開所する都市も多くニーズは高いことを示している。2004（平成16）年の児童福祉法改正により，「保健上，安定した生活環境の確保その他の理由により特に必要のある場合」には就学前までの入所が可能となった。乳児院の在所期間の半数が6か月未満と短期であるが，長期在籍となる3歳以上の子どものほとんどは，障害のある子どもやきょうだいが児童養護施設にいる子どもなど，専門的な環境が必要な子どもである。

　また，児童相談所の一時保護所では対応できない乳幼児に関して一時保護委託所としての機能も持ちあわせている。定員についてはそれぞれの施設で異なるが，20人未満の小規模のものから80人を超える大規模な施設もある。しかしながら乳幼児という特性上，生活単位は小さく4人〜10人ぐらいの単位で生活していることが多い。職員数は1.6（子ども）：1（職員）〜1.3（子ども）：1（職員）と年齢区別と事業内容によって細かく規定されている。乳幼児を扱う

施設として専門的見地も必要になるため，専門職による多職種連携によって運営されている。専門職の内容は「保育士」「看護師」「栄養士」「心理士」「調理師」「相談員（里親・家庭）」の配置が基本であるが施設の特色によってはその他の職員を配置している施設もある。

　乳児院における第1の目標は家族再統合である。家庭環境調整は，乳幼児の家庭の状況に応じ，親子関係の再構築等が図られるように行う。また，再統合以外の退所後の措置としては里親委託，措置変更という手段が用いられるが，これらについてもその子どもに応じた適切な移動先の選定を行わなければならない。また，移動に伴う子どものストレスは軽減する必要があり，移動先とともに慣らしの作業を行うことも重要視されている。

2）子どもと保護者の特徴と背景

　乳児院の入所理由は，母親の疾病（精神疾患を含む），子ども自身の障害，虐待，父母就労，受刑など様々であるが，近年，母親の精神疾患や虐待による入所が増加傾向にある。入所の理由は単純ではなく，複雑で多層化している。主たる理由が改善されても別の課題が明らかになることも多く，家庭環境の調整は丁寧に行う必要がある。また，乳児院は緊急で入所することも多く，ほとんどのケースにおいて調査が終了していないため，心理的虐待のような虐待が入所後に判明することも多い。入所児のアセスメントは重要であり，乳児院の一時保護機能の充実が求められている。

　乳児院の子どもは，入所当初から心身に何らかの問題を抱えている場合が多く，入所児の約半数が病児・虚弱児，障害児，被虐待児である。発達上困難を抱える子どもは，年齢的に診断名がつかないが，「育てにくさ」という養育上の課題を持ち，手厚い関わりが必要となる。そのため，ほとんどの乳児院では「担当制」をとっており，スタッフが子ども自身，ケースに深く関わることとなる。また，疾病や傷害などを抱える子どもは，その子どもの状態に応じて医療的・療育的ケアと養育に個別的な対応をすることが求められ，入所後の乳児院のリハビリや病院の通院件数，入院件数は年々増加している現状にある。

　全国的には乳児院の子どもの退所児の約50％近くは家庭に復帰している（里

表6-1　子どもたちの生活リズム

歩き出すまで（1歳2カ月ぐらいまで）

6：00	めざめ
7：00	朝食（三回食がはじまったら）
8：00	授乳，あそび，朝寝など
9：00	おやつ
10：00	お風呂
11：00	昼　食
12：00	お昼寝
13：00	
14：00	おやつ
15：00	授乳，あそびなど
16：00	
17：00	夕　食
18：00	就　寝

歩き出してから

6：00	めざめ
7：00	朝　食
8：00	あそび
9：00	おやつ
10：00	あそび
11：00	昼　食
12：00	お昼寝
13：00	
14：00	おやつ
15：00	あそび
16：00	おふろ
17：00	夕　食
18：00	ゆっくりすごす
19：00	就　寝

注：生活リズムは子どもそれぞれの体調や発達のレベルに応じて対応するので，これは一応の目安である。

親委託含む）（「平成28年度 全国乳児院入所状況実態調査」〔以下，全乳調査〕）。乳児院の在所期間は，短期と長期に両極化している特徴があり，短期の在所には乳児院が家庭機能を補完する子育て支援の役割が重要である。長期の在所では，乳幼児の養育のみならず，保護者支援，退所後のアフターケアを含む親子関係再構築支援の役割が重視される。これらの保護者は，精神障害，若年，未婚の母，借金などの生活上の困難・孤立などのさまざまな困難を抱えており，入所から退所後に至る保護者への支援は，乳児院の重要な課題である。

（2）施設の目的

　乳児院は，これを必要とする子どもと家庭を支援して，子どもを健やかに育成するため次のような支援を目的とする。

1）家庭的な養護と個別化

　すべて子どもは，適切な養育環境で，安心して自分を委ねられる養育者によ

って，一人ひとりの個別的な状況が十分に考慮されながら，養育されるべきである。一人ひとりの子どもが愛され大切にされていると感じることができ，子どもの育ちが守られ，将来に希望が持てる生活の保障が必要である。乳児院を必要とする子どもたちに「あたりまえの生活」を保障していくことが重要であり，養育を地域から切り離して考えたり，子どもの生活の場を大規模な収容施設としてしまうのではなく，できるだけ家庭，あるいは家庭的な環境で養育する「家庭的養護」と，個々の子どもの育みを丁寧にきめ細かく進めていく「個別化」が必要である。

2）発達の保障と自立支援

子ども期は，その年齢に応じた発達の課題を持ち，その後の成人期に向けた準備の期間でもある。乳児院は，未来の人生を作り出す基盤となるよう，子ども期の健全な心身の発達の保障を目指して行われる。特に，人生の基礎となる乳幼児期では，「正常な愛着関係の樹立」や「基本的な信頼関係の形成」が重要である。子どもは，愛着関係や基本的な信頼関係を基盤にして，自分や他者の存在を受け入れることができるようになる。自立に向けた生きる力の獲得も，健やかな身体的，精神的及び社会的発達も，こうした基盤があって初めて可能となる。子どもの自立や自己実現を目指して，子どもの主体的な活動を大切にするとともに，様々な生活体験を通して，自立した社会生活に必要な基礎的な力を形成していくことが必要である。

3）回復を目指した支援

社会的養護を必要とする子どもには，その子どもに応じた成長や発達を支える支援だけでなく，虐待体験や分離体験などによる悪影響からの癒しや回復を目指した専門的ケアや心理的ケアなどの治療的な支援も必要となる。また，近年増加している被虐待児童や不適切な養育環境で過ごしてきた子どもたちは，虐待体験だけでなく，家族や親族，友達，近所の住人，保育士など地域で慣れ親しんだ人々との分離なども経験しており，心の傷や深刻な生きづらさを抱えている。さらに，正常ではないアタッチメントによって情緒や行動，自己認知・対人認知などにも深刻なダメージを受けていることが少なくない。こうし

た子どもたちが，安心感をもてる場所で大切にされる体験を積み重ね，信頼関係や自己肯定感（自尊心）を取り戻していけるようにしていくことが必要である。

4）家族との連携・協働

保護者の不在，養育困難，さらには不適切な養育や虐待など，「安心して自分をゆだねられる保護者」がいない子どもがいる。また，子どもを適切に養育することができず，悩みを抱えている親がいる。さらに配偶者間暴力（DV）などによって「適切な養育環境」を保てず，困難な状況に置かれている親子がいる。乳児院は，こうした子どもや親の問題状況の解決や緩和を目指して，それに的確に対応するため，親と共に，親を支えながら，あるいは親に代わって，子どもの発達や養育を保障していく包括的な取り組みである。

5）継続的支援と連携アプローチ

乳児院は，その始まりからアフターケアまでの継続した支援と，できる限り特定の養育者よる一貫性のある養育が望まれる。児童相談所等の行政機関，各種の施設，里親等の様々な社会的養護の担い手がそれぞれの専門性を発揮しながら，巧みに連携し合って，一人ひとりの子どもの社会的自立や親子の支援を目指していく社会的養護の連携アプローチが求められる。社会的養護の担い手は，同時に複数で連携して支援に取り組んだり，支援を引き継いだり，あるいは元の支援主体が後々まで関わりを持つなど，それぞれの機能を有効に補い合い，重層的な連携を強化することによって，支援の一貫性・継続性・連続性というトータルなプロセス（パーマネンシー・プランニング）を確保していくことが求められる。子どもが歩んできた過去と現在，そして将来をよりよくつなぐために，一人ひとりの子どもに用意される課程は，「つながりのある道筋」として子ども自身にも理解されるようなものであることが必要である。

6）ライフサイクルを見通した支援

社会的養護の下で育った子どもたちが，社会に出てからの暮らしを見通した支援を行うとともに，入所や委託を終えた後も長くかかわりを持ち続け，社会的資源としての関わりを持つことができる存在になっていくことが重要である。

育てられる側であった子どもが親となり，今度は子どもを育てる側になっていくという世代を繋いで繰り返されていく子育てのサイクルへの支援が求められる。これは反対に虐待や貧困の世代間連鎖を断ち切っていけるような支援が求められているということでもある。

7）里親（特別養子縁組）への支援

乳児院は，里親支援の拠点としての地域支援機能が期待されている。家庭支援専門相談員に加え，里親支援専門相談員が，自らの施設の措置児童の里親委託を推進するのみならず，地域でのリクルートを行い，里親の登録を行う。委託，未委託里親の相談や勉強会を行うなど，継続的な支援体制を整備する。

8）地域支援・地域連携

地域社会は子どもと家庭の援助や支援においても重要な資源である。乳児院は，子どもと家族のサポートのために地域社会の諸資源を活用し，ボランティア活動などの地域社会の資源を有効に活用する。地域社会に対して，子育て支援，相談など乳児院機能を活用してもらい，地域社会にある他機関との連携に取り組んでいく。保護者が緊急的，一時的に養育できなくなった場合，乳幼児を預かるショートステイ（子育て短期支援事業）等の子育て支援機能は，レスパイトの観点や虐待予防にも役立つ乳児院の重要な機能であり，自治体からの委託を受けている施設も多くある。

（3）施設が持つ機能

前述した支援の質を担保するために乳児院では専門職の配置があり，それぞれにお互いの専門を機能させながら日々の養育を行っている。また，乳児院は生活の場と保育の場が共存している現場でもある。発達的な支援を行う場面があれば，お風呂に入ったり，食事をとったりという生活の場面もあり，それぞれを自然な流れの中で乳児院として日々活動している。また，乳児院の活動は「対子ども」だけではなく「対大人」のケアなどもあり多岐にわたる活動を行っている。これらは分類すると「生活機能」「保育機能」「看護機能」「ソーシャルワーク機能」の4つに分類することができる。ここでは，これらの4つの

機能について説明する。

1）「生活機能」

　乳児院が家庭の代替であるならば，家庭生活機能を充足しなければならない。家庭という場所の基本は「衣食住」であるが，乳幼児に対する衣食住は大人のそれよりも複雑である。例えば食事に関しては乳幼児期には授乳から幼児食までそれぞれに段階があり，発達や身体的成長を鑑み，提供しなくてはならない。そのため，日々の観察には保育士や栄養士，調理師の助言は不可欠である。また，アタッチメントの問題は生活の中でこそ育まれるものであり，正常なアタッチメントは担当（またはスタッフ）との日常的な中での応答的なコミュニケーション（バーバル，ノンバーバル問わず）によって担保される。

　また，発達の気づきというのも重要なポイントである。日々成長していく過程を注意深く観察することによって保育に生かすことが出来る。これには心理士の介入が効果的で，ほとんどの乳児院では「新版K式2001」やその他の発達診断法を用い，客観的に判断している。生活の自立にしては日々の経験の中から学んでいくものであるが，着替え，食事，排泄に至るまで乳児院では一つひとつ段階を追って経験させていく必要がある。

　また，季節の行事や日本人の習慣を経験することも重要であり，1泊旅行や地域の店に買い物に行く経験も養育の中に取り入れ，なるだけ家庭的な状態を目指す必要がある。最近では施設の外に別の住居を構え，その中で4～6人の生活単位で過ごす「小規模グループケア」を行ったり養育単位を小さくするユニットケアの施設も少なくない。より家庭的な雰囲気のなかで生活を経験することにより再統合時や里親委託時の移行がスムーズになる。このように「生活機能」は日々の何気ないものだが，乳幼児とっては，これからの自立に関する非常に重要な機能でもある。

2）「保育機能」

　一般的な乳幼児は，この時期に保育所（幼稚園）に入園し「幼児保育」を受けているが，乳児院に入所する乳幼児は二重措置の制限があるため保育所に入所することはできない（保育料の施設持ちで幼稚園には入園できるが）。しかしな

がら，入所児が家庭の子どもと経験の差がないように乳児院でも保育を行う必要がある。運動や紙芝居，散歩，お絵かき，歌，これらは当然，乳幼児の発達を促すためには必要なものであり，経験として担保する必要がある。これらを行うのは保育士の領域であるが，心理士を導入して個別のプレイセラピーを行っている乳児院も多い。保育の質については乳児院によって様々で「感覚統合」や「モンテッソーリ教育」を導入している施設もある。

3）「看護機能」

乳幼児の障害児を扱える施設は重度の障害であれば医療型障害児入所施設等が対応しているが，病虚弱児や障害があっても，乳児院が対応可能であれば，乳児院の入所となる場合が多い。全国的にも乳児院入所児童の30％は何らかの障害を抱えているという統計があり（「全乳調査」），現状，それらの対応は乳児院が行っている。また新生児はもちろん，乳幼児の感染症対応は非常に高い専門性が要求されるため，乳児院では看護師（最低基準上も）の配置（7人に1人）が必須である。

また，予防接種等の管理や健康診断も必要になってくるため，どの乳児院も嘱託医を配置し，施設と病院の情報共有は看護師を中心に行っている。また，看護師がシフトの中で24時間配置されている訳ではないため，医療行為を伴わないものであれば保育士であっても対応しなければならない。そのため，個々の状況に応じた対応は看護師による指導が必要である。このように乳児院の入所児は日常的にハイリスクであり，専門的な看護機能が不可欠である。

4）「ソーシャルワーク機能」

従来，乳児院は「保育看護」という面が重要視されてきたが，20年ほど前から「ソーシャルワーク機能」無しには運営できない状況となっている。理由としては入所理由として虐待が増えてきたというのも，その一因かもしれない。また，最近では国の里親委託の強化によって里親支援専門相談員の配置を行っている施設も多数あり，リクルート活動や相談，マッチング（里親の慣らし）等を行い活動している。家庭支援専門相談員は児童相談所の対応や他関係機関とのやり取り，要保護対策協議会の参加など，対外的に行っている内容は多岐

に渡る。しかしながら，前述したように乳児院の本分は「家族再統合」である。保護者の相談，日々のアセスメント，入所児を保護者の元に返すためのペアレントトレーニングなど，相談員として施設内の動きも重要である。

　このように乳児院では多職種の専門職が働いているが，それぞれが単独で動くのではなく，有機的に結びつき，目標を共有することで日々の活動が可能となるのである。

（4）乳児院が抱える課題

　現在，社会的養護を取り巻く環境は改革の激しい波の中にいると言っても過言ではないだろう。当然，乳児院も社会的養護の施設として同様の波の中にいることは間違いない。

　2011（平成23）年7月に厚生労働省より発出された「社会的養護の課題と将来像」の中で乳児院の課題として挙げられたのは，「一時保護機能の強化」「専門的機能の充実」「養育単位の小規模化」「保護者支援，地域支援の充実」であった。これらを受け全国乳児福祉協議会（乳児院の全国組織）では「適切な養育環境の永続的保証」を充実させることが重要な視点であると報告し，その後も将来像の具現化に向け具体的な展開を見せてきた。「児童福祉法の一部を改正する法律」（2016〔平成28〕年5月）が施行され，里親委託の強化や小規模グループケアの更なる強化を進めることとなった。これらは「社会的養護の課題と将来像」の延長であり，従来の計画の強化を旨としていたが，2017（平成29）年8月2日に厚生労働大臣（当時は塩崎恭久大臣）の下，「新たな社会的養育の在り方に関する検討会」から「新しい社会的養育ビジョン」が発出された。これは「社会的養護の課題と将来像」の全面的見直しであり，具体的な数値目標を掲げ，社会的養護施設の「高機能化，多機能化」をうたいつつも5年以内の実現を目指すという，かつてないほどのアグレッシブな計画であった。

　しかしながら，これらの数値目標が具体的に実現できるかというのは，現実的には実現が難しいものも多い上，災害等の要因で地方自治体によっては財政的に厳しいという地方自治体もある。そういった現状も踏まえつつ，乳児院と

しては2019（令和元）年9月に全国乳児福祉協議会「乳児院の今後あり方検討委員会」から「乳幼児総合支援センター」を目指すという方向性が示された。

前述したように元々，乳児院は多機能施設の傾向が強く，地域の育児相談，里親委託や家族再統合やハイリスク児の対応などを行ってきた。つまり，多機能化の部分については乳児院の機能として今までも行っていて，ノウハウも持っている状態である。しかしながら問題は乳児院が何を行ってきたのかを世の中にあまり周知していないという問題がある。全国に140カ所ほどしかない乳児院は他の子どもを扱う施設と比べ施設数が少ないということも影響しているが，全国的には乳児院の新規設置も増えており，着実にニーズが増えているのは事実である。これについては今後，質の向上を目指し世の中に訴えていく必要があると感じる，つまり「高機能化」の部分である。ここでは具体的な「乳児院の今後あり方検討委員会」が示した乳児院の機能を列記する。

① 小規模養育支援機能

「新しい養育ビジョン」でも取り上げられているとおり，施設でも家庭的養育といわれる小規模養育が重要な課題となっている。しかしながら，病虚弱児・障害児への専門養育や被虐待児への専門養育，乳幼児であるがゆえの緊急対応に関して，小規模の単位で実践していくのであれば，それぞれのスタッフが個々にベースのスキルが必要になってくる。それらに対してスーパービジョンの3機能である「管理」「教育」「支持」というシステムの中で職員を支えるということも大きな課題である。また，外部（心理等）のコンサルテーションを利用することで，より重層的なアプローチが可能となる。

② 要保護児童等予防支援機能

乳児院は今後，現状の措置だけのサービスに留まらず，従来からの子育て短期支援事業をはじめ，通所や養育支援訪問事業などの地域の子育て世代に対するアプローチを行うことが必要である。これらを行うことで事業所としての地域貢献や子育てに対する予防的な事業を展開していくことができる。新たな流れでは産前産後ケア，養育支援訪問事業などのアウトリーチプログラムも乳児院の施設内だけのサービスから，従来から乳児院が持つ専門性を活かしたプロ

グラムも期待されるところである。乳児院のサービスの対象を「子ども」だけに限定しない，親子宿泊支援も包括的なサービスとして提案されている。

③　一時保護機能

　一時保護機能は乳児院が従来からもつ機能の一つである。児童養護施設などに措置する場合は児童相談所の一時保護所にて短期間の養育，アセスメントを行うが，乳幼児の場合，一時保護所に乳幼児に対応する機能がないため，乳児院に直接「一時保護委託」という方法を行い，養育，アセスメントを行っている。また，この際，乳幼児の緊急保護だけを行うのではなく，親子の保護を行うことができれば分離不安を少なくすることができる。このようなサービス対象を限定しない方法は検討の余地があると思われる。

④　親子関係構築支援機能

　乳児院の一番の主題である「家族再統合」は環境的な側面である家族のアセスメントだけではなく，親子の関係性のアセスメントが必要である。これらのアセスメントした情報を親子関係再構築支援のプログラムに反映し，フィードバックしていくシステムが構築されなければならない。場当たり的な相談や援助ではなく，再出発支援まで結びつくような一連の決まったプロセスが重要になってくる。

⑤　フォスタリング機能

　現在，国でも力を入れている「里親支援」である。乳児院では，従来から里親委託に力を入れていて，委託の実績もかなりあるが，これらを国が言うようにもっとアグレッシブに展開していくためには「フォスタリング機関」として展開していく必要がある。それは再統合のところでも説明したように場当たり的なものではなくシステマティックに展開していく必要がある。フォスタリング機関はリクルート（里親委託者の開拓），マッチング（対象児との慣らし），委託後の関係構築支援を行い，委託後の委託児，里親の負担がないように関わっていかなければならない。また，里親研修を行い，里親自身が子育てを学ぶことによって，新たなスキル獲得につながればフォスタリングケアの一助となることであろう。これらのことを総合的に行う機関の創設（既に機能している自治体

もある）を全国レベルで展開する計画である。

⑥　アフターケア機能

　現在もアフターケアを行っている施設は多いが，里親委託も家庭再統合もアフターケアについて充実していく必要がある。通所利用，子育て相談，子育て短期支援事業，親子宿泊支援，養育支援訪問事業等は「要保護児童等予防支援機能」のところで説明したが施設を退所した後も同じような枠組みの中でケアを継続していくということである。パーマネンシー（永続性）の保障は入所時からの長期予後の評価を行い，実行していくことで実現できる。施設内だけで終結するようなプログラムではなく人生の起伏に合わせることのできるプログラムを提供することは，ワーカーとしていつも考えておく必要があるだろう。

　これら6つの機能を統括するのが「乳幼児総合支援センター」ということになる。当然これらの機能を乳児院で独自に行っていこうとすれば，いろいろな障害が出てくるが，大きな問題としては「人材確保」と「人材育成」が挙げられるだろう。説明するまでもないが，人材確保については，どの業界でも不足している現状にある。しかしながら乳児院では現状でも1.3：1（子：職員）であり，子ども1人に1人の職員が確保されていない状況である。乳児の場合，子どもの授乳のためには必ず1人の人間が必要であり，24時間体制の乳児院では単純に見積もって8時間の労働時間では3倍の人員が必要なのである。その上にこれらの6つの機能を専門的に行っていくのであれば，かなりの専門的スキルを持つ職員を配置しなければならない，そのための人材育成は不可欠で，レベルの高い教育を施設が提供していく必要があるだろう。かなり施設側の負担が大きくなるのが予想されるが，これが社会にとって必要な乳児院像ということであるならば，そのニーズに対して真摯に向き合っていかなければならない。これから人口減社会に突入する日本において，現在，存在している子ども，今後，生まれてくる子どもがどれだけ重要な存在なのか，私たちは気づき行動しなければならない時期に来ている。また，乳児院の変革もその中の一環であり，センター機能を持つことで地域に対するアウトリーチが可能となることは，

施設内の援助から施設外（地域）への援助という，乳児院の新たな姿となるかもしれない。

2　児童養護施設

（1）　児童養護施設の目的と現状

1）児童養護施設とは何か

　児童養護施設は，児童福祉法制定以前は孤児院と呼ばれ，明治期の石井十次の岡山孤児院をはじめとする私的な孤児救済事業を前身としている。孤児院は，貧困や疾病，災害などによって親の養育を受けられなくなった棄児や孤児を保護して養育する場であった。第2次世界大戦後，戦争により家族を失った12万人以上の戦災孤児，浮浪児等の対策を含めた児童分野の総合的な法律である「児童福祉法」が整備され，それら児童の保護救済のため「養護施設」が制度化された。名称は「児童養護施設」に1997（平成9）年の児童福祉法改正で変更されている。

　児童福祉法第41条に「児童養護施設は，保護者のない児童（乳児を除く。ただし，安定した生活環境の確保その他の理由により特に必要のある場合には，乳児を含む。以下この条において同じ。），虐待されている児童その他環境上養護を要する児童を入所させて，これを養護し，あわせて退所した者に対する相談その他の自立のための援助を行うことを目的とする施設とする」と規定されている。つまり，児童養護施設は，原則として乳児を除く18歳未満の要保護児童を入所対象として，これらの養育と自立を支援することを目的とした。

　全国の児童養護施設の数は2018年3月末現在605カ所あり，定員は3万2,253人，入所者数は2万5,282人，従事する職員の数は1万7,883人である。[(1)]

2）職員の種別（国制度）と資格

　児童養護施設で働く職員の職種は，施設長，ケアワーカー（保育士と児童指導員），ソーシャルワーカー（家庭支援専門相談員と里親支援専門相談員），心理職，栄養士，看護師，事務職，嘱託医師等である。また，東京都の自立支援コーデ

ィネーター（2020〔令和 2〕年度から全国に配置される予定）やグループホーム支援員のように，都道府県・政令指定都市の独自財源により，職種を配置している所もある。児童福祉施設で働く職員の資格は福祉施設の中でも条件が厳しく，特に子どもに直接かかわるケアワーカーについては保育士または児童指導員である。保育士は，児童福祉法による国家資格であり，児童指導員は任用資格である。その条件については，「児童福祉施設の設備及び運営に関する基準」で規定されている。

　児童指導員任用資格の主な内容は，社会福祉士または精神保健福祉士資格，4 年制大学で社会福祉学，心理学，教育学または社会学を専修する学科を卒業，小学校から高等学校のいずれかの教諭となる資格等である。また2019年からは幼稚園教諭の資格も加えられた。高校卒業後，児童福祉施設で 2 年以上児童福祉事業に従事した者も規定されてはいるが，実際は児童福祉に関するトレーニングがなく従事するのは難しい。

（2）支援の実際

1）入所の過程

　施設入所の児童は要保護児童として，児童相談所から児童福祉法第27条第 1 項第 3 号に基づき措置される。児童相談所の権限である措置は行政処分である。児童相談所は，社会診断，心理・医学診断，一時保護所に保護して行動診断等の結果を経て援助の決定を行う。必要とされた子どもに対し，中長期的な支援方針を基に，親の同意を得て，施設入所が決定される。入所時の子どもの年齢も様々であるが，近年は中学生，高校生の一時保護から措置といったケースが増えている。

　また，権利擁護の観点からは子ども本人の納得が重要である。子どもが施設を選ぶことはできないが，納得の無いまま入所に至ることはその後の生活に負の影響がある。乳児院からの措置変更の時などは，数回に分けて施設を訪問して，施設に慣れていくことを大切にしている。たとえ，入所時は納得していても，家族と離れて生活することに，子どもたちは「なぜ自分が施設で生活しな

ければならないのか」と疑問を持つため，その子どもの葛藤を理解して寄り添う姿勢が職員には求められる。

　入所児童については，児童相談所の支援方針をもとに，生活の経過観察後，施設での自立支援計画を施設全体で策定する。自立支援計画書とは，子どもの意見，家族の意見も尊重し，子どもの強みを伸ばす支援方針である。施設全体で支援を行うにあたり共通理解を図る基本となるものである。毎年，支援をモニタリングし，必要があれば自立支援計画の軌道修正をしつつ，個々のケースに応じて自立支援や家族再統合といったゴールに向かって進めていくのである。

　一方で施設への一時保護も増えている。最近のドメスティックバイオレンス（DV）に対する警察介入数の増加に伴い，夫婦間の暴力が子どもにとっては面前 DV という心理的虐待にあたるため，その場で身柄付き通告として一時保護がされる事例が増加している。都市部においては，児童相談所の一時保護所の慢性的な定員超過が続いているため，施設に一時保護委託となる数も増加している。一時保護の場合は，社会診断や医学診断等の情報は保護をしてからとなり，学校にも通えず，施設にとっては措置児童と全く異なる対応が必要となる。

2）児童の生活形態と日常の生活

　集団の規模について，全国児童養護施設協議会では，一つの目安として児童集団の人数を20人以上が大舎制，13～19名が中舎制，12名以下が小舎制としている。大きな食堂で，大勢で一緒に食事をしている風景は過去のものとなり，少人数のそれぞれのグループで家庭的な形態の生活が営なまれているのが現在の児童養護施設の姿である。また，8名以下を小規模グループケアとして，グループごとに職員1名の増配置がなされた。2019年度からはさらに小さく6名定員となった。

　大舎制の時代は，性別や年齢別に集団を構成することが一般的なため，ある程度の日課と生活のルールを定めて集団を動かす必要があった。小規模化が進んだ現在は，生活単位のグループごとに職員も子どもも一緒になって，自分たちのホームの生活をどう送っていくか，柔軟に意見を交わして組み立てている。ホームを構成する子どもや職員で生活が異なってくるのが自然であり，幼児や

表6-2 施設のデイリースケジュールの例

時 間	平 日	時 間	休 日
6：30	起 床		
7：00	朝 食		
7：30	登校（小学生，中学生，高校生）	7：30	起 床
8：30	登園（幼稚園）	8：00	朝 食
		9：00	遊び，地域活動等
		12：00	昼 食
14：00	帰 園（幼稚園）	13：00	遊び，地域活動等
	下 校（小学生）		
15：00	おやつ		
	宿題，遊び，入浴	16：30	入 浴
18：00	夕 食	18：00	夕 食
	余 暇		余 暇
	就寝（幼児）		就寝（幼児）
19：30	就寝（小学生）	19：30	就寝（小学生）
20：00	就寝（中学生以上順次）	20：30	就寝（中学生以上順次）

高校生といった年齢層の違いについて生活時間も大きく異なるわけであるから，例として表6-2のような生活時間を基本に，それぞれの子どもやグループに合わせた生活を組み立てているのが一般的である。

3）入所児童への専門的ケア

　厚生労働省によると，児童養護施設で生活する子どもの6割以上が入所前に虐待を受けている。本来愛されるべき親との適切な愛着関係を築けなかったこと，そして家族や友人，地域と分離されたことが，年齢にかかわらず，心の大きな傷としてある。人への信頼関係を，生活を通して取り戻すために，秩序だった健全な生活と職員との信頼関係を築きながら，子どもが持つ本来の力を取り戻していくことを支援する。児童養護施設には，心理療法担当職員が配置され，また嘱託医として医師の配置がある。近年は児童精神科医のみならず，児童虐待問題に意識の高い医師が増えてきている。カウンセリング療法，心理療法，行動療法等，様々なアプローチにより，子どものトラウマ改善が実践されている。

　また職員向けに各種のペアレンティング技法についても研修の機会を設け，施設全体で一貫した子どもへの対応を構築することへの努力がなされている。また，家庭支援専門相談員が中心となり，子どもの家族との関係改善に積極的にかかわっている。

食事についても専門ケアが求められる。ネグレクトを主訴とする子どもにみられる虫歯は，スナック菓子や清涼飲料類の摂取や，歯磨きを行わないなど，幼児期に習慣となってしまったゆがんだ食生活によるものであり，不健全な乳歯のために，永久歯の発育が難しくなってしまう。それまでの食生活の習慣から健全な食生活へ改善していくのは難しいことであるが，食生活が改善されていくと，みるみる健全な体になっていくものである。食事と医療両面からのアプローチで改善を試みていくことが重要である。

また，反応性愛着障害や発達障害を抱えた児童が増加し，児童精神科のかかわりが多くなっている。継続的な通院や服薬治療といった医療的ケアの必要な児童に対して看護師の配置もされている。

子どもが安心した生活を送る中で大人との信頼関係を築いていく事が，子どもの育ちを支えることにつながっていく。自己を認められることで，自信を取り戻し，前へ踏み出す力となっていくものである。そして，それぞれの専門職が様々な角度からアセスメントを行い，その子にとって必要な支援を行うことが治療的な関わりであり，ケースカンファレンスを通して，支援計画を進めていくことが，児童養護施設におけるチームアプローチである。

4）職員の仕事（ケアワーク）の内容

児童養護施設の職員の仕事は，子どもの養育全般，つまり，教育，食事，入浴や洗濯，清掃などを含め子どもの日常生活に関わることすべてである。本園の小規模グループケアや地域小規模児童養護施設等のグループホームといった，小規模な集団で生活する形態が進んだ現在は6人程度の子どもを3〜4人の職員で受け持つ。子どもたちに安心感のある生活を与える。その中で生きていくうえで必要な社会性を身に付けられるよう，生活の中での関わりを大切にすることで，子どもの年齢発達に応じた自立に向けて育ちを支えていく。学校の保護者会や行事への参加，町内会等地域の役割も担い，子どもたちの環境を繋いでいく。余暇時間には，子どもと一緒にスポーツ活動を行ったり，子どもと衣料品など買い物に出かける。掃除，洗濯，料理など日常生活を通して，生活スキルを向上させていく。テレビの見方やゲームの健全な扱いなども，重要な生

活スキルの向上である。招待行事で，遊園地やテーマパークなどへ行くことや，夏にはキャンプなど宿泊行事に出かけていく。夜間は宿直体制をとり，子どもたちの安心した睡眠がとれるよう配慮している。

　職員自身が自立し，子どもの発達や権利擁護についてしっかりとした知識や理解を持たなければ，子どもの育ちを支えることは難しい。高度な専門性を要する仕事であるが，その反面，仕事を通して子どもから多くのことを学び職員自身も人間として成長を実感できる仕事であると言える。子どもたちから学ぶという，謙虚な姿勢は重要である。

　児童養護施設職員の質の向上を図るため，措置費において研修費が補助され，研修に参加する機会が増えている。また，処遇改善手当として，夜間勤務職員やリーダー的立場への職員の手当の加算が図られている。

5）施設養護の養育形態

　子どもの養育に対し，より個別化を図り，個々のニーズに応えられるよう，2011（平成23）年7月に国から「社会的養護の課題と将来像」が発出され，生活グループの小規模化が進められている。小規模化とは，施設の規模そのもののと子どもの生活集団との2つの側面がある。具体的には100名以上の大施設を定員45名以下程度とする施設全体の少人数化と，子どもの生活集団を大舎制から小規模グループケアによる小舎制への推進が挙げられる。集合住宅のような建物に建て替え，生活をそれぞれのグループで完結して，子どもが「自分の家」であるという意識を持ちやすい形態としている。

　そもそもの施設の拠点である本園はソーシャルワークを担う職員や，心理職，栄養士，看護師等の専門職種がいる拠点として各グループの生活を支える重要な機能を担っている。近年は専門機能として，地域の子育て相談等にも大いに期待されている。小規模グループケアは一つのグループの定員を8名以下としていたが2019年からは定員6名以下とされた。本園機能とグループホームのイメージは図6-1のとおりである。

　地域小規模児童養護施設をはじめとした，いわゆるグループホームは，近隣住民とのかかわりの中で，児童の社会性が育ち，戸建ての住宅のため「自分の

図6-1　本園機能とグループホーム，関係機関との連携のイメージ

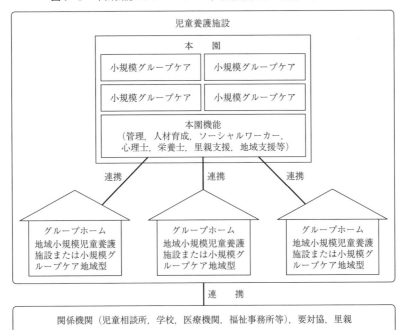

家」という意識を持ちやすい。制度的には地域小規模児童養護施設と小規模グループケア地域型，地方自治体による独自制度の3種類がある。地域小規模児童養護施設の特徴は，本園の定員とは別に定員が増えることと，地域の中で建物を持家か借家で用意することが挙げられる。1施設2カ所までという制限は，小規模化と地域分散化が推進されている現在は撤廃されている。

　小規模グループケア地域型は，地域小規模児童養護施設と同様に定員6名の地域での生活であるが，本園の小規模化を図るための制度のため，本園の定員に含まれ，この設置により本園の定員が6名減るのが地域小規模児童養護施設と異なる点である。

　両形態とも，借家の場合，家賃の補助も限度額がなくなったため，地主に初めからグループホームとして家屋を建設してもらい借用することが増えている。

また，2019年から6人の児童の定員に対して，3名の職員配置に増配置となり計4名となった。

　地方自治体による独自制度は，国の制度ができる以前から実施されてきた。東京都では1982（昭和57）年に東京都ファミリー・グループホームが初めて制度化された。従来の施設養護と里親制度の中間的形態として，望ましい養護形態を提供することを目的としている。本園からおおむね6名の児童が地域に出て生活する際には，持ち家または借家による家屋，6人に対して1名の職員と1名分の増配置により計2名の職員で実施，といった内容で始まった。現在は，国の小規模グループケア地域型の実施に伴い，そちらへ移行しているところが多い。

　また，制度的には児童養護施設とは異なるがファミリーホーム（小規模住居型児童養育事業）がある。里親型と法人設置型があり，法人設置型のファミリーホームについては児童養護施設を実施している社会福祉法人等が運営することが多く，4番目のグループホームのような位置づけといえる。

　児童福祉法の定める施設の運営の基準は，国が児童福祉施設最低基準により定めていたが，2012（平成24）年からは都道府県の条例により定められるよう変更になった。居室当たりの定員の変更，職員配置，施設長の資格要件などが盛り込まれた。2017（平成29）年から職員配置も大幅に改正され，従来の子ども5.5人に職員1名から，4人に1人に改正され，人員が充足された時に単価を支弁する基準に改正された。

6）退所の過程

　児童養護施設からの退所は，18歳満年齢の年度末に自立により退所，家族の元へ帰る家庭復帰による退所，他施設への措置変更になる退所の3つがある。

① 自立支援の現状

　近年は，大学進学への奨学金制度も増え，国の支援策もあり，高校卒業から大学等へ進学することを希望する児童も増えてきている。しかしながら一方で，進学児童の退学率の高さが指摘されていた。奨学金制度が増えたとはいえ，生活費を工面しながらの自立生活は心身ともに不安定になりやすい。そこで，

表6-3　家族との交流関係

（単位：人）

		児童養護施設	乳児院	里　親	児童心理治療施設	児童自立支援施設	ファミリーホーム	自立援助ホーム
総　数		27,026 (100.0%)	3,023 (100.0%)	5,382 (100.0%)	1,367 (100.0%)	1,448 (100.0%)	1,513 (100.0%)	616 (100.0%)
交流あり	一時帰宅	9,126 (33.8%)	425 (14.1%)	359 (6.7%)	538 (39.4%)	493 (34.0%)	258 (17.1%)	56 (9.1%)
	面　会	7,772 (28.8%)	1,672 (55.3%)	925 (17.2%)	449 (32.8%)	452 (31.2%)	435 (28.8%)	72 (11.7%)
	電話・メール・手紙	2,438 (9.0%)	102 (3.4%)	227 (4.2%)	76 (5.6%)	93 (6.4%)	128 (8.5%)	143 (23.2%)
交流なし		5,391 (19.9%)	651 (21.5%)	3,782 (70.3%)	218 (15.9%)	199 (13.7%)	559 (36.9%)	292 (47.4%)
不　詳		2,299 (8.5%)	173 (5.7%)	89 (1.7%)	86 (6.3%)	211 (14.6%)	133 (8.8%)	53 (8.6%)

出所：厚生労働省「児童養護施設入所児童等調査の概要」2020年，16頁。

2011（平成23）年の厚生労働省児童家庭局長通知により，進学や就労をしながら自立生活していくことは容易なことではないことが認められ，定員に余裕がある場合，20歳までの措置延長（施設での生活の継続）を各都道府県に推奨している。児童相談所の判断による措置の延長であるため，措置費の支弁も継続されるのである。さらに，20歳までの措置延長が続いた場合，引き続き22歳まで施設での生活を支援する国の補助事業「社会的養護自立支援事業」も毎年金額が増額されることや，2020年度からは自立支援担当職員の配置も決まるなど，自立支援に国が力を入れていることが理解できる。

　また，地方自治体によっては退所支援のための専門職員の配置をしている。例えば，東京都の自立支援コーディネーターは，具体的な生活スキル習得のための練習や，進路選択の相談や各種支援策の手続き，一人暮らしへの準備など，「リービングケア」をコーディネートする役割として，半数以上の施設に配置されている。なお，2020（令和2）年度から，国の制度として全国に拡大される予定である。

　②　家族再統合の現状

　戦災孤児を対象として始まった社会的養護の制度は，子どもを保護し18歳の退所まで施設で生活するように作られた。しかしながら，現在，児童養護施設

においては70%以上の子どもにおいて何らかの家族との交流があり，3人に1人は家族との帰宅交流を行っている（表6-3）。

　家族関係再構築の考え方では，たとえ児童虐待を主訴として親子分離になったケースでも，子どもの安全の確保のため接近禁止等の指導を重ねながら，親の生活環境や養育環境を改善させ，子どもと親の関係を改善させることを支援の目標にしている。2016（平成28）年の児童福祉法の改正において，第48条3項に親子の再統合ための支援として条文が加わり，そのことが明確にされた。

　③　措置変更の状況

　家庭養育優先の原則により，里親家庭への措置変更が進められている。一時保護のあと，乳児院や児童養護施設に措置され，里親候補家庭との交流を丁寧に進めて，里親委託となるのが一般的である。一方で思春期等難しい年齢になり，里親家庭との不調で児童養護施設等へ措置変更されるケースも増えている。

　他に，就職自立を目指す高齢児の自立援助ホーム（児童自立生活支援助事業）へ，措置変更がある。自立援助ホームとは6名程度の定員で義務教育終了後，就職する児童が，共同生活を通して相談援助や生活スキルの習得を目指す事業である。ある程度の食費の負担と将来に向けた貯蓄を義務とするところが多く，職員のソーシャルワークの支えによって，自活生活を目指す。現在は大学等へ進学した子どもの入所も奨励されている。

　また，より専門的ケアを必要とする児童の措置変更による退所もある。虐待等の犠牲により，激しい行動化や非行等，児童養護施設での生活が難しくなった場合，児童相談所の決定により，一時保護所への保護の後，児童心理治療施設や児童自立支援施設へ措置変更となる場合もある。

　7）アフターケア

　①　退園児へのアフターケア

　退園児の生活への定着のため，施設退所後も施設は子どもとかかわり続けている。子どもの生活の場へ訪問したり，施設の行事へ招いたり継続的な支援が，子どもの生活に安心を与えていく。施設での生活から，一人暮らしなど環境の変化に適応できるよう，また，自らの生活の中で，立ち行かなくなった時，傷

ついた時などには，施設が相談できる場であり，精神的な支えとなり続けている。社会的自立に丁寧な支援を要する子どもについては，早期に複数の必要な専門機関につなげるよう退所に向けて進めていく。

②　家族へのアフターケア

児童相談所の担当の児童福祉司が半年程度継続的にかかわる「児童福祉司指導」という形での退所もあるが，入所中から継続して関係機関と役割分担し，地域での安定した生活ができるよう準備することが重要である。

家庭復帰後の生活の安定に向けて，相談援助機能が求められる。子どもが長年生活した児童養護施設は親子分離をした児童相談所とは異なり，家族から見ると身近な存在であるため相談がしやすい。家族の生活の再出発であるため，試行錯誤して生活を作り上げるのである。運動会などの学校行事へ職員が訪ねたり施設の行事に親子を招いたりすることで，相談しやすい関係を継続している。

（3）運営に関わる費用

児童養護施設の運営にかかる費用は，主に「措置費」と呼ばれる国からの支弁によりまかなわれる。子どもの生活全般にかかる費用は事業費と呼ばれ，衣類，食事，医療，教育にかかる費用や小遣いも含まれる。ほとんどの中学生が高校へ進学する現在，通塾代も認められている。措置費でまかなわれない費用や施設の建設費の一部や修繕等の費用等は施設の自己負担となる。その財源は寄付金等であるため，子どもの最善の利益のため施設の独自の資金調達が必要となっている。

また，職員の給与等人件費，水道代，光熱費をはじめ施設の建物維持にかかる費用の事務費を合わせ措置費が構成される。人件費は国家公務員給与に準じ，事務費には借家で運営するグループホーム（地域小規模児童養護施設や小規模グループケア地域型）の家賃も対象となっている。

近年，小規模化の推進や専門的ケアを必要とする子どものニーズに応えるために，職員の配置基準の改善や専門職の増配置，職員の処遇改善加算として手

当分の増額などが図られてきている。子どもの個別ニーズにより対応できるよう，大きく改善されてきている。

　措置費で対象とされない部分について，各都道府県が独自の補助事業としている場合もある。特に被虐待児が多く入所している都市部については職員の増配置がみられる。東京都の自立支援コーディネーターやグループホーム支援員といった専門職種の配置は，その一例である。また国においても，経常的な措置費の他に，職員の資質向上や，防犯，防災，耐震工事のための補助事業等も行われている。

（4）児童養護施設の課題

　大都市においては，被虐待による要保護児童の増加により，児童相談所の一時保護所の定員充足率が高いため，施設への一時保護委託も急増しており，施設は定員充足率の高い状況が続いている。一方で，地方の児童養護施設や里親家庭への委託が促進されている県においては，児童養護施設の入所児童が減少し，措置されている児童が定員を大幅に下回るため翌年の定員を引き下げられるいわゆる「暫定定員」となっている状況がある。

　国は2016（平成28）年に児童福祉法を，第1条の法の理念から大幅に改正し施行した。さらに2017年8月2日に当時の厚生労働大臣直属の「新たな社会的養育の在り方に関する検討会」が「新しい社会的養育ビジョン」として，短期間に，社会的養護児童をより家庭的な環境である里親委託へシフトすること，児童養護施設の入所児童を減らし高機能化を図ること等，大きな課題として提起した。それを受け国は，「都道府県社会的養育推進計画の策定について」を発出し，2020（令和2）年3月までに各都道府県の家庭養育に舵を切る計画の提出を求めている。

　そして児童養護施設は「ケアニーズの非常に高い子ども」4人のグループを4ユニット設置してより手厚いケアを行えるよう「高機能化」への機能転換を求め，従来の児童養護施設で生活する児童を里親委託やグループホームへ地域分散する構想である。今後，児童養護施設の本園機能がますます重要となって

おり，地域子育ても視野に入れた，ソーシャルワーク機能，発達・心理治療機能，医療との連携機能等の「多機能化」がますます求められると思われる。

3　母子生活支援施設

（1）母子生活支援施設の概要と現状

1）母子生活支援施設とは何か

　母子生活支援施設とは，1947（昭和22）年の児童福祉法第38条に規定された後，2011（平成23）年の児童福祉法改正で「母子生活支援施設は，配偶者のない女子又はこれに準ずる事情にある女子及びその者の監護すべき児童を入所させて，これらの者を保護するとともに，これらの者の自立の促進のためにその生活を支援し，あわせて退所した者について相談その他の援助を行うことを目的とする施設とする」と規定された社会的養護施設である。

　母子生活支援施設の対象者は，18歳未満の子どもを養育している母子世帯や，何らかの事情で離婚の届出ができないなど母子世帯に準じた状況の母子である。

2）利用者の状況

　2018（平成30）年度の全国母子生活支援施設協議会による基礎調査では，現員世帯数は3,059世帯，子どもの総数は5,068人（小学校入学前の子どもの割合は42.3％）で，1世帯当たり1.66人である。母子世帯になった理由は「生別」が98.5％で，その内訳は「離別」69.4％，「未婚（非婚）の母」17.3％，「その他（行方不明など）」11.8％，である。

　施設在所世帯の主たる入所理由は「夫などの暴力」が半数以上。その他「経済的困窮」以外にも，「ストーカー被害」「親子再統合」「養育困難・養育問題」「養育不安・育児不安」「特定妊婦で緊急一時保護事業からの入所」など様々である。昨今の入所理由は一つではなく，母や子の健康的課題も含め，複数課題のある自立困難な世帯が増加傾向にある。

3）歴史と変遷

①　戦前から戦後の状況

母と子への支援は，大正時代に生活困窮している母子を守ろうと民間の篤志家らによってはじめられた。その後，世界大恐慌や災害などの影響で社会が不安定となる中，増加する困窮者の貧困対策の一環として，1932（昭和7）年に母子や妊産婦もその対象となった「救護法」の入所施設として位置づけられるようになった。1938（昭和13）年には，戦時対策として「母子保護法」の施設が規定されるようになり，民間施設活動家により住まい提供と援助が行われたが，財源は厳しいものであった。

1945（昭和20）年の戦争直後の混乱期になると，これまでの救護法や母子保護法などの廃止とともに臨時の応急対応が行われ，1946（昭和21）年に「旧生活保護法」の制定時に母子などの保護施設が作られた。その後，1947（昭和22）年に児童福祉法が制定され，戦争の影響で死別母子となった母子世帯の保護のため，児童福祉法の「母子寮」が規定された。かつての母子の保護施設の中には，児童福祉法の施設へ移行したものもあり，その数は全国で212施設となった。昭和30年代には650カ所になったが，戦争により死別母子になった世帯の子が成長し児童福祉法の対象から外れると，その数は急減していった。[(2)]

②　「母子寮」から「母子生活支援施設」へ

高度成長期になる頃には，母子世帯になった理由は「死別母子」ではなく，離婚などの理由による「生別母子」が増加し，居住課題から，夫の失業や借金，夫等からの暴力や児童虐待，母や子の障害や病気など様々な生活上の課題を有する世帯が増加するなど，利用者傾向が変化し，様々な課題に対応する支援の専門性が求められるようになった。

1998（平成10）年には，戦後の生活困窮を前提にした福祉のあり方に対する見直しとして，社会福祉基礎構造改革が行われた。同年改正の児童福祉法では，母子寮は母子の「保護」から「保護とともに自立を支援」する施設として目的が見直され，名称も「母子寮」から「母子生活支援施設」へ，入所形態も「措置」から「利用選択」へ変更された。

③ 時代の変化とともに改正された法律や新たな施策

2002（平成14）年の「母子家庭等自立支援対策大綱」では，「母子生活支援施設や住宅など自立に向けた生活の場の整備」があげられ，母子生活支援施設は，地域で生活する母子の子育て支援，保育機能の強化，サテライト型[3]，無料職業紹介事業なども提示されるようになった。

2004（平成16）年の児童福祉法の改正により，母子生活支援施設は「退所した者について相談およびその他の援助を行うことを目的とする」として，利用者の退所後の支援を行うことが位置づけられた。

また，2004（平成16）年には「改正DV防止法」において，母子生活支援施設がドメスティック・バイオレンス（以下，DV）被害者の一時保護機能を持つ施設として位置づけられ，母子生活支援施設がDV被害者保護から生活の基盤づくりを行い自立支援を行う施設と明記された。

「社会的養護の課題と将来像」（2011年）では，母子生活支援施設は，改めて社会的養護施設として位置づけらた。

2017（平成29）年にとりまとめられた「新たな社会的養育ビジョン」を通じて，「家庭養育の優先」や「親子関係の支援」が求められるようになり，母子生活支援はその機能の活用が期待されるところである。

（2）施設の目的

1）母子生活支援施設の目的

母子生活支援施設は，18歳未満の子どもを養育している母子世帯や，何らかの事情で離婚の届出ができないなど母子世帯に準じた状況の母子に対して，居住提供と，自立のための母や子への子育て支援や生活支援，就労支援等を行う施設である。

2）施設数と運営状況

全国母子生活支援施設協議会の「平成30年度基礎調査報告書」によると，母子生活支援施設の数は全国合わせて221施設である。運営主体別[4]には，公設公営28施設，公設民営59施設，民設民営126施設。2006（平成18）年度以降，これ

まで約半数だった公設公営施設は約13%へと減少してきた。その背景としては，施設の民営化による，専門性向上への期待があるためと考えられている。

3）施設の認可定員

母子生活支援施設の認可定員は，10世帯未満から50世帯以上の施設など様々な規模の施設があるが，全国的には20～29世帯（主に20世帯）が最も多く，その割合は全施設の約6割を占める。認可定員は，1960年代後半から施設の利用者が減少する傾向にあり，認可定員数が変更される施設も増えている。

4）最低基準の見直しによる居住空間

児童福祉施設の設備及び運営に関する基準によると「母子室，集会，学習等を行う室，調理場，浴室及び便所」「状況に応じ，保育所に準じた設備，医務室及び静養室」を設けるよう規定されており，2011（平成23）年の見直しで「母子室の面積は，$30m^2$以上」となった。

昨今の建て直し施設の多くは，居住の個室化を進めるだけではなく，地域のひとり親や子育て世帯のための子育て支援事業などを付加した機能を持ち，災害やセキュリティにも配慮した安全な施設づくりを行っている。

5）職員配置の状況

全国母子生活支援施設協議会の「平成30年度基礎調査報告書」によると，全施設で勤務する職員は2,528人であり，1施設当たりの職員数は11.9人である。施設長を除く職員配置基準（第27条職員）では，「母子支援員（母子生活支援施設において母子の生活支援を行う者をいう），嘱託医，少年を指導する職員及び調理員」の他，機能等に応じて「保育士」や「心理療法担当職員」などを置くことができる。母子支援員になるにあたっての必要な資格は「保育士」「社会福祉士」「精神保健福祉士」などがある。資格の中で，「保育士」資格保持者は，「母子支援員」の他に「保育士」「少年指導員」など多くの職種につくことができる。

6）利用者傾向

2018（平成30）年度の認可定員は4,410世帯，現員世帯数は3,059世帯であり，減少傾向にある。入所している子どもの総数は5,068人，1世帯当たり1.66人

表6-4　2018（平成30）年度の母子生活支援施設利用者の子どもの年齢

6歳以下	小学生	中学生	高校生 高専生以上	その他 中卒以上
42.3%	37.7%	11.7%	7.5%	0.7%

出所：全国母子生活支援施設協議会「平成30年度 基礎調査報告書」2019年。

である。そのうち，小学校入学前の子どもの割合は42.3％であり，同調査の1996（平成8）年度と比較すると，平均世帯人数と1世帯あたりの子どもの人数はあまり変化がないものの，小学校入学前の子どもの割合は34.8％から42.3％へと増加傾向にある[(2)]（表6-4）。

　利用している母親等の年齢は30代が41.3％で最も多く，次に40代30.5％，20代22.7％である。過去10年前からの比較では，40代と20歳未満がやや増加傾向にある[(2)]。

　母子生活支援施設入所時に同居しておらず，他の児童福祉施設に別居の子どもが「いる」と回答した施設の割合は37.6％であり，そのうち再統合支援を行っている世帯の割合は6割を超えている[(2)]。

　障害のある母親等が在籍する施設の割合は85％，障害のある母親等の割合は31.4％であり，増加傾向にある。その内訳は，精神障害者保健福祉手帳を持つ，療育手帳を持つ，身体障害者手帳を持つ，または手帳は持たないが医療機関を受診しているなどその疑いがある，などである。障害のある子どもが在籍する施設の割合は80.8％，障害のある子どもの割合は入所している子どもの18.9％と増加傾向にある[(2)]。年々，知的・発達・精神などの障害がある子どもが増えており，特別支援学校（学級）や発達相談・療育センターとの連携が重要となっている。

7）利用期間

　利用期間について法律上の定めはないものの，区市などの地域によっては，利用期間の定めや目安などを，「2年間」など設定している自治体もある。実態としては，「1年未満」33.8％，「1〜2年」24.8％，「2〜3年」14.5％であり，3年未満が全体の約7割以上を占める。その結果，利用世帯の減少や，退所後の支援が重要になってきている[(2)]。

表 6 - 5　母親の就労と雇用状況

就労している	うち「正規雇用」	うち「非正規雇用」
66.5%	16.9%	83.1%

出所：表 6 - 4 と同じ。

8）母子世帯になった理由と入所理由

　母子世帯になった理由は，かつて多かった「死別」は全体の1.5％となり，現代ではほぼ「生別」となった。「生別」の内訳は，「離別」69.4％，「未婚（非婚）の母」17.3％，「その他（行方不明など）」11.8％である。[(2)]

　施設在所世帯の主たる入所理由は，「夫などの暴力」が増加し，「住宅事情・経済事情」が主としての入所は減少している。「その他」は，数は少ないものの，「ストーカー被害」「親子再統合」「養育困難・養育問題」「養育不安・育児不安」「特定妊婦で緊急一時保護事業からの入所」など様々な理由がある。また，入所理由は一つではないことも多く，複数課題のある世帯は，自立が困難になっている。

9）養育費の取り決め状況

　養育費の取り決めをしている利用者は18.6％で，全国のひとり親の取り決めの約半分である。施設利用者の取り決めが少ない背景としては，DVや児童虐待などにより話し合いが困難であるためといわれている。

10）就労と収入状況

　2018（平成30）年度の就労している母親の割合は66.5％であり，そのうち正規雇用は16.9％であった（表 6 - 5）。未就労の理由は，「求職中」「障害がある」「病気」「乳幼児等の世話」「妊娠中」などである。同様の調査によると，2017（平成29）年度の年間収入は，「100～200万未満」47.7％，「100万未満」28.5％であり，「200万未満」が全体の7.5割以上を占める。[(2)]

　生活保護受給世帯は就労・未就労にかかわらず51.9％である。そのうち，全額受給は約半数である。生活保護受給者は年々増える傾向にあり，過去10年と比べると，8.4％増加している。[(2)]

表6-6 母子生活支援施設の1日の流れの例

	乳幼児		児童（小学生以上）		母　親	
	乳幼児	職　員	児　童	職　員	母　親	職　員
6：00						
7：00	起　床		起　床		起　床	
8：00	保育園へ登園	施設内保育	学校へ登校		仕事へ出勤	
9：00		体調確認		不登校児童 心理支援		
10：00		おやつ				相談・援助 就労支援
11：00		遊　び				手続き
12：00		昼　食				子育て支援
13：00		お昼寝				生活支援
14：00		遊　び		施設内学童		
15：00		おやつ	下校→学童保育	おやつ		
16：00		遊　び	遊　び	宿題・遊び		
17：00	帰　宅	お迎え	帰　宅	帰　宅	帰　宅	
18：00	夕　食	片付・記録	夕　食	学習支援	夕　食	
19：00	入　浴		宿　題	心理支援	入　浴	
20：00	就　寝		入　浴		寝かしつけ	
21：00			就　寝			
22：00					就　寝	

（3）母子生活支援施設が持つ（求められる）機能

1）これまでの機能

前述のとおり，戦後の母子寮は，施設を利用する母と子の生活の立て直しのための居住提供が行われる生活の場であったため，子どもが大きくなるまで施設の利用が長期化することも少なくなかった。また，経済的な安定を重視したため，母からの相談と就労支援を行うことで経済的困窮から脱却していくことが重視されてきた。生活は，母と子が一緒にいることから，食事などの家事育児等は，それぞれの居室で行われてきたため，夜間の建物管理に職員が配置されない施設もあった（表6-6）。

　しかし，時代の変化とともに，相談内容や求められる支援も変化し，母子の状況に応じた養育支援や生活支援を行うとともに，夜間の安全配慮や医療的ケアが必要な世帯へ心理等の支援を行うようになってきた。

表6-7　母子生活支援施設の機能

施設で生活する母子家庭等	地域全体（ひとり親家庭）
■生活と権利擁護の拠点 (1)　癒しを得ることができる生活環境 (2)　相　　談 　日常的ストレスへの対応 　生活相談（諸サービスの利用，自立に向けての準備） (3)　生活支援と生活に関するスキルの向上支援 　・生活スキルの習得 　・制度活動のサポート（アボドケート） (4)　子育て支援と子どもへの支援 　養育技術の習得／しつけ／生活習慣／保育／学習指導 　／遊びの指導／進路相談／被虐待児支援（心理的サ ポートを含む）／障害児への支援 (5)　健康維持のための支援 　治療のサポート／服薬のサポート (6)　就労支援 (7)　危機対応 (8)　アフターケア	(1)　地域支援・子育て支援 　学童保育／ショートステイ／トワイラ イトステイ／保育機能強化等 (2)　危機対応 　ひとり親／単身／被害者支援 (3)　相談機能（電話相談含む）

出所：「母と子の権利擁護と生活の拠点をめざして——全国母子生活支援施設協議会・特別委員会報告書」。

2）今後，求められる機能

　2005（平成17）年の「母と子の権利擁護と生活の拠点をめざして——全国母子生活支援施設協議会特別委員会報告書」によると，母子生活支援施設の機能は，施設で生活する母子家庭と地域全体に対してとされている（表6-7）。

　さらに，新たな社会的養育ビジョンを受け，2018（平成30）年に出された全国母子生活支援施設協議会の「都道府県協議会等の活動の手引き」によると，今後の母子生活支援施設に求められる機能は，以下のとおりである（図6-2）。

　　①社会的養育領域：地域支援事業（貧困家庭の学習支援，子ども食堂，ショー
　　　　　　　　　　トステイ・トワイライトステイ，相談事業，ひとり親支援セン
　　　　　　　　　　ター機能）。
　　②社会的養護領域：母子生活支援施設機能の充実と活用促進（特定妊婦の
　　　　　　　　　　受入れ支援，児童家庭支援センターの受託，サテライト型母子
　　　　　　　　　　生活支援施設の設置と活用促進）。
　　③代替養育領域：親子関係再構築支援における母子生活支援施設の活用促

図6-2　社会的養育ビジョンの全体イメージ

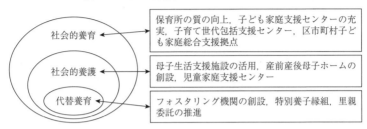

出所：全国母子生活支援施設協議会「都道府県協議会等の活動の手引き」2018年，3頁。

進（児童相談所，乳児院，児童養護施設等との連携）。

　母子生活支援施設は，社会的養護の施設であるが，母と子が一緒に住むことができる家庭でもある。今後，施設内のインケアとアフターケアの充実，地域で生活するひとり親等の世帯への支援の事業の充実が重要となる。

（4）母子生活支援施設が抱える課題
1）利用者ニーズに対応できる職員育成

　母子生活支援施設は，これまで生活の場としての住まい提供の役割が長く重きに置かれていたが，昨今の利用者の課題に対応するためには，施設における養育や生活支援の支援内容や職員体制の見直しを図ることが必要である。また，利用者ニーズに合わせてケアワークとソーシャルワークを適切に組み合わせることや，地域のひとり親家庭等への子育て支援をいかに行なうことができるか，なども重要となる。

　そのため，職種や業務内容，階層ごとの役割や職員体制などを整理した上でキャリアパスを作り，それぞれの役割や階層に基づいた教育システムを構築する必要がある。その際に，危機管理や情報管理，苦情解決，支援の標準化などを含めた運営管理の側面も整備することを忘れてはならない。

　母子生活支援施設は，安全・安心に子どもが育つ環境をつくることが大切であり，その基礎として保育の知識や技術はとても重要となる。そして，利用者

に必要な支援ができる人材の育成方法を見直すとともに，人材の確保・育成・定着をトータルに検討した人材育成の仕組みの構築がすべての施設において必要となっている。

2）行政・関係機関との連携

今後の社会的養護や社会的養育をめぐる環境は大きく変化していくことが予想されている。そうした中，行政や医療機関，保育所や学校などの関係機関との連携はますます重要となる。また，同地域内連携だけではなく，他の地域との連携も重要視される一方で，個人情報の取り扱いに関しては配慮が不可欠である。これらのことをふまえた上で，連携を強化していく必要がある。

3）施設の多機能化と地域のひとり親家庭への支援

昨今，ひとり親世帯の子どもの貧困問題がクローズアップされている。ひとり親世帯の課題は，経済的困窮だけではなく，様々な生活や体験の機会が少ないことや，相談ができず孤立しやすいことも挙げられる。

そうした状況下において，母子生活支援施設は，施設内の母子だけではなく，地域で生活するひとり親家庭のためにその機能を活用できるようにしていくことが改めて求められる。

母子生活支援施設は，時代や利用者ニーズの変化とともに，法制度やその役割を変えながら成長している施設である。今後もその時代にあった，子，親，そして家族の幸せのための支援を行っていく施設として，施設の強みや弱みを再確認しつつ，地域の様々な社会資源を活用・連携しながら，子どもたちの未来をつくる施設になっていくことが望まれる。

4　児童心理治療施設

（1）総合環境療法を行う治療型施設

1）児童心理治療施設の概要

児童心理治療施設は，児童福祉法に基づいて設置される児童福祉施設である。厚生労働省が実施している「社会福祉施設等調査」からその概要を紹介する。

表6-8　児童心理治療施設の1日の流れの例

午　前		午　後	
6：30	起床・洗顔	13：00	再登校
7：00	朝　食	14：30頃	下校（学年により異なる）
8：00	登校（園内学級）		宿題・時間割合わせ
	※授業から外れ順番に心理面接	15：00	おやつ
	（1人につき週1回程度）		自由時間
		17：30	夕　食
12：00	昼食（寮の食堂）		自由時間・入浴
		21：00	就寝（中学生以上は22：30）

2017（平成29）年10月1日現在の児童心理治療施設の概況だが，施設数は44（有効回答は43施設），入所定員は1,964人である。大まかに捉えると，多くの児童心理治療施設の入所定員は50人程度である。一部の施設では入所定員が30人であったり，通所事業に定員を割り当てたりするので，平均すると50人を下回ることになる。児童心理治療施設に勤務する職員の職種は多彩であり，施設長，医師（精神科又は小児科），心理療法担当職員（配置基準　児童10人：職員1人），児童指導員・保育士（同　児童4.5人：職員1人），看護師，個別対応職員，家庭支援専門相談員，栄養士が配置されている。なお，児童心理治療施設の設置数は，近年増加しており，2019（令和元）年10月1日現在では51施設が設置されている。

　表6-8は，児童心理治療施設における1日の流れの例である。食事や就寝の時間は年齢によって異なる施設が多い。放課後の時間に心理面接やグループ治療を実施している施設もある。

2）児童心理治療施設の特徴

　児童心理心理治療施設は，家庭の事情や自分自身の心理的な問題のために地域での生活に困難をきたしている子どもとその家族を支援の対象とする児童福祉施設である。設置の根拠である児童福祉法第43条の2では支援対象を以下のように述べている。

　　「児童心理治療施設は，家庭環境，学校における交友関係その他の環境上の理由により社会生活への適応が困難となつた児童（後略）」（下線筆者）

児童養護施設は、「環境上養護を要する児童を入所させ」る（児童福祉法第41条）と対象児が規定されているが、児童心理治療施設は「適応が困難となつた児童」を対象としている点が施設の特色をよく表している。「適応が困難となつた児童」とは、現在の主な支援対象となっている児童虐待を受けた子どもの他にも、場面緘黙、不登校、発達障害なども含まれている。このような困難が生じた背景として、条文に書かれているように「環境上の理由」も重要な要因だが、当然子ども自身が抱える問題も治療する必要がある。児童心理治療施設では、子どもたちが安定して生活できる環境を提供するだけでなく、さらにそれぞれの子どもにとって治療的に作用するように生活環境を調整していることが、この施設の大きな特徴である。

3）総合環境療法とその体制

　施設での生活全般を治療的な意図を持って構成する手法は「総合環境療法」[(5)]と呼ばれており、児童心理治療施設における構成要素は主に次の3つである。1つ目が治療的に構成された生活支援、2つ目が生活の場に参加する心理職員による心理治療、そして3つ目が子どもの状態に配慮した学校教育である。多くの児童心理治療施設には教室が併設されていて、寮・心理・教育の3部門の職員が協働して総合環境療法を実施する体制がとられている。これらの3部門は入所児の家族も支援しており、家族関係調整、保護者カウンセリング、家族心理教育なども行っている。さらに診療所を併設している児童心理治療施設が多く、日常的に医療的ケアを受けられるようになっている。また、通所・外来相談部門を設けている施設も多く、入所に至らない子どもや退所後の子どものケアも行っている。

4）入所児の概要

　児童心理治療施設は児童相談所の措置により利用することができ、直接施設に申し込んでも利用することはできない。入所児童の定員は施設によって異なるが、30〜50人の規模である。近年の入所児の主訴は児童虐待が圧倒的に多く70〜80％を占め、次いで自閉スペクトラム症等の発達障害を主訴とする子どもが多い。児童養護施設や里親宅で関係が悪化したために、児童心理治療施設を

利用する子どもも少なくない。児童心理治療施設の対象年齢は概ね学童期から18歳だが，制度的には年齢の下限の定めがなく，また20歳までの延長が可能であることから，施設によっては幼児や大学生が入所している場合もある。入所期間は平均して2年半から3年程度であり，治療を目的とした通過型施設としての利用が中心だが，家庭の事情や本人の状態によっては児童心理治療施設から社会に自立していくこともある。

（2）施設の目的

　児童心理治療施設の目的は，その名称のとおり心理治療を子どもとその家族に提供し，困難や苦しみが改善もしくは解消して，ウェルビーイングが高まるように支援することである。ただ，「児童心理治療施設」という名称は，2016（平成28）年度の児童福祉法の一部改正で新たに規定された名称である。それ以前は「情緒障害児短期治療施設」という名称が用いられていた。

1）情緒障害児短期治療施設を設置した目的

　児童福祉法は1947（昭和22）年に公布され，戦後の戦災孤児対策を目的とした施設体系が整備されていた。情緒障害児短期治療施設が設けられたのは，それから14年経った1961（昭和36）年度のことであった。昭和30年代後半は戦災孤児の問題が落ち着きつつあった一方で，年少児の非行が社会問題として浮上してきた時代であった。そのため，非行予防施策の一環として情緒障害児短期治療施設を新設し，非行に至る前の情緒障害の段階にある子どもを3カ月から6カ月程度の短期間施設に入所させて，集中的に心理治療等を行い，非行化を防ごうとしたのである。厚生事務次官通達「児童福祉法の一部を改正する法律〔第21次改正〕等の施行について」（発児第158号，昭和36年6月30日付）には，設立の趣旨が以下のように述べられており，年少児の非行予防を目的としていたことが確認できる。

　　「近年少年非行特に年少者の非行の増加の傾向は著しいものがあるので，この予防対策の一環として新たに情緒障害児短期治療施設を設け，短期間

に治療し得る軽度の情緒障害を有するおおむね12歳未満の児童を収容し，又は保護者のもとから通わせて心理学的治療を中心とした治療及び生活指導を行うこととしたこと。」（下線筆者）

2）不登校の治療が中心だった時代の目的

1962（昭和37）年から実際に施設の運用が始まると，問題が軽度である上にまだ年少の子どもを施設に預けようとする保護者は少なく，学校に行かないもしくは学校に行けない子どもの方が数多く入所するようになっていった。そのため，平成の始め（1990年代）の頃までは入所児の主訴は不登校（以前は「登校拒否」と呼ばれた）が中心であった。当時の登校拒否の基本的な治療方針は，心理的な抑圧から情緒を開放することと，集団生活により社会性を高めることによって，再び学校もしくは社会生活に復帰できるようになることだった。

3）被虐待児の支援が中心となる近年の目的

1998（平成10）年頃になると，不登校は誰にでも起こり得るという認識が広く社会に浸透して，教育委員会の不登校支援事業が充実してきた。その結果，在宅で支援ができる不登校の子どもは情緒障害児短期治療施設に入所してこなくなり，不登校の背景に虐待等の親子関係の問題が存在している子どもや，発達障害で深刻な集団不適応をきたしている子どもが入所児の大多数を占めるようになった。彼らは深い心の傷や大人への強い不信感，もしくは強い発達障害特性を持っているため，心理的な課題の理解がより重要になり，子どもの個別の事情に配慮した専門性の高い支援が一層求められるようになった。

そして現在の児童心理治療施設は，不登校と関係なく，児童虐待を受けた子どもを主な支援対象とする施設となっている。児童虐待を受けた子どもの支援にあたっては，安全で心地よい日常生活を基盤として，これまでの生活で不足していた愛着体験と適切なしつけを経験しなおす「育てなおし」と，トラウマに配慮のある生活の中で心の傷つきを癒し，主体的な生き方を取り戻していく「トラウマケア」を重視する視点が取り入れられている。

このように総合環境療法の内容が変化しており，児童虐待を受けた子どもへ

の支援が中心となっている近年の児童心理治療施設においては，子どもに根深く残る不信感と恐怖感を和らげ，子どもが周りの人を信用し，互いに心地よい交流を持てるようになり，周囲と楽しく過ごす時間を作り出せるようになることが，支援の主要な目的となっている。この目的を実現する上で，子どもと大人の間に安全で，安心で，安定した1対1関係（2者関係）が成立することが重要である。集団適応を目指した不登校治療の時代と異なり，現在の総合環境療法においては，2者関係の確立を重視した支援を行っていると言うことができる。

（3）施設が持つ機能

　児童心理治療施設において，寮・心理・学校の3部門はそれぞれに異なる役割を果たしながら，緊密な連携の下に総合環境療法を実施している。

1）寮部門

　寮部門は日常生活の運営を担っており，子どもたちに心地よい衣食住を提供するとともに，一定の構造を持つ生活環境を提供している。洗濯された衣類を身に着け，暖かい食事を食べ，清潔で整頓された室内で暮らすという，子どもに与えられていて当然のお世話が確実に提供され続けることが，子どもの安心感と信頼感の基盤となる。生活の構造が安定していることも大切な基盤であり，何時頃に何をするかが毎日あまり変わらないことで，体内の生活リズム（概日リズム）が自然と身に付いてくるし，何をする部屋なのか用途が区分されていたり，他人が勝手に入れない境界線が明確になっていたりすることで，子どもは場に応じて自分の気持ちを切り替えたり，相手にも自分の領分があると感じたりする分別の感覚（バウンダリー感覚）を吸収できたりする。

　生活を楽しいものにする力を育むためには，安定した日常だけではなく，特別なイベントを指折り数えて待つような体験も必要である。このような機会として，夏休みの外出やクリスマス会などの行事が年に数回実施されている。

2）心理部門

　多くの児童心理治療施設では，心理職も何らかの形で生活支援に関わってい

るものの，心理部門にとって最も重要な役割は，見立てを立て，それを他の部門や関係機関に伝えることである。見立てとは，子どもの行動の意味や背景を考えたり，支援の目標や見通しを立てたりすることである。子どもの問題行動の背景にはその子特有の事情があるので，それを踏まえた関わり方や支援目標を選ばないと，効果的に支援を進めることができない。しかし子ども一人ひとりが抱える特有の事情は容易には分からないので，心理検査，発達理論，精神分析，学習理論などの心理学の理論を駆使して，見立てを立てることが心理部門に求められるのである。

　その他の心理職固有の支援として，心理面接を挙げることができる。面接の時間は，プレイセラピー，カウンセリング，心理療法，生活の振り返りなどさまざまな使い方をするが，大人と1対1で過ごし，子どもの心理的成長に役立つ交流や対話を持つ点は共通している。施設によって心理面接を実施する対象が異なっており，全入所児に定期的に実施する施設，心理的課題の見られる子どもだけに一定期間実施する施設，問題が生じた後にだけ短期間実施する施設などがある。

　家族への支援も心理部門が担当している。児童相談所や施設内のファミリーソーシャルワーカー（FSW）等と連携して，家族療法，保護者カウンセリング，ペアレントトレーニング，家族交流の振り返りなどを行っている。

3）学校部門

　多くの児童心理治療施設で，施設に併設される形で小中学校の特別支援級が設置されているが，その位置づけはさまざまである。地域の普通学校の分級または分校であったり，特別支援学校の分級，分校，本校であったりする。いずれの場合でも10人未満の少人数学級であり，この点はさまざまな問題を抱える子どもの教育環境として好ましい。

　児童心理治療施設を利用する子どもの多くは，基本的な学習行動が身に付いていないため，着席して聞く，教科書を出す，板書する，挙手して発言するなどの行動の習慣化から取り組まなければならない。また，学習空白が大きいため，小学3年生や4年生でも片仮名の練習や九九の暗記までさかのぼって学び

なおす必要がある子どもも少なくない。通常のカリキュラムだけでは子どもの実情に合った教育とならないので，算数や国語の時間に進度別教材を取り入れるなどの工夫をしている施設もある。

　学力だけでなく，社会性を伸ばすことも学校部門が得意とするところである。集団生活の基本的なマナーやルールを教えることは寮部門でも行うが，さらに学校では，この年齢であれば一般的にこのような振る舞いが求められるという常識性を高める関わりも行いやすい。退園する子どもたちの社会適応を考えると，常識的な振る舞いを学ぶ場があることは重要な意味があるだろう。

（4）施設が抱える課題

　児童心理治療施設の目的と機能を十分に果たすためには，いくつかの課題がある。

　1つ目の課題は，人員体制である。国が示した社会的養育ビジョンに則って，施設においても家庭的な養育環境にするために，生活集団の小規模化と生活空間のユニット化が進められている。しかし，ユニットが増えたことで調理や掃除などの家事業務も増加するので，現在の人員では子どもの相手をする時間が減ってしまい，子どもの宿題を見たり，一緒に遊んだりする時間を取りにくくなっているという施設が多い。

　2つ目の課題は，医療機関との連携である。児童心理治療施設の診療所に入院病床がないので，精神的に不安定になった入所児が連日誰かに暴力をふるうようになってしまい，服薬調整や個別対応だけでは対応しきれなくなった場合，精神科病院に入院する必要がある。しかし，後方支援病院を持っている児童心理治療施設を除いて，多くの施設は速やかに入院治療に移行することができない。そのため，不安定な状態の子どもにとっても，周囲の子どもたちにとっても，職員にとっても安全ではない生活にしばらくの間耐えなければならない状況にある。

　3つ目の課題は，入所児の社会経験の乏しさである。ほとんどの児童心理治療施設は，安全確保や環境調整のために，子どもが自由に施設の外に出かける

ことを制限している。そのため，平均的な在園期間である3年程度の間は，子どもが地域社会の中でさまざまな経験を積む機会が狭められてしまい，年齢相応の社会経験を積む機会が不足してしまうという課題がある。職員が付き添って外出をする機会を日常的に設けることができれば，ある程度改善できる課題なのだが，そのためには人員の一層の充実が必要である。

4つ目の課題は，児童心理治療施設を設置していない県が全国各地に残っていることである。地域によってさまざまな事情があって児童心理治療施設の設置に至っていないのだが，国の方針では，各都道府県に1施設以上の児童心理治療施設が設置されていることが望ましいとされている。複数の児童心理治療施設が設置されている県もあり，課題を抱えた子どもを支援する機関の選択肢が多いことは，子どもの福祉にとって望ましいことである。

5　児童自立支援施設

（1）児童自立支援施設の概要・現状

1）児童自立支援施設の目的

児童自立支援施設は，児童福祉法第44条に「不良行為をなし，又はなすおそれのある児童及び家庭環境その他の環境上の理由により生活指導等を要する児童を入所させ，又は保護者の下から通わせて，個々の児童の状況に応じて必要な指導を行い，その自立を支援し，あわせて退所した者について相談その他の援助を行うことを目的とする施設」と定められた厚生労働省所管の児童福祉施設である。

児童自立支援施設は，全国に58カ所設置されている。その内訳は，国立施設が2カ所，都道府県立施設が50カ所，政令指定都市の市立施設が4カ所，私立施設が2カ所である。[6]その設置については，児童福祉法施行令第36条に「都道府県は，法第35条第2項の規定により，児童自立支援施設を設置しなければならない」と必置が義務づけられている。また，全国の児童自立支援施設の定員・入所者数・従事する職員の数は，各々3,624人，1,201人，2,167人である。[6]

2）児童自立支援施設で勤務する職員

　児童自立支援施設には，児童自立支援専門員，児童生活支援員，家庭支援専門相談員（ファミリーソーシャルワーカー），心理療法担当職員，医師，看護師等，様々な職種の職員が従事している。寮舎を担当する主たる職員は，社会福祉士の資格を有する子どもの自立支援を行う児童自立支援専門員と，保育士の資格を有する子どもの生活支援を行う児童生活支援員である。

　児童自立支援施設で勤務する職員は，子どもの自立支援は特定の職員による個人的なアプローチではなく，組織のよるチームアプローチが基本であるということを常に念頭に置き，情報共有をしながら共通理解の上で勤務することが重要である。

3）　児童自立支援施設の成り立ち

　児童自立支援施設は，明治時代に不良少年や非行少年を入所させ教育するために民間で設立された感化院が基となっている。その後，国によって感化法が制定され制度化するが，法律の変遷とともに名称が，感化院（感化法），少年教護院（少年教護法），教護院（児童福祉法），児童自立支援施設（1997年の改正児童福祉法）へと変わった施設である。

　感化院が設立される以前の不良少年や非行少年は，1872（明治5）年の監獄則の公布により監獄（刑務所）内に設けられた懲治監に大人の囚人と同様に収容されていた。1881（明治14）年に懲治監は年齢の制限がなされた懲治場に代わり，そこには8歳以上の子どもが収容されたという。

　しかし，欧米では，すでに大人と子どもの犯罪への対応が違い，子どもたちには罰を与えるのではなく，教育をする必要があるという観点から寄宿舎制の学校（感化院）へ入所させることとなっていた。このような欧米の状況を背景として日本においても民間の篤志家が私費を投じ感化院を設立する機運が高まっていき，1884（明治17）年に社会事業家である池上雪江が，大阪の自宅にわが国最初の感化院を設立した。その後，1885（明治18）年に東京感化院，1886（明治19）年に千葉感化院，1888（明治21）年に岡山感化院，1889（明治22）年に京都感化保護院など，10カ所の感化院が設立されていった。

監獄で教誨師をしていた留岡幸助は，感化監獄の研究のため，欧米を視察して帰国し，1899（明治32）年に東京巣鴨に家庭学校を創立した。留岡幸助は，〇〇感化院のような名称では「一種の監獄と同一視されている」として，施設を留岡幸助の教育の理想である「家庭にして学校，学校にして家庭」を意味する「家庭学校」と名づけた。

　以上のように民間の感化院が次々と設立されたことで，1900（明治33）年になり，8歳以上16歳未満の不良少年や非行少年が対象とした感化法が制定された。この感化法が，日本で初めての子どもの福祉に関する法律であり，今日の児童福祉法の基となるものである。

（2）　児童自立支援施設における支援

1）入所の流れ

　児童自立支援施設への入所は，図6-3に示すような流れになっている。

　入所には2つの流れがあり，基本となる流れは，子どもの行動上の問題等を保護者が児童相談所に相談し，児童相談所が児童・保護者の同意を得て，施設に措置する場合（①，図6-3中）である。この流れとは別に，子どもが事件を起こし，警察から家庭裁判所，あるいは児童相談所から家庭裁判所に送致され，家庭裁判所の少年審判によって，保護処分である「児童自立支援施設送致」として入所する場合（②，図6-3中）である。

　児童相談所による措置（①，図6-3中）で入所した場合でも，家庭裁判所での審判による保護処分（②，図6-3中）で入所した場合でも入所後は，児童相談所からの措置ということになり，施設での支援が開始される。

2）法務省所管である少年院との違い

　少年院は，法務省が所管する少年法，少年院法に基づく全て国立の施設で，家庭裁判所から送致された少年のみを収容し，矯正教育を行う矯正施設である。少年の状況によって分類収容がなされ，第一種・第二種・第三種・第四種少年院に区分されている。少年院の目的は，更生と社会復帰への支援である。全国

図 6-3　児童自立支援施設の入所までの流れ

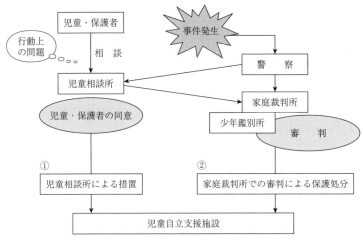

出所：児童自立支援施設運営ハンドブック編集委員会編『児童自立支援施設運営ハンドブック』厚生労働省雇用均等・児童家庭局家庭福祉課，2014年等を基に筆者作成。

に49カ所（2020年1月現在）の少年院があり，設置のない県もある。少年院の矯正教育は，5段階別処遇で，最終段階を終了すると仮退院し，保護観察処分として社会復帰することになっている。

　一方，児童自立支援施設は，社会的養護関係施設の中に位置づけられる児童福祉施設であり，養育施設である。退所の時期については，子どもの成長と共に生活環境が整うことが条件となっている。したがって，在所期間も子どもによって違いがあり，一定ではない。

3）入所から退所までの支援の流れ

　児童自立支援施設での支援は，子どもの健全な発達・成長のために子どもの権利擁護を基本として，子ども一人ひとりの行動上の問題や課題に応じて，その子どもにあったきめ細やかな支援を行うことが重要である。入所中は，生活指導・学習指導・作業指導の3つを大きな柱として，様々な体験や行事を取り入れながら効果的な支援を行っている。

　生活指導は，規則正しい生活を通して，起床・食事・排泄・学習・スポー

ツ・睡眠などの基本的な生活習慣を身に付け，毎日の繰り返しの安定した生活を送ることである。施設職員は，枠組みのあるメリハリがしっかりした生活の中で，子ども一人ひとりが伸び伸びと日常生活体験から学び体得できるように日課を設定する。その日課は，ゆとりを持たせ，規則正しいリズムと安心・安定感ある生活にするように，子どもの意見も取り入れながら設定する必要がある。施設職員は，子どもに職員自らの価値観等を押しつけるのではなく，その子どもの発達段階やニーズに応じて生活習慣を身に付けてもらえるように支援することが大切である。

　学習指導は，1997（平成9）年の児童福祉法改正まで，多くの施設において職員が学校教育に準じる教育を行っていた。改正後は，学校教育を導入することが義務づけられ，学校教育法による学習指導要領に準じて行われるようになった。施設内の学校は，本校方式・分校方式・分教室方式の3つの形態がある。本校方式は，施設内の学校が本校として扱われ，管理職として校長が配置されている。分校方式は，分校の在籍生徒数に対して教職員が配置され，管理職として教頭が配置されている。分教室方式は，管理職の配置はなく，教職員が配置されることとなる。児童自立支援施設内の学校の特徴としては，年度途中に入所児童数が増減するという傾向があるため，年度当初の教職員配置やクラス編成を上回る入所があった場合，人員不足で対応に苦慮することもある。教職員と施設職員は，それぞれの専門性を認め合い，高め合いながら，連携体制を築くことが求められる。

　作業指導は，学習やスポーツとは違い，施設内外の環境整備や農作業を通して，施設職員や仲間と共に働き，達成感や喜びを体験し，勤労意欲や心身の鍛錬を図ることを目的にしている。施設職員は，率先して作業をして，その姿から勤労意欲や作業技術を子どもに伝えることが大切である。また，子どもが作業を意欲的に取り組むことができるよう，創意工夫のある作業の内容を考えることが必要である。

　子どもは，毎日の生活の中で様々な体験を通して，喜びや達成感を得ながら少しずつ自信をつけていく。施設職員は，子どもと活動を共にしながら，子ど

もの成長感や自己肯定感を高めるような支援を展開し，子ども一人ひとりが抱えている課題などの解決を目指しながら支援をする。

　また，施設職員は，入所している子どもだけを支援するのではなく，その子どもの保護者や家族に対しても，状況に応じて，親子関係の関係性改善や再構築を目指して，調整したり支援したりすることが必要不可欠である。このことに関しては，児童相談所や関係機関と連携を図りながら進めることが必要である。

4）支援の特徴

　児童自立支援施設の生活は，「枠組みのある生活」といわれる。「枠組みのある生活」とは，子どもが，安定した生活の中で自立するために必要なしくみである。この「枠組み」には，時間的な枠組み・場所的な枠組み・人的な枠組みの3つに分けられる。

　時間的な枠組みについては，朝起床し夜消灯するまで日課があるということである。子どもは，決められた日課に従って生活する。

　場所的な枠組みについては，子どもは一人で，施設の敷地内から勝手に出ることができないことである。一般の家庭であれば，放課後に友達の家に遊びにいくということはあるが，児童自立支援施設入所中は我慢しなければならない。

　人的な枠組みについては，入所前に遊んでいた友達との交流ができないことである。入所中に交流できるのは，保護者・家族・学校の教員・児童相談所の職員である。家族については，子どもが将来帰る場所であることが多いので，計画的に意味のある交流をするようにしている。

　一般家庭や児童養護施設に比べると「枠組みのある生活」であるが，その枠組み内ではできるだけ自由な生活を展開している。「枠組みのある生活」の中で，より充実した生活が送れるように，子どもも施設職員も共に楽しみながら意欲的に取り組める，あるいは伝統の行事や自然の中で四季を感じながら体験ができる様々な行事を計画している。年間行事は，表6-9のとおりである。そして，基本的な児童自立支援施設の1日の日課と学校の時間割は，表6-10のとおりである。どの行事も日々の生活も，楽しさだけではなく目的意識を持

表6-9　年間行事

4月	1学期始業式・観桜会・入学を祝う会
5月	遠足・サツマイモ苗植え交流
6月	修学旅行・春の園遊会・プール掃除
7月	1学期終業式・野球大会・海水浴
8月	水泳大会・球技大会・キャンプ・カヌー教室
9月	2学期始業式・梨狩り・登山
10月	秋の遠足・バレーボール大会
11月	秋の園遊会・駅伝大会
12月	2学期終業式・クリスマス会・もちつき交流会
1月	3学期始業式・とんど焼き
2月	スキー・スノーボード教室
3月	3学期修了式・卒業を祝う会

注：上記行事の他，月例行事として，身体測定・誕生会・
避難訓練・寮行事等がある。

表6-10　1日の日課と学校の時間割

・1日の日課

6：40	起床・洗面・清掃
7：00	朝　　食
8：35	登　　校
8：45	ホームルーム
8：50	授業開始
12：05	授業終了・終学活
12：15	昼食（寮で食事）
13：05	登　　校
13：15	授業開始
14：00	授業終了
14：10	集会・掃除 寮別活動 （スポーツ・作業等）
17：00	清掃・自習・入浴・夕食 自由時間・日記記入
22：00	消　　灯

・学校の時間割

朝 学 活	8：45～ 8：50
1 時限目	8：50～ 9：35
2 時限目	9：40～10：25
3 時限目	10：30～11：15
4 時限目	11：20～12：05
終 学 活	12：05～12：15
昼 休 み	12：15～13：10
5 時限目	13：15～14：00
掃　　除	14：10～14：30

126

って実施することが重要である。そのため，施設職員も学校の教員も全職員が同じ方向性の認識を共有し，連携を図っていく必要がある。

5）自立支援計画の策定

社会的養護関係施設には，「児童福祉施設の設備及び運営に関する基準」で自立支援計画の策定が義務づけられているため，児童自立支援施設においても子ども一人ひとりに対して計画策定をすることになっている。

まず，子どもの適切な自立支援を実施するために，児童相談所の援助方針に基づき，子どものケースを適切に理解し，そのケースの課題や養育環境に適った支援を展開するアセスメント（実態把握・評価）をする。このアセスメントに基づいて自立支援計画を策定し，支援を行い，計画どおり実施されているかどうか確認し合い，支援の効果について評価・見直しをする。この一連の流れを繰り返し，目標が達成できたら，基本的には子どもは退所ということになるのである。

目標については，子ども自身が主体的に考え作成することが重要であり，施設職員は，子どもと意見交換をしながら，努力すれば実現可能な目標を設定することが大切である。決定した目標が，具体的であれば，子どもがその達成を自分で認識することができ，自己肯定感を形成することにも結び付くのである。また，策定した自立支援計画は子どもと施設職員だけが共有するのではなく，施設全体，保護者，児童相談所の職員や関係機関の職員等，子どもを取り巻く全体で共有する必要がある。子どもが，関係しているあらゆる人から見守られている，応援してもらっているという実感ができ，生活の励みになることが重要である。

6）寮舎の運営形態

児童自立支援施設の寮舎の生活形態は，近年は概ね15名以下の小舎制が主流となっている。職員の寮舎勤務形態として，夫婦制，並立制，通勤交替制の3つに分かれる。

夫婦制は，伝統的な児童自立支援施設の特徴的な形態である。1組の夫婦が住み込み，家庭生活を営みながら寮舎勤務をする。家庭的で温かな雰囲気の中

で，入所している子どもに一貫性，継続性，連続性のある支援を行っている。

　並立制は，夫婦ではないが男女のどちらかが住み込んで，もう一方が通勤してペアとなり寮舎勤務をする。

　通勤交替制は，寮舎を担当する複数の職員がローテーションを組み，施設の外から通勤しながら交替で勤務し，毎日入れ替わる形態である。常勤職員のほかに非常勤職員や嘱託職員など異なる職員によって構成されることもある。さらに，人事異動も頻繁にあり，職員の経験年数や年齢，力量等，異なる職員が子どもとかかわる場合もある。

（3）　児童自立支援施設が抱える課題

　児童自立支援施設の入所主訴は，万引き，窃盗，傷害，暴力行為，不純異性交遊等がある。最近は，家庭での生活不適応や虐待，児童養護施設等からの施設不適応，学校不適応，性に関する問題，特に女子はSNSによる性被害で入所する子どもが増えてきている。

1）児童自立支援施設に求められる専門的機能

　近年，家庭や地域における養育機能の低下や子どもを取り巻く環境の変化で，児童自立支援施設に入所してくる子どもは，様々な行動上の問題を抱えている。虐待の影響や不適切な環境での生活から要保護性の高い子どもも増えている。これらの子どもに対して，個別支援や心理治療的なケアなど，専門的なケアが求められている。このため，心理治療担当職員の複数配置や手厚い人員配置が必要であるとともに，さまざまな行動上の問題を抱えた子どもに対する多様な支援と施設職員の専門的な研修を実施しながら，支援の質を上げていく必要がある。

　施設職員一人ひとりが，より高い専門性を求められる中で，どのような支援が必要であるのかを考え，自己研鑽を積み，施設全体の支援の質の底上げにつなげていく必要がある。

2）アフターケアのあり方

2004（平成16）年の児童福祉法改正で，退所した子どもへの支援（アフターケ

ア）について明確化され，新たに施設目的に追加された。

　復学，進学，施設変更等，子ども一人ひとりの支援目標に応じて施設生活から生活場所が変更になり，環境も変わり，様々な刺激があり，そのことによって問題が生じる可能性もある。アフターケアは，退所後の生活の安定を図るために，入所中の自立支援の延長線上に位置づけられ，退所後も定期的に連絡を取り，生活状況等を把握するものである。アフターケアの実施期間や実施内容，実施者等は各施設で異なるが，少なくとも退所後1年間は，電話や手紙で子ども自身や保護者から様子を聞き，必要に応じて家庭訪問や学校・職場の訪問などを実施している。アフターケアを実施する上で，子ども本人と保護者の同意と理解が必須となる。中には，児童自立支援施設に入所していたことを周囲に知られたくないとの思いで，退所後の連絡を受け付けないケースもある。

　また，アフターケアの実施者は，入所中生活を共にした関係性が築かれた寮舎の職員が担当することが多い。寮舎の職員は，日々の支援をしながらの対応となるため，退所した子ども本人やその家族からのSOSに対してタイムリーな支援が難しい場合もある。

　そのために，施設内ではアフターケアについて，誰がどのように対応するか等の基本的なマニュアルを作成し，施設職員がアフターケアの必要性・重要性を認識しなければならない。また，施設職員は，退所した子ども本人やその家族が，何か困ったことがあった時等に相談できる社会資源ともつながることができるように，入所中から退所後の生活のことも念頭に置きながら，児童相談所などの関係機関と連携して，つながりある関係・退所後の生活をサポートする体制を確立しておくことが必要である。

3）家族支援のあり方

　子どもの自立支援には，保護者の理解と協力が不可欠であり，支援上の課題や目標について子ども本人や保護者の意向や同意を得ながら進めていくことが大切である。施設職員は，保護者に子どものよりよい成長のために一緒に協力して行っていきたいという気持ちを伝え，保護者との関係性も構築しながら関わっていくことが大切である。また，児童相談所や医療機関等の関係機関との

連携を取りながら対応することが必要である。

　入所した子どもの家庭環境は複雑な場合が多く，また子どもの保護者自身の家庭環境も複雑であり，良好な親子関係を経験しないまま親になっていることが多くみられる。また家族形態の多様化が進み，地域とのつながりが希薄化し，子育ての中で孤独感に悩む親も多い。そのような保護者との関係を築き，家庭調整していくことは難しくなっている。

　家庭支援について，それぞれの機能に応じた役割分担をして支援をすることが必要であるが，役割分担にとらわれすぎず，関係性が築かれた機関を中心に支援を展開し，家庭環境の調整を図ることが重要である。

6　自立援助ホーム

（1）自立援助ホームの概要・現状

　自立援助ホームは，長く制度化されず一部の先駆的な実践がなされてきたにすぎなかった。民間主導でボランティア的な活動の中でやってきて，それを制度が追認したかたちである。自立援助ホームとは，1984（昭和59）年に東京都の自立援助ホーム制度実施要綱により名称が使われるようになったが，法的には，1997（平成9）年の児童福祉法の改正により「児童自立生活援助事業」として位置づけられた。自立援助ホーム（児童自立生活援助事業，以下，自立援助ホーム）は，義務教育を終了した20歳未満の児童であって，児童養護施設等を退所したもの又はその他の都道府県知事が必要と認めたものに対し，これらの者が共同生活を営む住居において，相談その他の日常生活上の援助，生活指導，就業の支援等を行う事業である。

　児童福祉施設と同様に事業の内容として，措置を解除された者について相談その他の援助を行うこと（アフターケア）が明確化された。また，年長の児童を対象としている自立援助ホームについては，事業の内容として「就業の支援」も明確化されている。

　1997（平成9）年の児童福祉法改正で，措置を解除された者について相談そ

の他の援助を行うことが事業の内容として明確化された。また，2009（平成21）年の児童福祉法の改正により入所年齢が20歳未満になったこと。都道府県に対して事業の実施を義務づけるとともに，事業の費用に対して負担金化したこと。子どもの申込制になったことなどが改正点として挙げられる。そして，2016（平成28）年5月27日に児童福祉法等の一部を改正する法律が成立し，2017（平成29）年4月より，22歳の年度末までの間にある大学等就学中の者を対象に追加することとなった。

　この自立援助ホームは，社会的養護体制の充実を図る上での期待は大きい。子ども・子育て応援プランの概要では，「少子化社会対策大綱（2004（平成16）年6月4日閣議決定）」の掲げる4つの重点課題に沿って，2009（平成21）年度までの5年間に講ずる具体的な施策内容と目標として自立援助ホームの数を60カ所に増やすことを目標値とし，さらに，2019（平成31）年度までに目標値を190カ所としている。全国自立援助ホーム協議会のホームページによると2019（令和元）年7月1日現在同協議会に加盟しているホーム数は174カ所である。厚生労働省子ども家庭局家庭福祉課によると，2017（平成29）年3月1日現在，ホーム数154カ所，定員1,012人，現員573人，職員総数は687人である。

　全国自立援助ホーム協議会が行った「2015年度全国自立援助ホーム実態調査報告書」（以下，「15年調査」）。によると，対象となる106カ所のうち，7割強が10年以内に設立されたホームであり，9割を超える職員が10年未満の勤続年数で，そのうち3年未満が約半数という実態の中，多様化する困難を背負っている利用者への支援に日々奮闘していること，運営では暫定定員を経験したホームが全体の4割にも上り，厳しい運営を強いられていることなどが挙げられる。

（2）自立援助ホームの目的

1）自立援助ホームの法的位置づけ

　自立援助ホームは，児童福祉法第6条の3に基づき，児童自立生活援助事業として位置づけられている。児童の自立を図る観点から義務教育終了後，児童福祉施設等を退所し，就職する児童等に対し，共同生活を営む中で相談その他

の日常生活上の援助及び生活指導並びに就業の支援を行い，あわせて援助の実施を解除された者への相談その他の援助を行うことにより，社会的自立の促進に寄与することを目的としている。

　対象児童は，その規定に基づき援助の実施が必要とされたものであり，①小規模住居型児童養育事業を行う者若しくは里親に委託する措置又は児童養護施設，児童心理治療施設若しくは児童自立支援施設に入所させる措置を解除されたもの ②前号に規定する児童以外の児童であって，都道府県知事が当該児童の自立のために援助及び生活指導が必要と認めたものであり，おおむね15歳から20歳未満が対象となる。いずれにしても幼少期から両親の離婚，疾病，経済的困窮等の問題を抱える家庭のなかで，何らかの虐待を経験している児童が多くを占めている。

　児童福祉施設を経由せずに，家庭内暴力，児童虐待，不登校，引きこもりなど生活と就労支援の目的で利用するケースなども増えてきている。自立援助ホームはもはや「児童養護施設の補完」としての役割のみではなくなってきている。このように，さまざまな経緯で利用しており，近年は定時制，通信制，高等学校卒業程度認定試験，全日制高校，専門学校，短大等の就学支援を中心とした利用者が増えており，ますます多様化の傾向にある。また，少年院の身元引受先として，家庭裁判所からの補導委託先としても受け入れも行っている。

２）４つの自立の能力

　「自立」については，青少年福祉センターが先行研究として自立の枠組みを提示している。その内容は，就労自立，生活の自立，精神的自立の３つを考え，それを基に４つの能力として，①就労自立能力，②人間関係形成能力，③日常生活管理能力，④精神文化的能力を挙げ，社会的自立の中心を経済的自立のための就労自立と考えている。内容をまとめると以下の通りである。

①　就労自立（経済的自立）能力

　進路については，入所中の早い時期から話し合い，子どもの希望が実現できるかどうかを体験できる機会を設ける。職業体験や年齢によっては適切なアルバイト体験などを支援する。また，どのような生活の場があるのかについても，

寮のある会社の訪問やアパートを借りるために不動産会社を訪問するなど，職員が援助して体験することで生活のイメージをつかめるようにすることも大切である。

② 人間関係形成能力

施設を退所すれば社会人として認知される。退所を控えた子どもには，一人の大人としての扱いをしていくことが大切である。職員との関係においても，大人同士の常識と節度のある態度や話し合いを重視しなくてはならない。子どもであるという対応ではなく，一人の大人として信頼し相談することが大切である。

③ 日常生活管理能力

生活にかかる費用の計画的な使用を習得しておくことは重要である。退所を控えた子どもには，施設内の独立した部屋などにおいて「一人で生活する体験」を用意することが望ましい。1週間あるいは1カ月の生活費を自己管理して生活する体験は，金銭管理についての力を養い，また，片づけやゴミ出しなどの地域生活の社会性を体験することにもなる。さらに，自らの生活を組み立てる体験が，食生活や健康管理，日々の生活のサイクルなどを自覚して，自立生活の模擬的な体験として意味を持つのである（表6-11）。戸籍や住民票などの手続きなどについても，自分で体験し身に付けられるようにする。就職支度金や奨学金などの手続きも自分で行う体験が必要である。

大きな集団での施設生活では，食生活をはじめ日常生活の準備などが集団的に行われるため，日常生活用品の買い物や食事作りなど，子ども個人では身に付きにくいものがある。普段の生活の中で身に付きやすい生活環境づくりが必要とされ，近年では小舎制，グループホーム，ユニットケア，地域小規模児童養護施設など小集団の生活の中で，日常生活技術のスキルの獲得が重視されている。

④ 精神文化的能力

精神的安定をもって自立に取り組むためには，親など家族との関係が整理できていることが不可欠である。親や家族との適切な距離を共に確認できるよう

表6-11　ある自立援助ホームのデイリースケジュール（日課のめやす）

時　間	平　日	時　間	休　日
6：30	起　　床		
7：00	朝　　食	7：30	起　　床
8：00	出勤・登校	8：00	朝　　食
	※利用者それぞれに合わせた生活が 　ある（求職中あるいは職場または 　学校へ通うなど）	9：00	※利用者の予定で在室あるいは余暇活 　動等で外出
12：00	昼　　食	12：00	昼　　食
			在室あるいは余暇活動等で外出
18：00	帰　　宅	18：00	帰　　宅
19：00	夕　　食	19：00	夕　　食
	入浴，余暇活動など		入浴，余暇活動など
23：00	各自居室で過ごす	23：00	各自居室で過ごす

にしておくこと。また，自立生活で困難が生じた場合にどこに相談すればよい
か，施設が援助できることも事前に明確に伝えておくことが必要である。

（3）自立援助ホームの利用者

1）利用者の背景

　利用は，原則的には児童相談所からの「委託する措置」であるが，18歳を超
えた場合には福祉事務所からの相談もある。また，ホームによっては補導委託
先として登録しているところがあり家庭裁判所から受け入れているところもあ
る。少年院の退院者は保護観察所からの相談もある。その他，弁護士，児童家
庭支援センター，少年院，保護司，知人，家族，本人，自立援助ホーム，路上
生活支援施設，婦人保護施設などがある。

　また，本人の抱える課題として，知的な問題，発達障害，精神的な問題，被
虐待，非行など，家庭の課題としては，保護者の病気，拘留，失踪，身体的虐
待・性的虐待・心理的虐待及びネグレクトなどがあげられる。就労自立を前提
としているが，結果として働かないのではなく働けない利用者もいる。

　「15年調査」によると，入居前の困難について養育者からの虐待，学校の長
期欠席・不登校，住所不定，野外での寝泊り等が挙げられている。また，利用
者の親について，離婚，経済的困窮，精神的疾患・障害，薬物依存，DV等が
報告されており，親自身も課題を抱えていることがわかる。また，利用者の約

20％は入居前に複数の社会福祉施設・里親での生活を経験しており，児童福祉施設不適応で入居に至るケースも多く，ケアの連続性や適切な支援が保障されなかった現実を示している。この他に何らかの発達障害を抱えている利用者は30％前後と報告されており，PTSD やうつと診断されるケースもあり，福祉・医療的なケアが必要であることがうかがえる。

2）自立援助ホームにおける支援

　自立援助ホームは，利用者が将来のことを見据え，就労を通して計画的に生活資金を貯えたり，様々な資格を取得できるよう支援する場所でもある。利用者にとっては，生計を立てる意味での仕事が重要となる。しかしハローワークや就職情報誌などに載る求人条件は，18歳以上，高卒以上，普通免許取得者が最低条件の場合が多い。この条件をクリアできる自立援助ホームの入居者は非常に少ないため，仕事に就けるよう具体的な支援が求められる。履歴書の書き方，面接時のスキルなどの助言や求人先への本人理解につながる説明や自立援助ホームへの理解と協力を得るための企業まわりなども行う。また，採用された後は，仕事が続けられるよう，本人の話に耳を傾けたり，職場訪問などをして情報を得ながら調整も行う。

　また，高卒資格を得られるよう定時制高校や通信制高校を利用する入居者，また高等学校卒業程度認定試験の単位取得を希望する入居者に対する支援も行っている。近年は，全日制の高校通学や専門学校，短大等の通学を支援するホームも増えてきている。「15年調査」では入所時の学歴が中卒24.5％，高校中退が30.5％で合わせて55％の利用者が中卒の学歴という実態がある。求人条件はほとんどが高校卒業以上となっており，就職先を探す上においても中卒の学歴自体が大きなハンディキャップとなっている。

　また計画的に貯蓄させながら，その貯金を元手に自動車免許を取得させているホームも多い。状況によっては各自治体が助成や貸付をする制度を活用し資格・免許を取得する利用者もいる。失敗しても時間をかけ自信が持てるよう，自立心が強まるよう，丁寧な根気強いサポートを心がけている。

（4）自立援助ホームが抱える課題

　自立援助ホームが抱える課題は，それぞれのホームにより違ってくるが，第二種社会福祉事業であるため，全体的には財政基盤が弱いこととそれに伴うスタッフの労働条件の問題などが挙げられる。そして利用者支援においては多様化する支援においてより専門的な支援が求められ，そうした専門性を持った職員の確保，他機関・地域との連携の問題もある。ここでは，運営面，利用者支援の側面でまとめた。

1）運営面──財政基盤・暫定定員

　自立援助ホームは，長く民間主導でボランティア的な活動の中でやってきて，それを制度が追認したかたちで制度化された。そして，制度上の位置づけは，児童養護施設や乳児院のような第一種社会福祉事業の形態ではなく，第二種社会福祉事業という位置づけであった。「施設運営」としての事業よりも「相談・支援」といった事業内容を重視するものであった。

　この第二種社会福祉事業を選択した背景には，活動開始当初から自立援助ホームが担ってきた役割である児童福祉法やそれに基づく制度・施策に適応しなくなった若者への支援を保持することであった。第一種社会福祉事業になると行政面からの制限がかかり，18歳以上の若者の入所・支援が困難になることを考慮してのものであった。そのため，補助金交付額は少ないが比較的制限の緩い第二種社会福祉事業として制度化し，それまで受け入れてきた若者への支援を継続させる形をとった。法や制度の狭間で支援を受けられない青少年たちを受け入れる配慮からである。第一種社会福祉事業になると行政面からの制限がかかり，18歳以上の若者の入所・支援が困難になることを考慮してのものであった。そのため，補助金交付額は少ないが比較的制限の緩い第二種社会福祉事業として制度化し，それまで受け入れてきた若者への支援を継続させる形をとった。第二種のため財政基盤が弱く，暫定定員になればさらに財政がひっ迫してしまう。

2）職員体制──労働条件

　「15年調査」によると，2009（平成21）年には補助金事業から措置事業に転換

され，2011（平成23）年4月からは，第1種の児童福祉施設と同様に措置費定員払いが実現した。2012（平成24）年4月1日現在では83ホームが開設していたが，2018（平成30）年9月1日現在では161ホームが開設している。経営主体は，2015（平成27）年8月時点の調査によると，社会福祉法人が44ホーム，特定非営利活動法人（NPO法人）が50ホーム，その他任意団体が3ホーム，一般社団法人3ホームとなっている。自立援助ホームの定員は，6名〜10名，最大でも20名だが，6名定員のホームが多い。

　児童養護施設のアフターケア機関としてボランティアからスタートした自立援助ホームだが，1998（平成10）年に「児童自立生活援助事業」として児童福祉法に位置づけられ，2009（平成21）年には補助金事業から措置事業に転換され，2011（平成23）4月からは，第1種の児童福祉施設と同様に措置費の定員払いが実現した。前出「15年調査」によると，特定非営利活動法人（NPO法人）が5割で社会福祉法人を超えている。一般社団法人，株式会社も参入してきている。そうした中，国はより家庭機能に近い養育のあり方を進めているが，自立援助ホームでは6名定員が圧倒的に多く，職員配置数は常勤2人，非常勤1人で2.5人あり，2.5人では十分な勤務が組めず有償ボランティア，無償ボランティアの力を借りながら勤務を組んでいるところが多く，そういう中でも専門性が求められる。

　専門性の視点から見れば，ホーム内外での研修会・講演会・シンポジウムへの参加がしやすい環境を用意することも大事である。

3）利用者への対応

　自立援助ホームは，近年多様化傾向にあることは前述したとおりである。多くの困難な体験を経てきた利用者には，とにかく心の安心感，生活の安心を保障することが大事になる。食事，睡眠，清潔などの人間の基本的な欲求さえも満たされてこなかった利用者には，毎日の生活で快の生活リズムの心地よさを体感できるような環境づくりが欠かせない。

　働けない利用者の支援のあり方，発達障害やメンタル的症状を抱えている利用者の医療支援と就労支援の問題，インターネットが引き起こす有害サイトの

問題，生活保護受給額より低い稼ぎのなかでアパート生活に移行できない利用者など，どこのホームも自立のステップを簡単に踏ませられない，支援の連続性の難しさを抱えている。

　自立援助ホームは，国の政策もあり，増加の一途をたどることになる。自立援助ホームの増加は，その専門性の確保のための担保として，自立援助ホームのガイドラインとしての運営指針が必要となった。厚生労働省雇用均等・児童家庭局長通知として「自立援助ホーム運営指針」(2015〔平成27〕年4月17日) が通知されその中で，利用者の抱える課題とその支援のあり方について以下の内容を抜粋，要約して示すと以下の通りである。

　①　20歳以降の青年期支援機能

　社会的養護児童の自立は20歳で支援が終結する現状ではなく，20歳以降も継続して支援する必要がある。特に20代前半の支援が乏しいことで，社会的養護の対象であった児童が若年層のホームレス，生活保護受給となる事例も少なくない。

　必要な場合には，児童養護施設等での措置を延長して，20歳になるまで支援するようになってきた現在，自立援助ホームは20歳以降の青年期支援を機能化することにより，社会的養護の底上げを実現することにつながると言える。自立援助ホームの役割として青年期支援は，今後の大きな検討課題である。

　前述のとおり，国が2017 (平成29) 年4月より，22歳の年度末までの間にある大学等就学中の者を対象に追加することとなったことは大きな動きである。

　②　地域相談支援機能

　思春期から青年期支援までの様々な相談に応えられる機能を自立援助ホームにおいても持つことが必要である。とりわけ，低所得家庭で育つ児童への学習支援や，就労につなげるための情報提供などの相談支援，生活全般に関する相談支援が必要とされている。

　自立援助ホームは，入居支援だけではない通所型の自立支援機能を備えることも必要である。里親や施設との連携の他に，企業，医療，児童相談所，家庭裁判所，発達障害者支援センター，障害者就労支援センター，保健所，福祉事

務所，全日制高校，定時制高校，ハローワーク，アパート仲介業者，就業支援企業，若者サポートステーションなどとの連携，総合相談，グループワーク体験，ジョブトレーニングなどをとおして，社会的・職業的自立に向けた支援をキャリアカウンセラー，心理カウンセラーなど様々な機関との有効な機関連携が大切である。

③　退居者支援機能

現在，自立援助ホームが近隣に借り入れたアパートを利用できることにより，退居者は自活訓練ができ，段階的に地域生活へ移行できる支援の実践例もある。こういった退居者のために準備されたアパートなどは，ステップハウスと呼ばれているが，退居後，経済的困窮に陥り生活基盤を失ったことから緊急の生活支援が必要となる場合もあることから，今後ますます必要となってくると考えられる。自立援助ホームが自前で備えることは容易なことではないが，検討していかなければいけない課題の一つである。

④　ピアサポート及びセルフヘルプグループの連携

ピアサポート及びセルフヘルプグループの連携も大切な役割である。社会的養護の動きとして，当事者によるピアサポートやセルフヘルプグループが特定非営利活動法人（NPO法人）団体などで全国的に展開されてきており，そうした団体との連携は，当事者の視点で自立をとらえることも大切である。

7　障害児支援施設

（1）障害児支援施設の概要と現状

1）障害児支援施設とは何か

障害児に対する施設は，以前は障害種別ごとに分かれていたが，複数の障害に対応できるよう2012（平成24）年4月1日施行の障害者自立支援法等の一部改正（障害者制度改革推進本部等における検討を踏まえて障害保健福祉施策を見直すまでの間において障害者等の地域生活を支援するための関係法律の整備に関する法律）により，障害児支援の強化を図るため，従来の障害種別で分かれていた体系につ

いて，通所，入所の利用形態の別により一元化された。この改正のポイントは以下の通りで，これによって現状に合ったサービスが受けられるよう考えられた。

① 施設・事業所が円滑に移行できるよう，現行の基準を基本とするが，身近な地域で支援が受けられるよう，施設，事業所が障害児の状態等に応じて柔軟に対応できる仕組みとする。特に通所については，量的拡大を図る観点から，できる限り緩和するとともに，地域の実情に応じた整備を促す。

② 障害特性に応じた専門的な支援が引き続き提供できる仕組みとする。特に重症心身障害については児者一貫した支援を確保する。

③ 18歳以上の障害児施設入所者が，必要な障害福祉サービスを受けることができるよう障害福祉サービスの基準設定にあたって配慮する。必要に応じて，障害福祉サービスと一体的に行うことができる仕組みを工夫する。

　通所については，従来の市町村が実施主体の児童デイサービス，都道府県が実施主体の知的障害児通園施設，難聴幼児通園施設，肢体不自由児通園施設（医），重症心身障害児（者）通園事業（補助事業）から，市町村が実施主体の「障害児通所支援」（児童発達支援，医療型児童発達支援，放課後等デイサービス，居宅訪問型児童発達支援（2018〔平成30〕年から），保育所等訪問支援）とした。

　入所については，従来の知的障害児施設，第1種自閉症児施設（医），第2種自閉症児施設，盲ろうあ児施設，肢体不自由児施設（医），肢体不自由児療護施設，重症心身障害児施設（医）から都道府県が実施主体の「障害児入所支援」（福祉型障害児入所施設，医療型障害児福祉施設）とした（図6-4）。

　障害児入所施設は，2017（平成29）年10月現在，入所施設は福祉が240，医療型が176あり，定員は福祉型が8,812人，医療型が1万7,048人である。通所施設は児童発達センター福祉型は489，医療型は92あり，定員は福祉型が1万

図6-4　障害児施設・事業の一元化

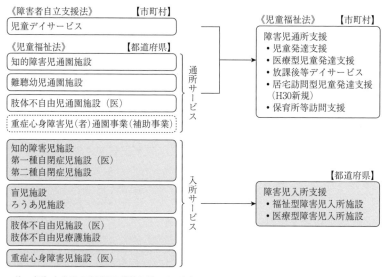

注：(医)とあるのは医療の提供を行っているもの
出所：厚生労働省ホームページ。

5,509人，医療型が3,027人である。[7]　従事する職員は，児童福祉法に基づく指定障害児入所施設等の人員，設備及び運営に関する基準に基づき，嘱託医，児童指導員，保育士，児童発達支援管理責任者の他，必要に応じて看護職員，心理職，理学療法士，作業療法士を配置することができる。

2）障害児支援のあり方の見直し

今後の障害児支援の在り方について検討会が開かれ，2014（平成26）年6月に出された報告書には，地域における縦横連携の推進として，ライフステージに応じた切れ目のない支援（縦の連携）と保健，医療，福祉，保育，教育，就労支援等とも連携した支援体制（横の連携）の推進が記されている。

障害児通所支援については，児童発達支援センターを中心として，保育所等訪問支援，障害児相談支援の実施等重層的な支援体制，保育所等訪問支援の充実，支援の一定の質を担保するため，障害児への支援の基本的事項や職員の専門性の確保等を定めた放課後等デイサービスガイドラインの早期策定を求めた。

3）障害児入所施設の機能

「今後の障害児支援の在り方について（報告書）」によると，①重度・重複障害，行動障害，発達障害等多様な状態像への対応のための「発達支援機能（医療も含む）」，②退所後の地域生活，障害者支援施設への円滑な移行，就労へ向けた対応のための「自立支援機能」，③被虐待児童等の対応のための「社会的養護機能」，④在宅障害児及び家族への対応のための「地域支援機能」を今後の入所施設のあり方について検討し，その機能の活用を図るべきである。2019（平成31）年3月に障害児入所施設の在り方に関する検討会が開催され，2020（令和2）年末に報告書が出された。

また，2016（平成28）年6月には児童福祉法が改正され，人工呼吸器を装着している障害児その他の日常生活を営むために医療を要する状態にある障害児（医療的ケア児）が，適切な保健，医療，福祉その他の各関連分野の支援が受けられるよう，各関連分野の支援を行う機関との連絡調整を行うための体制の整備に関し，必要な措置を講ずるように努めなければならないとされ，2018（平成30）年に居宅訪問型児童発達支援が創設された。

4）障害児通所支援

児童発達支援の対象は，集団療育及び個別療育を行う必要があると認められる主に未就学の障害児である。通所給付決定を行うに際し，医学的診断名または障害者手帳を有することは必須条件ではなく，療育を受けなければ福祉を損なうおそれのある児童も含まれる。その際には，保健センター，児童相談所，保健所等の意見で決定するができる。また，提供するサービス内容は，日常生活の基本的は動作の指導，知識技能の付与，集団生活への適応訓練，その他必要な支援を行うこととしている。

事業は，児童福祉施設と定義される「児童発達支援センター」やそれ以外の「児童発達支援事業」が担う。「児童発達支援センター」と「児童発達支援事業」はどちらも通所利用の障害児やその家族に対する支援を行うことは「共通」としているが，「児童発達支援センター」は，施設の有する専門機能を活かし，地域の障害児やその家族への相談，障害児を預かる施設への援助・助言

を合わせて行うなど地域の中核的な療育支援施設を言い，「児童発達支援事業」は，もっぱら利用障害児やその家族に対する支援を行う身近な療育の場という位置づけである。また，医療型児童発達支援センターまたは指定医療機関において医療ケアを必要とする子どもが，児童発達支援や治療を行う。

　放課後等デイサービスは学校通学中の障害児に対して，放課後や夏休み等の長期休暇中において，生活能力向上のための訓練等を継続的に提供することにより，学校教育と併せて障害児の自立を促進するとともに，放課後等における支援を推進する。具体的には，①自立した日常生活を営むための必要な訓練，②創作的活動，作業活動，③地域交流の機会の提供，④余暇の提供などを行っている。対象は，学校教育法に規定する学校に就学している障害児（幼稚園，大学を除く）である。ただし，引き続き，放課後等デイサービスを受けなければその福祉を損なうおそれがあると認められる時は，満20歳に達するまで利用することが可能である。

　居宅訪問型児童発達支援は2018（平成30）年に新設されたサービスで，重度の障害等の状態にある障害児（人工呼吸器を装着している状態その他日常生活を営むために医療を要する児，重い疾病のため感染症にかかるおそれがある等）であって，障害者通所支援を利用するために外出することが著しく困難な障害児に対し，障害児の居宅を訪問して発達支援を行うものである。

　提供するサービスは，児童発達支援または放課後等デイサービスと同様の支援を居宅において提供する。対象者は著しく外出が困難な障害児であり，体調が不安定であることが想定されるため，支給決定日数は週2日を目安とする。

　保育所等訪問支援については，保育所等を現在利用中の障害児，または今後利用する予定の障害児が，保育所等における集団生活の適応のための専門的な支援を必要とする場合に，訪問支援を実施することにより，保育所等の安定した利用を促進するものである。保育先の範囲は，保育所，幼稚園，認定こども園，小学校，特別支援学校，その他児童が集団生活を営む施設として，地方自治体が認めたものである。2018（平成30）年より，乳児院，児童養護施設が追加された。支援は2週間に1回程度を目安にしている。

表6-12　障害児入所支援の概要

1．対象者 ● 身体に障害のある児童，知的障害のある児童又は精神に障害のある児童（発達障害児を含む） 　＊手帳の有無は問わず，児童相談所，医師等により療育の必要性が認められた児童も対象 　＊3障害対応を原則とするが，障害の特性に応じた支援の提供も可能（ただし，医療型の対 　　象は，知的障害児，肢体不自由児，重症心身障害児） 2．様々な障害や重複障害等に対応 ● 「障害児入所施設」として一元化される前の障害種別の施設と同等の支援を確保するととも 　に，主たる対象とする障害児以外の障害児を受け入れた場合に，その障害に応じた適切な支 　援を提供。 ● 18歳以上の障害児施設入所者は，障害者施策（障害者総合支援法の障害福祉サービス）で対 　応することを踏まえ，自立（地域生活への移行等）を目指した支援を提供。 3．18歳以上の障害児施設入所者への対応 ● 障害者総合支援法の障害福祉サービスにより年齢に応じた適切な支援を提供。 　＊引き続き，入所支援を受けなければその福祉を損なうおそれがあると認めるときは，満20 　　歳に達するまで利用することが可能。

出所：厚生労働省資料。

訪問する支援員は，障害児施設で障害のある子どもに対する指導経験がある児童指導員，保育士などで，障害児本人に対する支援（集団生活適応のための訓練等）や訪問先施設のスタッフに対する支援（支援方法等の指導等）などを行う。

5）障害児入所支援

障害児入所支援については2012（平成24）年から「障害児入所施設」として一元化し，重複障害等への対応の強化を図るとともに，自立に向けた計画的な支援を提供している。従来の事業形態等を踏まえて，「福祉型障害児入所施設」，医療を併せて提供する「医療型障害児入所施設」の2類型に分けられた。

対象者は，身体に障害のある児童，知的障害のある児童又は精神に障害のある児童（発達障害児を含む）。18歳以上の障害児施設入所者は，障害者施策（障害者総合支援法の障害福祉サービス）で対応することを踏まえ，自立（地域生活への移行等）を目指した支援を提供している（表6-12）。

（2）障害児の定義と種別

1）障害児の定義

身体に障害のある児童，知的障害のある児童，精神に障害のある児童，また

は治療方法が確立していない疾病その他の特殊な疾病がある児童が含まれる。また，2004（平成16）年に制定された発達障害者支援法以降，自閉スペクトラム症（ASD），学習障害（LD），注意欠陥多動性障害（ADHD）などの発達障害児が障害児に加えられた。

　身体障害者手帳を所持している18歳未満の児童は6万7,000人，療育手帳を所持している18歳未満の児童は21万4,000人にのぼる。[(8)]

2）障害の種別

①　知的障害

　知的障害は，知能指数（IQ）が70（ないし75）以下で，身辺処理，家庭生活，余暇活動などの適応行動に著しい困難があり，これらの2つが発達期（通常18歳まで）に現れる状態をいう。

②　視覚障害

　視力や視野に障害があり生活に支障を来している状態で，眼鏡をかけても一定以上の視力がなく（両眼で0.1以上），視野が狭くなり人や物などにぶつかるなどの状態である。視機能をほぼ使えない状態を全盲，視覚情報をある程度使える状態を弱視（ロービジョン）という。視覚障害には先天的なものと，病気や事故などでの後天的なものがある。

③　聴覚障害

　音の情報を脳に送るまでの部位に障害があるために，音が聞こえない，または聞こえにくい状態で，全く聞こえない状態を全聾，音が聞こえにくい状態を難聴という。聴覚障害には先天的なものと，病気や事故などでの後天的なものがある。

④　肢体不自由

　肢体不自由とは，上肢（手と腕），下肢（足と脚），体幹（腹筋，背筋，胸筋，足の筋肉を含む胴体の部分）が病気や怪我で損なわれ，長期にわたり運動や動作など日常生活動作に困難が伴う状態のことを指す。原因は，先天的なものや病気や事故などでの後天的なものもある。

表6-13　1日の流れ——ある障害児入所施設（福祉型）のデイリースケジュール

時　　間	項　　目			
	平　　日			土・日・祝
	高校生	小・中学生	成　　人	
6：30	起　　床	起　　床	起　　床	起　　床
6：45～	朝食準備			
7：10	朝　　食	朝食準備	朝食準備	朝食準備
7：30	歯磨き・洗面	朝　　食	朝　　食	朝　　食
		歯磨き・洗面	歯磨き・洗面	歯磨き・洗面
8：00	登　　校			
8：50		登　　校		
10：00～			日中活動	余暇活動
11：30			帰寮（手洗い）	
12：00			昼　　食	昼　　食
			食後，昼休み	食後，昼休み
13：30			日中活動	余暇活動
14：45		下　　校	余暇活動	
		学童日中活動		
		宿　　題		
16：25	下　　校	入　　浴	入　　浴	入　　浴
17：30	夕　　食	夕　　食	夕　　食	夕　　食
	歯磨き・洗面	歯磨き・洗面	歯磨き・洗面	歯磨き・洗面
18：30	余暇活動	余暇活動	余暇活動	余暇活動
	入　　浴	入　　浴	入　　浴	入　　浴
19：30	就床準備	就床準備	就床準備	就床準備
21：00	宿題・自由	宿題・自由		
22：00	就　　寝	就　　寝	就　　寝	就　　寝

⑤　自閉スペクトラム症（ASD）

　原因は何らかの脳の障害と言われており，特徴として社会性と対人関係の障害（人と上手に付き合うことが苦手，暗黙の了解などを理解することが苦手など），コミュニケーションや言葉の発達の遅れ（意味を理解していない時は問いかけに対して同じ言葉を返してくる，言葉通りに受け取り状況に応じた理解が苦手），行動や興味の偏り（こだわり），感覚（痛みや音，におい，光など）に偏り（無関心，過度の反応）などがある。

⑥　学習障害（LD）

　全般的な知的発達には遅れがないにもかかわらず，「読む」「書く」「計算す

る」「推論する」のうち特定のものの習得と使用に著しい困難を示すような状態である。何らかの脳機能の障害といわれているが，脳の部位や原因は特定されていない。

　⑦　注意欠陥多動性障害（ADHD）

　自分をコントロールする力が弱く，それが行動面の問題となって現れる障害で，不注意（集中力がない），多動性（じっとしていられない），衝動性（思いつくと行動してしまう）といった症状が見られる。

（3）障害児施設が抱える課題

1）障害の多様化と支援困難児への対応

　障害児施設の今は，子どもの状態像が変化している。以前は施設で暮らしていた重度の障害を持った子どもが，現在は様々な障害福祉サービスが進んでいる中で，家庭で必要なサービスを受けながら生活できるようになってきた。現在の障害児施設に入所している子どもたちは，社会的養護の見地から入所しているケースが多くなっているため，障害児施設にとっても社会的養護の役割を担っているという認識を深める必要がある。

　家庭で養育が困難である子どもに対して子ども養育や家庭環境調整を適切に実施するために，家庭支援専門員などの配慮が必要になってきている。また，障害児入所施設や病院付設の乳児院の利用実態を把握し，障害児や医療的ケア児の里親委託に向けた体制づくりを行う必要があるとの指摘がなされている（新たな社会的養育の在り方に関する検討会〔2017年8月〕）。

2）福祉型入所施設の場合

　今後の障害児入所施設の課題を「福祉型」と「医療型」に分けて述べる。「福祉型障害児入所施設」としては，子どもの健全な発達の観点からは，より家庭的な雰囲気での支援が望ましいと考えられ，施設の小規模化，グループケア化，障害児のグループホーム化の推進が必要である。

　また，福祉型障害児入所施設としての専門的機能の高度化について，強度行動障害児への対応力の強化と，愛着障害と知的・発達障害児への支援の推進，

被虐待児への支援を行うための専門性の確保，医療的機能と福祉的機能の強化・連携促進が挙げられる。そのために必要なことは，充実した研修システムやコンサルテーションのシステムを取り入れ，支援員個人のみならず施設全体の支援力の向上が必要である。

　また，円滑な地域生活への移行をしていくための支援のあり方について，地方自治体や児童相談所，相談支援など障害福祉サービスとの連携強化が必要である。退所に向けての自立支援会議もしくは入所に向けての入所調整会議をシステム化して，施設と行政関係がネットワークを組むことが必要である。

3）医療型福祉施設の場合

　「医療型障害児入所施設」としては，医療型の対象者は一般的に状態安定のための支援が日常的に必要不可欠だが，それとともに成長・発達のための支援をどう考えるかが課題である。教育との連携強化，同年代との交流の推進（インクルーシブ），医療的ケア児等への専門的支援の強化，施設の小規模化等が挙げられる。児者一貫の仕組みの中で成人移行期における支援のあり方について，移行する際の本人の状況に応じた支援のあり方（暮らしの場，日中活動の場）や自治体や児童相談所，相談支援など障害福祉サービスとの連携強化・仕組みづくりが必要である。

8　婦人保護施設[9]

（1）婦人保護施設の概要と現状

　婦人保護施設は社会的養護に含まれる施設ではないものの，非常に関わりの深い施設である。入所女性の中にはかつて社会的養護の下で生活してきた女性，自身の子どもを乳児院や児童養護施設等に預けている女性が少なくない。また母子一緒に入所する場合もあり，社会的養護と地続きの分野となっている。

1）婦人保護施設とは何か

　婦人保護施設とは売春防止法[10]を根拠法とする，女性を対象とした入所施設である。都道府県による任意設置で，2019（令和元）年現在，39都道府県に47カ

148

所設置される。約6割の施設では単身女性だけでなく母子の受け入れを行う。中には妊娠期から出産，産後のケア，育児相談にわたり一貫した妊産婦支援を行う施設もある。

入所のための相談窓口は福祉事務所である。福祉事務所を通じて婦人相談所[11]に一時保護となり，婦人相談所の措置により入所が決まる。なお，婦人保護施設には入所期限の定め，年齢の規定，利用料の負担がない。

2）入所女性の実情

婦人保護施設への入所は，売春防止法に定められた①売春経歴をもつ女性・売春を行うおそれのある女性のほか，②配偶者等（夫，元夫，内夫，交際相手）からの暴力（DV）被害者，③人身取引被害者，④ストーカー被害者，⑤関係機関との十分な連携・調整の上で婦人保護事業で支援する必要があると認められる者，となっている。⑤については，課題が複合的に重なり社会生活を営むことが困難となった女性，他の法律や支援の狭間にある女性も含まれることから，入所女性の状況は非常に多岐にわたる。

① 定員と入所率の推移

婦人保護施設の定員および入所者数は年々減少傾向にある。1985（昭和60）年に1,929人であった定員は2016（平成28）年には1,290人となり，約30年間で3割以上減少した。入所者数も年々低下し，定員に対する充足率は1985（昭和60）年の42.7％（823人）から，2016（平成28）年には22.5％（290人）と急減している。近年の婦人相談所の一時保護件数は横ばい状態であるにもかかわらず，婦人保護施設への入所には繋がっておらず，入所率の低下は大きな課題である（厚生労働省「婦人保護事業の現状について」2018年）。これには，婦人保護施設に入所すべき女性が他の事業に回され，適切な支援に結びつかないという実態がある。また，婦人相談所での一時保護への抵抗感から，特に若い女性が入所へと繋がりにくいことも指摘されている。

② 入所理由

2016（平成28）年度の入所者の主訴別内訳は「夫等からの暴力」（42.9％）が最も多い。「親等からの暴力」「交際相手等からの暴力」「子どもからの暴力」

表6-14　在所者の入所時における主訴別内訳

総　数	夫等から の暴力	帰住先なし 住居問題	経済関係	親等から の暴力	交際相手 等からの 暴力	医療関係	男女問題 人身取引 売春強要 等(※)	子どもか らの暴力	離婚問題 家庭不和	その他
(100%) 850	(42.9%) 365	(23.4%) 199	(9.9%) 84	(8.0%) 68	(5.9%) 50	(4.1%) 35	(2.3%) 20	(1.7%) 14	(1.7%) 14	(0.1%) 1

注：本項目において，ストーカー被害者3名を含む。
出所：厚生労働省子ども家庭局家庭福祉課「平成28年度　婦人保護事業実施状況報告の概要」2017年。

を含めると暴力による入所が全体の6割近く（58.5%）にのぼる。次いで「帰住先なし・住宅問題」，「経済関係」と続く。しかし，これらはあくまで主訴であり，実際には何重もの事情を抱えて入所している。多くの女性が性暴力被害を含む何らかの「暴力被害」を受け，「経済的に困窮」し，「居所なし」「就労なし」の状態で生活困窮に至るという極めて切迫した状況に置かれてきている。（表6-14）。

③　年齢構成

2014（平成26）年度の入所者の年齢構成は，20代（23.1%）と30代（25.5%）が約半数を占め，40代（20.5%）を含めると約7割である[12]。未成年の入所は4.8%で，18歳未満の入所もみられる。他方，60代は8.7%，70代以上は3.5%であり，合わせると1割を超える。支援対象が広いために年齢層も実に様々となっている。

④　心身の状況

2016（平成28）年度の入所者のうち，約半数の47.3%が何らかの障害あるいは疾病を抱え，全体の約1/4が障害者手帳（療育手帳，精神障害者保健福祉手帳，身体障害者手帳）を所持している[13]。また，障害や疾病があっても自身や周囲がそのことに気づくことができず，必要な福祉サービスに繋がる機会を持てないまま暮らしてきたために生活困窮に至った女性も多い。定期的な通院や服薬が必要な女性，精神科入院歴のある女性も多くみられている。

⑤　同伴児童の抱える課題

2014（平成26）年に母親とともに入所した同伴児童[14]（18歳未満）は518人である[15]。同年度の入所女性は1,019人であり，同伴児童の割合が高いことが窺える。

母子世帯を受け入れた29施設のうち，過去３年間に同伴児童への支援を行った25施設によると，同伴児童には「被虐待経験」（62.1％），「発達障害」（58.6％），「知的障害」（48.3％）があり，「学力低下・成績不振」「放置された疾病・虫歯」「不登校」「発育不良」の状況もみられた。同伴児童もまた，母親と同じように困難や課題を抱えている。DV により保護された母子の場合には，ほとんどの同伴児童が面前 DV による心理的虐待を受けており，婦人保護施設に入所する児童の特徴ともいえる。なお，2004（平成16）年「児童虐待の防止等に関する法律」の改正により，子どもの面前での配偶者間等の暴力が心理的虐待の一種と定義された。虐待と DV の関連は婦人保護施設においてはかねてよりみられてきた問題である。

（2）婦人保護施設の目的

1）婦人保護施設にかかわる法律と拡大する支援対象者

1956（昭和31）年に制定された売春防止法は，売春を犯罪とみなし，売春をする（あるいはしようとする）女性の「処罰」（第２章「刑事処分」・第３章「補導処分」）と「救済」（第４章「保護更生」）を謳った特別刑法である[16]（表6-15）。処罰が基本であることから法律自体に支援の概念はなく，婦人保護施設は，第４章「保護更生」に定められた婦人保護事業の中で「女性を収容・保護・更生する施設」としてつくられた。しかし入所女性は貧困や疾病，障害，家族関係の破綻，性被害等，福祉的支援を必要とする状況にあり，実際にはこれら女性への支援を担ってきた。

その後，2001（平成13）年の配偶者からの暴力の防止及び被害者の保護等に関する法律[17]（以下，DV 防止法），2004（平成16）年の人身取引対策行動計画[18]，2012（平成24）年のストーカー行為等の規制等に関する法律が施行されると，これらに基づく支援も行うようになり，婦人保護施設は，婦人相談所・婦人相談員[19]とともに女性支援の中核を担ってきている。

2）婦人保護施設の基本方針

婦人保護施設の基本方針は「婦人保護施設の設備及び運営に関する基準」

表6-15　売春防止法の構成

（以下，基準）によって，安心・安全な環境のもと日常生活や就労に関する自立支援を行うことと定められる（第2条[20]，第12条[21]）。しかし実際には，これら支援だけではなく，心理的ケアや女性性に関わる支援等，暴力被害や権利侵害からの回復支援も欠かせないものとなっている。

3）婦人保護施設の設備及び運営に関する基準

婦人保護施設の諸基準には，今なお売春防止法制定当時の考え方（処罰・収容・保護・更生等）が色濃く残される。

① 整備基準

婦人保護施設には，居室，相談室，静養室，医務室，作業室[22]，調理室等の設置義務があるが，居室は「原則として4人以下」とされており，女性の生活空間への配慮やプライバシーの保障はない。全国的に個室化が進むものの各施設の状況や判断に委ねられている部分が大きく，個室化は喫緊の課題である。また，設置義務のない諸室については設置状況が悪く，心理室や保育室が未整備な施設は多い。

② 職員配置基準

職員配置基準は，施設長，事務員，指導員，看護師，栄養士，調理員，嘱託医である。日常生活支援全般にかかわる指導員の配置基準はわずか2名であり，支援の多様性や専門性が求められてきたにもかかわらず制定当初より増配置がなされていない[23]。これには指導員＝監視要員と考えられてきた背景がある。

他方，加算配置職員は，DV防止法制定以降，心理療法担当職員と同伴児童対応指導員[24]の配置が認められ，暴力被害者への心理的ケアや，同伴児童への支

援が可能となる。2018（平成30）年には個別対応職員の配置が認められ，支援困難な女性への個別対応や職員へのスーパーバイズが可能となった。

4）時代のニーズに応じた支援

　時代の変遷とともに女性の抱える困難は変化し，婦人保護施設では常に新しい支援ニーズへの対応が求められてきた。特にDV防止法の施行以降は，女性への支援だけでなく同伴児童の養育支援や心理的ケア等，新たな機能を担っている。また，生活の不安定や家族機能不全，居場所の喪失等から性産業に取り込まれた末に性被害に遭った女性や，妊産婦，外国籍女性のほか，近年ではネットカフェ難民，JKビジネスやAV出演の強要による被害を受けた10代女性の入所も目立ち，若い女性への支援も増えている。[25]

　しかし，売春防止法は長きにわたり対象者の拡大が行われるのみで抜本的改正がなされてこなかった。婦人保護施設は限られた体制の中で支援を続けてきているが，制度政策，施設設備，支援体制等は不十分なままであり，現行での支援はすでに限界を迎えている。こうした中，厚生労働省は困難な問題を抱える女性への支援に関する検討を行い，2019（令和元）年10月，売春防止法第4章「保護更生」が廃止となることが決まった。法律制定から63年が経ち，婦人保護施設を含む婦人保護事業はようやく見直しを検討される時期を迎えた。

（3）婦人保護施設に求められる機能

　婦人保護施設は，複数の法律に基づく支援を行うことから機能も多岐にわたる。主な機能は「日常生活機能」「自立支援機能」「暴力被害者支援・リプロダクティブヘルス・ライツ機能」[26]「次世代育成機能」であるが，これらに付随し「家族関係調整機能」「法的支援機能」「連携・調整機能」も持つ。支援にあたっては個別の支援計画を作成し，入所女性の課題解決や心身の回復を目指す。個々の状況に応じた中長期的な支援を行っていく（表6-16）。

1）日常生活機能

　基本機能である「日常生活機能」では，生活全般にかかわる支援を行う。目的は安定した日常生活の回復と獲得である。入所前の生活が不安定であった女

表 6-16　婦人保護施設における機能および支援

機　　　能	主な支援内容（重複あり）
日常生活機能 ・安全確保 ・生活形成，相談援助 ・医療・健康管理 ・社会保障制度利用・受給	保護，安全な環境および衣食提供，同行支援 生活リズム形成支援，相談援助，情報提供 栄養支援，通院同行，服薬管理，心理的ケア 社会保険・生活保護[1]・社会福祉サービス等手続き
自立支援機能 ・就労および就学支援 ・金銭管理，経済安定支援 ・地域生活移行，アフターケア	施設内就労，職場との連絡調整，進学および復学支援 債務整理，金銭管理 退所前支援，退所後支援
暴力被害者支援，リプロダクティブヘルス・ライツ機能	加害者追及対策，同行支援，心理的ケア 妊娠・出産への支援，出産付き添い
次世代育成機能 ・保育，養育 ・母子関係調整	保育，養育相談，学習支援，心理的ケア 児童相談所・児童福祉施設との連絡調整，交流同席
家族関係調整機能	家族親族との連絡・関係調整
法的支援機能	債務整理，離婚手続き，在留資格手続き
連携・調整機能	各関係機関との連携・調整

注：(1)婦人保護施設において，就労が困難であったり年金等の受給がなく収入を得られない場合，
　　生活保護の医療扶助のみ受けることが可能。

性は，安定した睡眠や栄養をとることすらままならず，基本的生活習慣を身に付けていくことから支援はスタートする。入所に至るまで必要な医療機関を受診できずにきた女性も多く，心身の健康を整えながら今後の生活について支援者とともに考えていく。暴力加害者からの追及が厳しい DV 被害者や，本人だけでは難しい手続きがある場合には外出時の同行支援も行う。

2）自立支援機能

　柱となる機能として「自立支援機能」がある。自立に関わる支援は入所中から退所前，退所後にかけて行われるが，中でも就労支援は主要なものである。入所女性は施設内就労を行いながら支援者とともに適性を考え，外勤就労に向けて準備を進める（表 6-17）。支援者はハローワークへの同行や，障害者就労の場合には障害者支援機関への相談・職場訪問等を重ね，就職とその後の就労生活を支えていく。並行して金銭や公的手続きに関する支援等も行い，退所後の生活の場や退所時期を検討していく。

表6-17　ある施設のデイリースケジュール（日課のめやす）

時　　間	平　　日	時　　間	休　　日
～7：00	起　　床	～8：00	起　　床
7：00	朝　　食	8：00	朝　　食
9：30～12：00	＊外勤者…出勤		＊外勤者…出勤
	＊内勤者…施設内就労		余　　暇
12：00	昼　　食	12：30	昼　　食
13：15～16：00	＊内勤者…施設内就労		
	余　　暇		余　　暇
18：00	夕　　食	18：00	夕　　食
	＊外勤者…退勤，帰所		＊外勤者…退勤，帰所
	入浴，余暇		入浴，余暇
	就　　寝		就　　寝
23：00	（施錠確認）	23：00	（施錠確認）

　退所先は，アパート，障害者のグループホーム，母子生活支援施設，生活保護施設，高齢者施設等，様々である。複合的な課題を抱え，社会からの孤立にあった女性たちが安定した地域生活を営むことは容易ではない。緩やかな退所および地域生活に向け，ステップハウスで自活訓練を行う「地域生活移行支援[27]」や「退所者自立生活援助事業[28]」によるアフターケア等の切れ目のない支援を行う。

3）暴力被害者支援・リプロダクティブヘルス・ライツ機能

　入所女性には性的虐待，性暴力，性搾取，望まない妊娠や中絶，出産等を経験してきた方が多い。暴力被害者支援や性に関するリプロダクティブヘルス・ライツへの支援は，婦人保護施設特有の機能といえる。安心・安全を脅かされてきた生活により，PTSD症状（心的外傷後ストレス障害），自殺企図や愛着障害等に苦しむ女性も多い。医療・保健機関との連携や心理的ケアを通じて，心身の健康回復と維持を目指していく。

4）次世代育成機能

　婦人保護施設は次世代育成機能も有する。出産後，女性自らが養育することが困難と申し出る場合もあるが，母子分離時や，分離後の母子支援も意向を尊重しながら丁寧に行う。面会や交流の調整，児童相談所や児童福祉施設との連

携は欠かせないものとなっている。母子入所の場合は、同伴児童の成長・発達の場であることも踏まえ保育や学習支援も行う。入所前の生活において暴力にさらされてきた同伴児童への心理的ケアも重要である。また、母子分離の有無にかかわらず子どもとの関わりに悩む母親は多い。支援者が同じ空間で子どもへの接し方のモデルを示していくことで、母子の安心感や関係構築に繋げていけるよう母子一体の養育支援も担っている。

（4）婦人保護施設の抱える課題

1）売春防止法による支援の弊害

　婦人保護施設の最大の課題は「根拠法が売春防止法であること」そのものである。婦人保護施設は法律自体が「収容・保護・更生」から脱却していないために、前述した支援体制の不足や不備に加え、一部必要な制度を利用できないという弊害を抱えている。例えば、婦人保護施設は施設内就労の機能を持つことから入所女性には地域の障害者支援施設への通所・就労が認められない、現物給付の考えが原則であるために収入のない女性に対しても生活費の支給（生活扶助）が保障されないことが挙げられる。社会から疎外され尊厳や人権を奪われてきた女性たちが心身の回復と生活の立て直しのためにたどりつく先は、公的には婦人保護施設しかない。しかしながら、現行制度は女性たちの社会経験や豊かな暮らしを阻むものであり、必要な制度の柔軟な運用が求められる。

2）ソーシャルアクションの必要性

　婦人保護施設は当初、売春婦の収容施設として地域社会から軽蔑の眼差しで見られ、女性たちは身を隠すように暮らしてきた歴史がある。現代においてはDVやストーカー被害者等の受け入れも行うために秘匿性を守る性格も強い。それゆえ社会的認知が低く、他の社会福祉分野からの理解も浅いものとなっている。

　入所女性が自らの経験や状況を発信していくことは難しい。特に暴力から逃れてきた女性は、これまでの生活すべてを失いゼロからの生活を余儀なくされるという理不尽さを抱えながら、泣き寝入りせざるを得ない状況に置かれてき

た。こうした女性たちの存在は社会からは見えにくいが，抱える困難は社会問題そのものである。支援環境を整えるためにも顕在化する必要があり，婦人保護施設や入所女性への理解を得るための積極的なソーシャルアクションが求められる。

3）同伴児童への支援

婦人保護施設は次世代育成機能をもちながらも，現在の法律において子どもはあくまで「同伴児童」という位置づけでしかない。そのため支援体制は未整備で脆弱なものにとどまっている。子どもの福祉・人権を考えるならば，同伴児童もまた支援の主体者と捉えるべきである。児童福祉法に基づいた支援が受けられるよう，支援システムの構築が求められる。

4）婦人保護施設の今後──歴史の転換点を迎えて

課題の多い婦人保護施設であるが，時代にそぐわない根拠法をもちながらも，実践レベルでは常に新しい支援ニーズに対応すべく努力を続け，女性支援の中核を担ってきた。法律や制度の狭間にある女性を受け入れてきた婦人保護施設は，文字通り最後のセーフティネットであり，包括的なソーシャルワークを行う社会福祉施設としてその存在意義は大きい。

女性支援新法が制定され，婦人保護施設を含む婦人保護事業は，引き続き中核的な支援機関として存続していくことが決まっている。今後はこれまでの機能や専門性を向上させ，より包括性をもったものへと進化していく必要がある。女性の権利擁護の視点に立ち，時代の支援ニーズに即した新たな支援の枠組みが求められている。

注

(1)　厚生労働省「社会的養護の推進に向けて」2019年。
(2)　全国母子生活支援施設協議会「平成30年度基礎調査報告書」2019年。
(3)　母子生活支援施設の利用者のうち早期に自立が見込まれる者を地域で支援することができる，地域の中の住宅地などに作られる小規模分園型（サテライト型）施設のことである。設置にあたり，本体施設と十分な連携の下，支援・実施することが求められている。

(4) 事業を運営する事業体のことであり、地方自治体が設立・運営する公設公営と、自治体が設立し民間事業者へ運営を委託する公設民営、社会福祉法人等の民間事業者が設立・運営する民設民営がある。

(5) 全国情緒障害児短期治療施設協議会、杉山信作編『子どもの心を育てる生活——チームワークによる治療の実際』星和書店、1990年。

(6) 児童自立支援施設運営ハンドブック編集委員会編『児童自立支援施設運営ハンドブック』厚生労働省雇用均等・児童家庭局家庭福祉課、2014年。

(7) 厚生労働省「平成29年社会福祉施設等調査の概況」2018年、15頁。

(8) 社会福祉の動向編集委員会編『社会福祉の動向 2019』中央法規出版、2019年、227頁。

(9) 2022（令和4）年5月に困難な問題を抱える女性への支援に関する法律が成立した（2024〔令和6〕年施行）。これにより、この法律が婦人保護施設の根拠法になるとともに、婦人保護施設の名称も女性自立支援施設に変更する事になった。

(10) 1956（昭和31）年制定。それまで国家が売春を認めていた公娼制度を廃止し、売春防止を目的に制定された。婦人保護施設は売春防止法第36条に規定される。

(11) 売春防止法第34条に規定された機関。一時保護機能をもち、保護を必要とする女性の相談、支援などを行う。都道府県では義務設置、市町村では任意設置であり、2017（平成29）年4月1日現在全国に49カ所設置される。

(12) 婦人保護施設調査研究ワーキングチーム「平成27年度 婦人保護施設の役割と機能に関する調査報告書」2016年。

(13) 厚生労働省「婦人保護施設の現状について」第1回 困難な問題を抱える女性へのあり方に関する検討会 資料6-1、2018年。

(14) 婦人保護事業では、女性（母親）とともに保護・入所となる子どもを「同伴児童」としている。

(15) 婦人保護施設調査研究ワーキングチーム「平成27年度 婦人保護施設の役割と機能に関する調査報告書」2016年。

(16) 売春防止法第5条は「売春の勧誘」を禁止し処罰の対象としている。

(17) 配偶者等からの暴力にかかわる通報、相談、保護、自立支援などの体制を整備し、配偶者等からの暴力の防止および被害者の保護を図ることを目的として制定された。

(18) 「人身取引」＝犯罪組織などが暴力、脅迫、誘拐、詐欺などの手段を用いて、性的搾取、強制労働、臓器摘出等を強要する犯罪。その防止・撲滅、被害者の保護を含む総合的・包括的な対策を行うための計画。

(19) 売春防止法第35条に規定される。婦人相談所や福祉事務所等に配置され、保護を必要とする女性の相談、支援などを行う。都道府県では義務設置、市町村では任意設置であり、2017（平成29）年4月1日現在全国に1,447名配置されている。

⒇　「婦人保護施設は，入所者に対し，健全な環境のもとで，社会福祉事業に関する熱意及び能力を有する職員により，社会において自立した生活を送るための支援を含め，適切な処遇を行うよう努めなければならない」。

㉑　「婦人保護施設は，入所者の自立を支援するため，入所者の就労及び生活に関する指導及び援助を行わなければならない」。

㉒　婦人保護施設には施設内就労の場となる作業室が設置されている。外勤就労への準備期間，あるいは外勤へのステップとして施設内就労を行う。婦人保護施設には生活費の支給がなく，施設内就労で収入を得る。

㉓　入所者50人以上の場合には主任指導員1名，指導員1名の配置となる。入所者数が増えても指導員の増配置は保障されていない。なお，東京都においては2名の加算配置がある。

　　指導員の資格要件はないが，社会福祉士，精神保健福祉士，社会福祉主事，保育士などの有資格者は多い。

㉔　資格要件は保育士，児童指導員となっている。

㉕　児童虐待・DV対策等総合支援事業として2018（平成30）年度より「若年被害女性等支援モデル事業」が開始され，連携機関の一つに婦人保護施設が位置づけられた。婦人保護施設にも若年女性の居場所や自立支援の場としての役割・機能が求められている。

㉖　性と生殖に関する健康と権利。女性が身体的・精神的・社会的な健康を維持し，子どもをもつかどうか，いつ，どれくらいの間隔で出産するかなどについて選択し，自ら決定することを意味する。1994年の国連会議にて国際的承認を受けた考え方。

㉗　施設生活から地域生活に移行するための，生活スキル取得のための支援。「ステップハウス（施設近隣のアパート等）」を利用し，地域生活に近いかたちで生活体験を行う。

㉘　施設退所者が，地域社会で安定した自立生活を継続できるよう支援するアフターケア事業。訪問や電話相談，同行支援などを行う。

参考文献
・第1節
厚生労働省「新しい社会的養育ビジョン」2017年8月。
厚生労働省「『里親委託ガイドライン』について」2018年3月。
全国乳児福祉協議会「『乳幼児総合支援センター』をめざして——乳児院の今後のあり方検討委員会報告書」2019年9月。
・第2節
厚生労働省「社会的養護の現状について」2017年12月。

厚生労働省「社会的養護の推進に向けて」2019年4月。

厚生労働省雇用均等・児童家庭局「児童養護施設等入所児童等調査結果（平成25年2月1日現在）」2015年1月。

厚生労働省雇用均等・児童家庭局総務課長通知「児童虐待を行った保護者に対する指導・支援の充実について」2008年。

厚生労働省雇用均等・児童家庭局長通知「児童養護施設等及び里親等の措置延長等について」2011年12月28日。

厚生労働省子ども家庭局長「『都道府県社会的養育推進計画』の策定について」2018年。

・第3節

厚生労働省「母子生活支援施設運営指針」2012年。

厚生労働省「母子生活支援施設 運営ハンドブック」2014年。

厚生労働省「平成28年度 全国ひとり親世帯等実態調査」2017年。

全国母子生活支援施設協議会「母と子の権利擁護と生活の拠点をめざして——全国母子生活支援施設協議会・特別委員会報告書」2007年。

全国母子生活支援施設協議会「都道府県協議会等の活動の手引き」2018年。

全国母子生活支援施設協議会「平成30年度基礎調査報告書」2019年。

林千代『母子寮の戦後史』ドメス出版，1992年。

松原康雄編『母子生活支援施設——ファミリーサポートの拠点』エイデル研究所，1999年。

・第4節

相澤仁編集代表，奥山眞紀子編『生活の中の養育・支援の実際』（シリーズやさしくわかる社会的養護④）明石書店，2013年。

全国情緒障害児短期治療施設協議会，杉山信作編『子どもの心を育てる生活——チームワークによる治療の実際』星和書店，1990年。

アルバートE.トリーシュマン，ジェームズK.ウィテカー，ラリー K.ブレンドロー／西澤哲訳『生活の中の治療——子どもと暮らすチャイルド・ケアワーカーのために』中央法規出版，1992年。

・第5節

児童自立支援計画研究会「子ども・家庭への支援計画を立てるために 子ども自立支援計画ガイドライン」日本児童福祉協会，2005年。

児童自立支援施設運営ハンドブック編集委員会『児童自立支援施設運営ハンドブック』厚生労働省雇用均等・児童家庭局家庭福祉課，2014年。

留岡幸助『自然と児童の教養』警醒社書店，1924年。

山口泰弘『規律教育は子どもの心を育てない——教護院改革に挑んだ石原登と情性の

教育』明石書店，2010年。

・**第6節**

大嶋恭二・林浩康編著『社会的養護』全国社会福祉協議会，2011年。

佐久間美智雄「自立援助ホームの現状と今後の展望」『児童福祉研究』23，2007年。

佐久間美智雄「自立援助ホームと子どもたち」中山正雄編著『実践から学ぶ社会的養護』保育出版社，2011年。

佐久間美智雄「山形県における児童養護施設等の退所者支援に関する考察」『東北文教大学・東北文教大学短期大学部紀要』2015年。

自立援助ホーム協議会「自立援助ホームガイドブック」2011年。

青少年福祉センター編『強いられた「自立」』ミネルヴァ書房，1998年。

全国自立援助ホーム協議会ホームページ（http://zenjienkyou.jp/，2019年8月28日アクセス）。

全国自立援助協議会「2015年度自立援助ホーム実態調査」2016年。

・**第7節**

西郷泰之・宮島清『ひと目でわかる保育者のための児童家庭福祉データブック2019』中央法規出版，2018年。

・**第8節**

北原みのり『日本のフェミニズム——since1886 性の戦い編』河出書房新社，2017年。

厚生労働省「婦人保護事業実施要領（昭和38年3月19日付厚生労働省発社第34号事務次官通知）」。

厚生労働省「婦人保護施設の設備及び運営に関する基準（平成14年3月27日付厚生労働省令第49号）」。

厚生労働省「婦人保護事業の現状について」2018年。

厚生労働省子ども家庭局長通知「平成30年度若年被害女性等支援モデル事業の実施について」2018年。

厚生労働省子ども家庭局「婦人保護事業の運用面における見直し方針について」2019年。

厚生労働省困難な問題を抱える女性への支援のあり方に関する検討会「困難な問題を抱える女性への支援のあり方に関する検討会　中間まとめ」2019年。

須藤八千代・宮本節子『婦人保護施設と売春・貧困・DV問題——女性支援の変遷と新たな展開』明石書店，2013年。

高畠克子編著『DVはいま——協働による個人と環境への支援』ミネルヴァ書房，2013年。

暴力・虐待を生まない社会づくり検討委員会「暴力・虐待を経験した子どもと女性たち　概要版」東京都社会福祉協議会，2014年。

婦人保護事業等における支援実態等に関する調査研究ワーキングチーム「婦人保護事業等における支援実態等に関する調査研究報告書」2018年。

婦人保護施設調査研究ワーキングチーム「平成27年度 婦人保護施設の役割と機能に関する調査報告書」2016年。

| 第7章 | 家庭養護を担う機能・制度 |

1 里親とファミリーホーム

（1）施設養護から家庭養護へ

　里親制度は児童福祉法に規定される制度である。同法に里親制度が規定されたのは，1948（昭和23）年である。この時期は第2次世界大戦後の混乱の中，将来ある子どもたちを健全に育成するために児童福祉法が定められた。戦災による親の死亡や行方不明による子どもたちへの救済措置として，里親制度や現在の児童養護施設が位置づけられた。その後，結果的には現在の施設養護中心による保護が行われてきた。施設養育約9割，里親養育約1割の状態が続いてきた。その逆に欧米やオーストラリアなどの先進国では，里親家庭における養育が主流で，施設で子どもを育てる施設養育は少ない。これに比べてわが国では，先進国としては珍しい施設養護を主流とした社会的養護が続けられてきたのである。

　1994（平成6）年，わが国は国連の「児童の権利に関する条約」を批准した。その第20条「家庭を奪われた子どもの養護」には里親委託等の家庭養護を優先することについての規定がある。つまり，同条約を批准したわが国は条約に基づき里親委託を推進する必要が国際的に求められたのである。

　その結果，2011（平成23）年に「社会的養護の課題と将来像」によって，社会的養護はできる限り家庭的な養育環境の中で行われる必要があること，このため社会的養護は，原則として里親およびファミリーホームを優先するとともに，施設については養育単位を小規模化し，少数グループケアの導入やグループホームを活用していく方向が示された。施設においてもより家庭的な養育環

境を準備することが提言されたのである。この提言を基に，2015（平成27）年から15年間で，「里親・ファミリーホーム」「グループホーム」「施設」の児童数の割合を3：3：3とする，概ね1/3ずつとすることを目標とした「都道府県推進計画」が策定された。

　この取り組みがスタートして間もなく，2016（平成28）年には児童福祉法の改正が行われ，家庭への養育支援から代替養育までの社会的養護の充実とともに家庭養育優先の理念に沿って，実親による養育が困難であれば，特別養子縁組による永続的解決（パーマネンシー保障）や里親に委託した養育を推進することが示された。

　なおここでいう「家庭」とは，実父母や親族等を養育者とする環境を指し，「家庭における養育環境と同様の養育環境」とは，養子縁組による家庭・里親家庭・ファミリーホーム（小規模住居型児童養育事業）を指し，「良好な家庭的環境」とは，施設のうち小規模で家庭に近い環境（小規模グループケアやグループホーム等）を指している。

　この法改正を受けて2017（平成29）年8月「新しい社会的養育ビジョン」が提言された。この提言はこれからの社会的養護の形を大きく変えるものとして注目され，社会的養護の子どもたちは施設ではなく，一般家庭である里親に委託することを優先する「里親ファースト」に切り替えられた。

　児童相談所や社会的養護の現場では要保護児童に対し，まず里親に委託することを優先して行い，施設中心に進められてきた社会的養護を，里親へシフトすることが求められた。

　都道府県には「都道府県社会的養育推進計画」が義務づけられ，2020年4月から実行することが求められた。この計画は2011（平成23）年の「社会的養護の課題と将来像」の「都道府県推進計画」よりも一層，児童の権利に関する条約に対応したものといえる。

（2）里親ファーストを実現するための取り組み

　前述のとおり，社会的養護は「家庭養育優先原則」となり，その実現に向け

て国は都道府県に対し社会的養育推進計画の策定要領を発信し，詳細にわたって家庭養育を推進する姿勢を明らかにした。

1）フォスタリング業務の実施体制──その包括的実施体制の構築

　国は都道府県が行うべき里親に関する業務（フォスタリング業務）の実施体制の構築に向けた計画を策定することとした。2020年度までに，各都道府県において，里親のリクルート及びアセスメント，里親登録前後及び委託後における里親に対する研修，子どもと里親家庭のマッチング，子どもの里親委託中における里親養育への支援，里親委託措置解除後における支援に至るまでの一連の業務（フォスタリング業務）の包括的な実施体制を構築することを求めている。

2）里親やファミリーホームへの委託推進──子ども数の見込みを明らかにする

　里親やファミリーホームへの委託子ども数の見込みを推計することが必要である。その上で，乳幼児75％以上，学童期以降50％以上の里親等委託率の実現に向けて，2024年度時点及び2029年度時点における里親等委託率の目標を設定するとともに，必要な里親数等が確保されるべき時期の見込みを明らかにすることが求められている。この数値目標の設定と現場の受け入れ等課題は多い。

　国としては，「概ね7年以内（3歳未満は概ね5年以内）に乳幼児の里親等委託率75％以上」「概ね10年以内に学童期以降の里親等委託率50％以上」の実現に向けて，取組を推進するとしている。(2)さらに都道府県に対しては，これまでの地域の実情は踏まえつつも，子どもの権利や子どもの最善の利益はどの地域においても実現されるべきものであること，及び上述した数値目標を十分に念頭に置き，個々の子どもに対する十分なアセスメントを行った上で，代替養育を必要とする子ども数の見込み等を踏まえ，数値目標と達成期限を設定することを求めている。さらに，数値目標の設定については，子どもが健やかに養育される権利を保障する環境を整えるために必要な取組を計画的に進めるためのものであるとし，個々の子どもに対する具体的な措置は，児童相談所における「家庭養育優先原則」を十分踏まえたアセスメントの結果によって，子どもの最善の利益の観点から行われるものであって，里親等委託率の数値目標達成のために機械的に措置が行われるべきものではないとしている。

国は，必要な支援策を講じるとともに，委託率の引き上げの進捗と子どもの状況について丁寧にフォローの上，都道府県の代替養育を必要とする子どもの状況や里親等委託の取組状況を評価し，支援のあり方や進め方について検証するとした。

3）特別養子縁組等の推進──パーマネンシー保障

　社会的養護の児童の中には，親との接点が全くない，連絡が取れない，将来的にもその可能性が低いなどの状況おかれている場合がある。そのような場合は早期に親子関係の破たんを把握し特別養子縁組を検討することを求めている。

　計画には，特別養子縁組の推進・支援及び養子縁組支援のための体制の構築に向けた推進計画を策定することを求めている。

（3）里親制度と里親の種類

1）里親の定義と進展に向けた取り組み

　里親は，社会的養護を必要とする子どもに自宅を提供して，24時間365日の日常の生活を共にして，実親に代わり子どもを養育する役割を担っている。基本的には一般市民の家庭を提供して共に生活する活動である。里親家庭に措置委託された子どものことを「里子」という。里親と里子の同居生活の中で実践される「家庭養護」である。それに対して施設における養育は，専門職集団の施設の場でより家庭に近い環境を設定し，本物の家庭ではないがより家庭環境に近づけた「家庭的養護」である。それぞれの特徴や役割について理解を深めてほしい。

　里親は児童福祉法に基づき都道府県知事の，政令市・中核市においては市長の委託を受け，家庭で生活ができない要保護児童を保護者に代わって養育するものを指す。具体的には，一般家庭の成人が，何らかの事情で実親と生活することができない子どもを，児童相談所からの委託を受けて，自分の家を提供して家族として，実親の元に復帰できる日まで一定期間預かり育てることを里親活動という。なお児童福祉法では，次のように里親が定義されている。

第6条の4　この法律で，里親とは，次に掲げる者をいう。

一　厚生労働省令で定める人数以下の要保護児童を養育することを希望する者（都道府県知事が厚生労働省令で定めるところにより行う研修を修了したことその他の厚生労働省令で定める要件を満たす者に限る。）のうち，第34条の19に規定する養育里親名簿に登録されたもの（以下「養育里親」という。）

二　前号に規定する厚生労働省令で定める人数以下の要保護児童を養育すること及び養子縁組によつて養親となることを希望する者（都道府県知事が厚生労働省令で定めるところにより行う研修を修了した者に限る。）のうち，第34条の19に規定する養子縁組里親名簿に登録されたもの（以下「養子縁組里親」という。）

三　第1号に規定する厚生労働省令で定める人数以下の要保護児童を養育することを希望する者（当該要保護児童の父母以外の親族であつて，厚生労働省令で定めるものに限る。）のうち，都道府県知事が第27条第1項第3号の規定により児童を委託する者として適当と認めるもの

　また里親制度は，児童福祉法第27条第1項第3号の規定に基づき，児童相談所が要保護児童（保護者のない児童又は保護者に監護させることが不適当であると認められる児童）の養育を委託する制度であるとされている。

　このように里親は法律で定められており，都道府県市（具体的には児童相談所）から認定を受けた者である。その推進を図るため，以下の改正を進めてきている。

・2002（平成14）年度に親族里親，専門里親を創設
・2008（平成20）年の児童福祉法改正で，「養育里親」と「養子縁組を希望する里親」とを制度上区分
・2009（平成21）年度から，養育里親と専門里親について，研修を義務化
・2017（平成29）年度から，里親の新規開拓から委託児童の自立支援まで

表7-1　里親の種類

種　　類	養育里親		養子縁組里親	親族里親
		専門里親		
対象児童	要保護児童	次に挙げる要保護児童のうち，都道府県知事がその養育に関し特に支援が必要と認めたもの ①児童虐待等の行為により心身に有害な影響を受けた児童 ②非行等の問題を有する児童 ③身体障害，知的障害又は精神障害がある児童	要保護児童	次の要件に該当する要保護児童 ①当該親族里親に扶養義務のある児童 ②児童の両親その他当該児童を現に監護する者が死亡，行方不明，拘禁，入院等の状態となったことにより，これらの者により，養育が期待できないこと
登録里親数	9,073世帯	689世帯	3,798世帯	526世帯
委託里親数	3,180世帯	167世帯	309世帯	513世帯
委託児童数	3,943人	202人	301人	744人

出所：厚生労働省子ども家庭局家庭福祉課「里親制度（資料集）」2018年10月，1頁。

の一貫した里親支援を都道府県（児童相談所）の業務として位置付けるとともに，養子縁組里親を法定化し，研修を義務化した。

2）里親の種類と里親登録の要件

里親は，①養育里親，②専門里親，③養子縁組里親，④親族里親の4つに分類されている。また，里親として活動するための要件や登録についても述べる（表7-1参照）。

①　養育里親

養育里親は，様々な事情で実親と暮らせない児童（要保護児童）を，家庭復帰が可能になるまでの期間一時的に預かるのが基本である。児童の年齢や性別にこだわらず児童を育て，児童の家庭復帰をサポートするものと位置づけられている。しかし，実親の抱える問題や課題が必ずしも解決するとは限らない。そうなると法律の限度である18歳まで，あるいは認められれば20歳まで里親家庭で生活することになる。委託年齢を超過しても実親の元へは帰れずあるいは帰らず，自立して一人生活を始めた後も里親との関係を継続している事例は多

い。

　また，養育里親家庭では里子と里親は血縁のないことを里子も自覚しており，年齢が小学生以上からの委託養育になると，里子自身から，自分の本名で暮らすことを望み，里親家庭の表札には異なる姓が並ぶことも多い。学校でも里親宅に暮らすことを公表している里子もいる。里父や里母に対して，お父さんお母さんと呼ぶことをせず，おじさん・おばさんと呼ぶことも多い。中学や高校生の年齢で里親家庭に来た場合はそれが顕著である。里親も里子のアイデンティティを大切にしている。

　養育里親として登録する条件としては，養育里親研修を修了していることが求められ，里親の年齢に一律の上限は設けていない。養育可能な年齢であるかどうかを判断している。

　②　専門里親

　専門里親は原則として，2年以内の期間を定めている。経験を積んだもしくは児童福祉施設勤務経験のある養育里親が，特に支援の必要な対応の難しい児童を養育する。被虐待児で特別な配慮が必要，非行行為等の問題行動が見られる，身体や知的に障害を持つ児童等の養育にあたる。専門里親としての登録の条件は以下のとおりである。⁽³⁾

　　・専門里親研修を修了していること。
　　・次の要件のいずれかに該当すること
　　　　　ア養育里親として3年以上の委託児童の養育の経験を有すること。
　　　　　イ3年以上児童福祉事業に従事した者であって，都道府県知事が適
　　　　　　当と認めた者であること。
　　　　　ウ都道府県知事がア又はイに該当する者と同等以上の能力を有する
　　　　　　と認めた者であること。
　　・委託児童の養育に専念できること。

　なお，年齢に一律の上限は設けていない。養育可能な年齢であるかどうかを

判断する。

③　養子縁組里親

　養子縁組里親は将来的には里子と特別養子縁組を目指すものである。血縁関係のない児童を法的に実の親子として養育するものである。里親の中に位置づけられているのは，あくまでも社会的養護の一環としているからである。実親との関係が途絶えてしまった要保護児童を，社会の責任で育てる，そのために個人の家庭に法的に親子関係を作り縁組するものである。児童相談所には，養子縁組里親に児童を委託するときは，当該児童と永続的な関係性を築くことがその児童にとって最善の利益となるよう配慮が求められている。養子縁組が成立した後も相談や支援を行うこととしている。

　養子縁組里親として登録するには，養子縁組里親研修を修了していることが必要である。一定の年齢に達していることや，夫婦共働きであること，特定の疾病に罹患した経験があることだけを理由に排除しない。子どもの成長の過程に応じて必要な気力，体力，経済力等が求められることなど，里親希望者と先の見通しを具体的に話し合いながら検討する。

④　親族里親

　両親等の児童を現に養育している者の死亡等によって，児童の養育が期待できない場合，児童の福祉の観点から，家庭における養育環境と同様の養育環境において継続的に養育されるよう，扶養義務のある親族に児童の養育を委託するものである。

　2011（平成23）年の東日本大震災の被害で孤児となった児童を引き取り育てている親族に対し，この親族里親制度を説明し登録申請・活用した事例が多くあった。

　親族里親として登録する条件は，要保護児童の扶養義務者及びその配偶者である親族であること。要保護児童の両親等が死亡，行方不明，拘禁，疾病による入院等の状態となったことにより，これらの者による養育が期待できない要保護児童の養育を希望する者であること。なお，親族里親には経済的要件と研修要件は免除されている。以下は，里親登録の基本的要件である。⁽⁴⁾

① 　要保護児童の養育についての理解及び熱意並びに児童に対する豊かな
愛情を有していること。

② 　経済的に困窮していないこと（親族里親は除く）。

③ 　里親本人又はその同居人が次の欠格事由に該当していないこと。

　　ア　成年被後見人又は被保佐人（同居人にあっては除く。）

　　イ　禁錮以上の刑に処せられ，その執行を終わり，又は執行を受ける
　　　ことがなくなるまでの者

　　ウ　児童福祉法等，福祉関係法律の規定により罰金の刑に処され，そ
　　　の執行を終わり，又は執行を受けることがなくなるまでの者

　　エ　児童虐待又は被措置児童等虐待を行った者その他児童の福祉に関
　　　し著しく不適当な行為をした者

（4）小規模住居型児童養育事業（ファミリーホーム）

　小規模住居型児童養育事業（以下，ファミリーホーム）は家庭養護を促進する
ため，要保護児童に対し，この事業を行う住居（ファミリーホーム）において，
児童間の相互作用を活かしつつ，児童の自主性を尊重し，基本的な生活習慣を
確立するとともに，豊かな人間性及び社会性を養い，児童の自立を支援する事
業と位置づけられている。

　2009（平成21）年度に創設された制度で，里親の暮らす住居において養育を
行う点で里親と同様であり，児童5〜6人の養育を同時に行うことで，里親を
大きくした里親型のグループホームといえる。施設が運営するグループホーム
とよく似ているが，大きな違いは，グループホームが児童養護施設等の本園施
設の運営であること，それに対してファミリーホームは里親家庭で養育する家
庭養育である。児童福祉法ではファミリーホームを次のように定義している。

第6条の3

⑧ 　この法律で，小規模住居型児童養育事業とは，第27条第1項第3号の
措置に係る児童について，厚生労働省令で定めるところにより，保護者

のない児童又は保護者に監護させることが不適当であると認められる児童（以下「要保護児童」という。）の養育に関し相当の経験を有する者その他の厚生労働省令で定める者（次条に規定する里親を除く。）の住居において養育を行う事業をいう。

　ファミリーホームの児童の定員は6名である。実際に委託児童の世話をする養育者は里親夫婦に補助者1名もしくは，養育者1名に補助者2名のいずれも3名である。里親とその補助者で養育に取り組んでいる。またファミリーホームは，社会福祉法の第2種社会福祉事業として位置づけられている。

（5）里親家庭・ファミリーホームの充実と施設養護の役割

　児童の権利に関する条約，児童福祉法の改正，新しい社会的養育ビジョンの提言，都道府県社会的養育推進計画の策定と一連の流れを把握した上で，里親家庭養護と施設養護の役割の違いと協力関係について述べる。

　近年の社会的養護に関する改革（特に新しい社会的養育ビジョンの発出）は，永年にわたって施設養護を実践してきた児童福祉施設にとっては大きな岐路となった。児童の最善の利益や，児童の権利を謳う児童福祉法の改正を受けて，施設と里親は，すべては要保護児童の幸せのために協働していくことが求められている。既に施設には「里親支援専門相談員」が配置され，里親に関する相談・支援，開拓と活動を展開している。

　家庭養護と施設養護には，里親は一般市民，施設は専門家集団の違いがある。今までの里親も施設での実習を受け，社会的養護の児童への対応の方法を経験し多くを学んできた。児童相談所から児童を委託された後も，施設職員から多くを学び里親活動に活かしてきた。

　これからも施設はより小規模ケア，地域ケア，グループホームへの移行を目指し，社会的養護施設のプロ集団として歩み続けていく。里親から見ると，施設が存在することで，里親活動が安心して行える。それは，対応の難しい児童の受け皿でもある施設があるからである。施設の定員は減少しても，施設が小

規模で点在していることが必要と考える。

　里親家庭は養育が思い通りに行かないと，場合によっては抱え込み過ぎ悩んでしまうことがある。そのために児童相談所や施設の専門機能を活用しながら，公的に児童を養育することを忘れてはならない。地域の里親会の仲間や子育てグループの活用と同時に，施設との連携がますます必要なのである。

2　社会的養護から見る養子制度

　要保護児童のうち，家庭復帰が不可能な児童について施設養護，家庭養護での取り組みや国の目指す方向について前節で述べた。ここでは家庭養護の一つの形である養子縁組について述べたい。

（1）社会的養護と養子縁組

　都道府県家庭養育推進計画では，継続した養育（パーマネンシー）保障としての特別養子縁組等を推進するための支援体制の構築に向けた取組を進めている。これは社会的養護の家庭養護の一つの形として今まで以上に力を入れていくものである。いわゆる大人の都合によって児童（乳幼児）を育てたいのではなく，児童の最善の利益を考えた児童のための養育方法である。そして，そのためには，以下の点が重要となる。

　①　特別養子縁組の推進・支援及び養子縁組支援のための体制の構築に向けた計画を策定すること。
　②　子どもにとって永続的に安定した養育環境を提供することが重要であることから，特に，棄児，保護者が死亡し又は養育を望めず，他に養育できる親族等がいない子どもや，新生児・乳幼児で長期的に実親の養育が望めない子ども，長期間にわたり親との交流がない子ども，虐待等の理由で親子分離され，その後の経過からみて家族再統合が極めて困難と判断された子どもなど，特別養子縁組の検討対象となる子どもの数を把

握する必要がある。その上で，実際の縁組には，実親との関係が子ども
にとってどのような意味を持つのかという点を含め，十分なアセスメン
トとマッチング等を行いつつ，特別養子縁組によるパーマネンシー保障
を優先して検討すること。

　国としても，各都道府県における特別養子縁組の成立件数の集計・公表を行
うとともに，特別養子縁組制度のより一層の活用の検討を促していく観点から，
概ね5年以内に年間1,000人以上の縁組成立を目指し，それらの情報を基に，
制度への理解を進めるための広報の展開や養子縁組に関わる制度のあり方の検
討，民間機関への支援などを講じていくとした。

（2）普通養子縁組と特別養子縁組の違い

1）普通養子縁組とは何か

　一般的に結婚して男性が女性の家に入り，女性の家族の姓を名乗るとき，婿
養子に入ったと言う。またおじやおばに子どもがなく，家の後継や老後の事や
財産の整理等に困るとき，養子縁組をしたなどと言う。これらは普通養子縁組
または養子縁組と言い，ここでは特別養子縁組と区別するために，普通養子縁
組という。普通養子縁組を行うためには，次の条件を満たしていることが必要
となる。

① 　養親が成年者であること。または結婚歴があること。
② 　養子が養親者より年下であること。養子が未成年の場合は家庭裁判所
　の許可が必要となる。
③ 　後見人が被後見人を養子にする場合，未成年者を養子にする場合，夫
　婦が普通養子縁組の当事者となる場合には，家庭裁判所の許可が必要と
　なる。
④ 　普通養子縁組をした旨の縁組届けを提出すること。

これらの条件を満たしていれば，養子縁組は成立する。普通養子縁組では，養親との間に法律上の親子関係が成立するが，実親との親子関係が解消されるわけではなく，普通養子縁組によって養子となった者は，2組の親を持つことになる。実親と養親の両方に対して，相続する権利や扶養を受ける権利（および義務）を持つことができる。

　子ども家庭福祉の観点から考えると，再婚時の連れ子の普通養子縁組が挙げられる。再婚時に自分または相手の連れ子を，養子縁組する場合である。連れ子が未成年である時は，相手方の同意が必要となり，相手の連れ子を自分の養子にしようとする時，自分と相手の連れ子だけで決めることはできず，相手の同意が必要となる。また，子どものいない夫婦が子宝に恵まれた親戚の家の子を養子にもらうというようなケースの多くは，普通養子縁組で行われている。

2）特別養子縁組

　特別養子縁組とは実親との親子関係を断ち，養親のみが法律上の親となる制度である。実親との法的関係が切れるため，財産を相続する権利，実親から扶養を受ける権利は消滅する。社会的養護では，実親が児童を育てる気持ちがない，虐待を加えている，経済的に困窮している，実親の死亡等の事例の場合，パーマネンシー保障として家庭養護が期待されている。

　児童相談所や民間の養子縁組あっせん機関は，これらの要保護児童に対して，縁組を希望するものに対し，特別養子縁組の取り組みを行っている。特別養子縁組によって実親との関係を断つべきかどうかは，あくまで，児童にとって，どちらが良いかという判断が必要である。特別養子縁組が認められるためには，次の条件を満たした上で，実親が育てることが著しく困難または不適当であること等の事情がある場合において，児童の利益のため特に必要があると家庭裁判所が認めた場合である。

　なお，2019（令和元）年6月に民法が改正され，家庭裁判所への審判申立時における対象年齢を拡大し，家庭裁判所における手続きを合理化して養親候補者の負担を軽減するなどの簡素化が図られた。児童養護施設に入所中の児童等に家庭的な養育環境を提供するため，特別養子縁組の成立要件を緩和し制度の

利用を促進していくねらいがある。

① 実親の同意

養子となる児童の実親の同意が必要である。ただし，実親がその意思を表示できない場合または，実親による虐待，悪意の遺棄その他児童の利益を著しく害する事由がある場合は，実親の同意が不要となることがある。

② 養親の年齢

養親となるには配偶者のいる者（夫婦）であって，夫婦共同で縁組をする。また，養親となる者は25歳以上であることが条件となる。ただし，養親となる夫婦の一方が25歳以上である場合，もう一方は20歳以上であれば養親となることができる。

③ 養子の年齢

養子になる児童の年齢は，養親となる者が家庭裁判所に審判を請求する時に，原則15歳未満であることが条件となる。改正前は6歳未満である必要があったが，施設現場からは年長の児童について特別養子制度を利用することができないなどの声が上がっていた。15歳以上の者は自ら普通養子縁組をすることができることを考慮して15歳を基準としたものである。

④ 半年間の試験養育

縁組成立のためには，養親となる者が養子となる児童を6カ月以上試験養育することが必要である。そのため，縁組成立前に児童と一緒に暮らして，その養育状況等を考慮して，家庭裁判所が特別養子縁組の成立を決定することになる。改正前においては，実親が引き渡しに同意しても，裁判所の審判が確定する6ヵ月間に実親の気持ちが変わり同意を撤回できる仕組みを改め，原則2週間たてば撤回できないようにすることも盛り込まれた。

注
(1) 里親等委託率（乳児院，児童養護施設，里親，ファミリーホームへの措置児童の合計に対する里親及びファミリーホーム措置児童数の割合）は，2002（平成14）年度の7.4％から2009（平成21）年度の10.8％まで，7年間で1.46倍に増加した。子ども・子育てビジョンでは，2014（平成26）年度に16％とする目標を設定していた。

　また，欧米主要国で3〜7割（ドイツ28.7%，フランス53.0%，イギリス60.0%，アメリカ76.7%（2002〔平成14〕年厚生労働科学研究調べ）であることを踏まえ，日本でも，ビジョン目標達成後のその後の十数年間で，里親等委託率を3割以上へ引き上げる目標を掲げて推進すべきである（厚生労働省「社会的養護の課題と将来像」2011年7月，45頁）。

(2)　厚生労働省「新しい社会的養育ビジョン　3．新しい社会的養育ビジョンの実現に向けた工程　(5)乳幼児の家庭養育原則の徹底と，年限を明確にした取組目標」（2017年8月）の中に明記された。この具体的数値の設定に対し，拙速で施設現場での混乱を招くとして，施設と国との間で激しい議論となった。

(3)　厚生労働省子ども家庭局家庭福祉課「里親制度（資料集）」2018年10月，3頁。

(4)　同前。

参考文献

厚生労働省子ども家庭局家庭福祉課「里親制度（資料集）」2018年10月。

厚生労働省子ども家庭局「都道府県社会的養育推進計画の策定要領」2018年7月。

厚生労働省子ども家庭局「改定里親制度の運営要綱」2017年3月。

全国里親会ホームページ（www.zensato.or.jp，2019年10月20日アクセス）。

<table>
<tr><td>第8章</td><td>社会的養護を担う人々</td></tr>
</table>

1 社会的養護に関わる専門職

　社会的養護の現場には，様々な専門職が配置され，子どもの養育にあたっている。また，社会的養護の実践においては，様々な専門職との連携が求められる。本節では，社会的養護に関わる様々な専門職について理解することとする。

（1）国家資格による専門職

1）保 育 士

　保育士は，「専門的知識及び技術をもつて，児童の保育及び児童の保護者に対する保育に関する指導を行うことを業とする者」（児童福祉法第18条の4）である。

　1947（昭和22）年の児童福祉法制定時は，児童福祉施設において保育に従事する女子を「保母」と規定していた。1977（昭和52）年からは，保育に従事する男子にも保母に準じる資格を付与できるようになり，1999（平成11）年には，保母の名称が，男女共通の名称として保育士に改められた。その後2001（平成13）年に公布された児童福祉法の一部を改正する法律により，保育士は名称独占の国家資格となった（法の施行は2003〔平成15〕年）。

　社会的養護を担う児童福祉施設においては保育士の配置が必要となっており，保育士は社会的養護の実践において大きな役割を担っている。

2）社会福祉士

　社会福祉士は，「専門的知識及び技術をもつて，身体上若しくは精神上の障害があること又は環境上の理由により日常生活を営むのに支障がある者の福祉に関する相談に応じ，助言，指導，福祉サービスを提供する者又は医師その他

の保健医療サービスを提供する者その他の関係者…（中略）…との連絡及び調整その他の援助を行うこと（…（中略）…相談援助という。）を業とする者」（社会福祉士及び介護福祉士法第2条）である。1988（昭和63）年に施行された社会福祉士及び介護福祉士法に位置づけられた。

社会福祉士は「名称独占」の国家資格であり，医師や弁護士のように「業務独占」の資格ではない。「名称独占」とは，資格を持たない者は「社会福祉士」という名称を使用することはできないということである。資格を持っていなければ，相談援助の業務を行うことができないというわけではない。しかし，資格を持っていることによって，専門職としての水準の高さを示すことになる。

社会福祉士の資格は，児童福祉司の任用要件，児童指導員，家庭支援専門相談員，母子支援員など，児童福祉施設の職員の資格要件の一つになっている。

3）介護福祉士

介護福祉士は，「専門的知識及び技術をもって，身体上又は精神上の障害があることにより日常生活を営むのに支障がある者につき心身の状況に応じた介護…（中略）…を行い，並びにその者及びその介護者に対して介護に関する指導を行うこと（以下「介護等」という。）を業とする者」（社会福祉士及び介護福祉士法第2条の2）である。1988（昭和63）年に施行された社会福祉士及び介護福祉士法に位置づけられた。名称独占の国家資格である。

4）精神保健福祉士

精神保健福祉士は，「精神障害者の保健及び福祉に関する専門的知識及び技術をもって，精神科病院その他の医療施設において精神障害の医療を受け，又は精神障害者の社会復帰の促進を図ることを目的とする施設を利用している者の地域相談支援…（中略）…の利用に関する相談その他の社会復帰に関する相談に応じ，助言，指導，日常生活への適応のために必要な訓練その他の援助を行うこと（以下「相談援助」という。）を業とする者」（精神保健福祉士法第2条）をいう。1997（平成9）年に制定された精神保健福祉士法に位置づけられている。名称独占の国家資格である。精神保健福祉士の資格は，児童指導員，家庭支援専門相談員，母子支援員など，児童福祉施設の職員の資格要件の一つにな

っている。

5）医師・看護師・保健師

医師は，「医療及び保健指導を掌ることによつて公衆衛生の向上及び増進に寄与し，もつて国民の健康な生活を確保するものとする」と定められている（医師法第1条）。また，「医師でなければ，医業をなしてはならない」（医師法第17条）と定められており，業務独占の国家資格である。児童福祉施設には，嘱託医を置くこととなっている。中でも乳児院は，「小児科の診療に相当の経験を有する医師又は嘱託医」を置くこととなっており（児童福祉施設の設備及び運営に関する基準第21条），乳児院の長に該当する要件の一つに「医師であって，小児保健に関して学識経験を有する者」があるなど，医師との関わりが深い（同基準第22条の2）。

看護師は，「療養上の世話又は診療の補助を行うことを業とする者」（保健師助産師看護師法第5条）と規定されている業務独占の国家資格である。乳児院・児童心理治療施設に配置されている。

保健師は，「保健指導に従事することを業とする者」（保健師助産師看護師法第2条）と規定されている，業務独占の国家資格である。保健所・保健センター・子育て世代包括支援センターなどに配置されている。

6）理学療法士・作業療法士・言語聴覚士

理学療法士は Physical Therapist（PT）とも呼ばれ，名称独占の国家資格である。理学療法士は「理学療法士の名称を用いて，医師の指示の下に，理学療法を行なうことを業とする者」であり，理学療法とは「身体に障害のある者に対し，主としてその基本的動作能力の回復を図るため，治療体操その他の運動を行なわせ，及び電気刺激，マッサージ，温熱その他の物理的手段を加えること」とされている（理学療法士及び作業療法士法第2条）。理学療法士は動作の専門家で，日常生活を営む上で基本となる動作の改善を目指すためにリハビリテーションを行う。

作業療法士は Occupational Therapist（OT）とも呼ばれ，名称独占の国家資格である。作業療法士は「作業療法士の名称を用いて，医師の指示の下に，

作業療法を行なうことを業とする者」であり，作業療法とは「身体又は精神に障害のある者に対し，主としてその応用的動作能力又は社会的適応能力の回復を図るため，手芸，工作その他の作業を行なわせること」とされている（理学療法士及び作業療法士法第2条）。

　肢体不自由のある児童が入所する医療型障害児入所施設や，医療型児童発達支援センターには，理学療法士または作業療法士が配置されている（児童福祉施設の設備及び運営に関する基準第58条，第69条）。

　言語聴覚士はSpeech　Therapist（ST）もしくはSpeech-Language-Hearing Thrapistとも呼ばれ，名称独占の国家資格である。言語聴覚士は「言語聴覚士の名称を用いて，音声機能，言語機能又は聴覚に障害のある者についてその機能の維持向上を図るため，言語訓練その他の訓練，これに必要な検査及び助言，指導その他の援助を行うことを業とする者」とされている（言語聴覚士法第2条）。難聴児が通う福祉型児童発達支援センターには，言語聴覚士が配置される（児童福祉施設の設備及び運営に関する基準第63条）。

（2）国家資格以外の専門職

1）社会福祉主事

　社会福祉主事とは，福祉事務所現業員として任用される者に要求される資格（任用資格）であり，社会福祉施設職員等の資格に準用されている。社会福祉法[(1)]において，都道府県知事又は市町村長の補助機関である職員として位置づけられている（第19条）。児童相談所における児童福祉司や，社会福祉施設における施設長にも求められる資格である。

2）児童福祉司

　児童福祉司は，児童相談所において児童の相談や調査を行う所員として位置づけられている。都道府県・指定都市及び児童相談所設置市は，その設置する児童相談所に児童福祉司を置かなければならない（児童福祉法第13条第1項等）。児童福祉司は，児童の保護その他児童の福祉に関する事項について，相談に応じ，専門的技術に基づいて必要な指導を行う等児童の福祉増進に努めることと

されている。児童福祉司の任用の要件は，医師や社会福祉士の資格を有していることや，社会福祉主事として2年以上児童福祉事業に従事した者であって，厚生労働大臣が定める講習会の課程を修了したもの，などである（児童福祉法第13条）。

（3）児童福祉施設，里親支援の従事者

1）児童指導員

　児童指導員は，児童養護施設，障害児入所施設，児童心理治療施設，その他の児童福祉施設に配置されている職員であり，保育士とともに児童に対する直接的な支援を行っている。

　児童指導員の資格については，児童福祉施設の設備及び運営に関する基準（昭和23年厚生省令第63号）第43条に規定されており，①社会福祉士の資格を有する者，②精神保健福祉士の資格を有する者，③学校教育法の規定する大学の学部で，社会福祉学，心理学，教育学もしくは社会学を専修する学科又はこれらに相当する課程を修めて卒業した者，④教育職員免許法に規定する幼稚園，小学校，中学校，高等学校等の教諭の免許状を有する者であって都道府県知事が適当と認めたもの，その他いくつかの要件のいずれかに該当する者である。なお2019（平成31）年4月から，幼稚園教諭が児童指導員の任用資格に加えられた（児童福祉施設の設備及び運営に関する基準第43条第1項第9号）。

2）児童自立支援専門員，児童生活支援員

　児童自立支援専門員，児童生活支援員は，共に児童自立支援施設に配置されている職員である。児童自立支援専門員は，児童自立支援施設において児童の自立支援を行う者である。児童自立支援員の資格については，児童福祉施設の設備及び運営に関する基準第82条に規定されており，①医師であって，精神保健に関して学識経験を有する者，②社会福祉士の資格を有する者，③都道府県知事の指定する児童自立支援員を養成する学校その他の養成施設を卒業した者，その他いくつかの要件のいずれかに該当する者である。

　児童生活支援員は，児童自立支援施設において児童の生活支援を行う者であ

る。児童生活支援員の資格については，児童福祉施設の設備及び運営に関する基準第83条に規定されており，①保育士，②社会福祉士の資格を有する者，③3年以上児童自立支援事業に従事した者，のいずれかに該当する者である。

3）家庭支援専門相談員（ファミリーソーシャルワーカー）

家庭支援専門相談員は，乳児院，児童養護施設，児童心理治療施設，児童自立支援施設に配置されている職員である。家庭支援専門相談員は，虐待等の家庭環境上の理由により入所している児童の保護者等に対し，児童相談所との密接な連携のもとに電話や面接等を通して児童の早期家庭復帰，里親委託等を可能とするための相談，指導等の支援（家庭復帰支援）を行い，入所児童の早期退所を促進し，親子関係の再構築等を図ることを目的に配置されている。[2]

家庭支援専門相談員の資格については，児童福祉施設の設備及び運営に関する基準に規定されており，社会福祉士もしくは精神保健福祉士の資格を有する者，児童養護施設等において児童の指導に5年以上従事した者，または児童福祉司の任用資格を有する者のいずれかに該当する者でなければならない。[3]

4）里親支援専門相談員（里親支援ソーシャルワーカー）

里親支援専門相談員は，里親支援を行う児童養護施設，乳児院に配置されている職員である。児童養護施設又は乳児院に置かれる里親支援専門相談員の趣旨は，児童相談所の機能を補完する役割を持つだけでなく，施設に地域支援の拠点機能を持たせ，施設と里親との新たなパートナーシップを構築するためのものである。里親支援専門相談員は，所属施設の入所児童の里親委託の推進，退所児童のアフターケアとしての里親支援，所属施設からの退所児童以外を含めた地域支援としての里親支援の3つの役割を担っている。里親支援専門相談員は，社会福祉士，精神保健福祉士，児童福祉司となる資格のある者または施設（里親を含む）において児童の養育に5年以上従事した者であって，里親制度への理解及びソーシャルワークの視点を有するものでなければならないとされている。[4]

5）母子支援員

母子支援員は，母子生活支援施設に配置されている職員である。母子支援員

は，親子関係の再構築等及び退所後の生活の安定が図られるよう，個々の母子の家庭生活および稼働の状況に応じ，就労，家庭生活および児童の養育に関する相談，助言，指導ならびに関係機関との連絡調整を行う等の支援を行っている。

　母子支援員の資格については，児童福祉施設の設備及び運営に関する基準第28条に規定されており，①保育士の資格を有する者，②社会福祉士の資格を有する者，③精神保健福祉士の資格を有する者，その他いくつかの要件のいずれかに該当する者である。

2　専門職の倫理と責務

（1）専門職の不安

　教科書の中の子どもは風邪をひかない。しかし社会的養護を必要とする子どもに関わる専門職は，熱を出した子どもの病院はどうする，ご飯を食べるだろうか，他の子ども影響はないだろうかと日々悩み，泣いている子どもに心を痛め，ありとあらゆる心配をする。そして，時折見せる子どもの笑顔を密やかに喜ぶ。一方，虐待を受けた子どもの攻撃的な言動や行動にどのように向き合うのか心を砕き，子どもの家族との関係に一喜一憂する。専門職として何を拠り所として日々の養育に携わればよいのかという不安が無くなることはない。

　専門職は，子どもの病気のことや虐待の様相，心理状態に関して理論的に学び，研修も数多く受けている。そして頭の中では理解もしているが，現実に子どもの理不尽とも思える言動や行動に対して湧き上がる悲しみや怒り，恐れが無くなるわけではない。怒りを爆発させたり，力によって押さえようとすると「倫理に反する」と言われ，否定的な言葉を使用すると「倫理観に基づき仕事をしなさい」と言われる。そして児童福祉施設の設備及び運営に関する基準（昭和23年厚生省令第63号）には，専門職は「健全な心身を有し，豊かな人間性と倫理観を備え」（第7条）なければならないと規定されている。このような理想と現実の狭間に身を置くことになる専門職の倫理と責務とは何か，どのように専門職は振る舞えばよいのか，について本節では解説する。

（2）倫理とは何か

「倫理とは，善を行うようにと人間を導くのを役割としている教えの体系，あるいは遵守すれば人間がその目的に到達できるような諸規範の総体であり，ある社会集団の規定や禁止の全体を示す具体的な物[5]」であるとされ，専門職の態度や関わりを規定しているものである。言い換えれば，社会的養護における倫理とは，日々に発生する子どもとの関係やその家族などとの関係性に対する組織と専門職の規範ともいえる。

さらに社会的養護に携わる専門職は，自分自身の心と体と頭を使って，生身の子どもとの関係を構築し，子ども達の育ちを支え生活の支援を通して，人間形成の重要な時期に関わる専門職といえる。そして，子どもを尊重し，自己の力で決定できるよう支援し，子どもの変化の可能性を全面的に信じることを基本とする実践者でもある。この実践は，個人的な感情や思いだけで行われるものではない。社会的養護に携わる職員たちの団体である全国児童養護施設協議会は「倫理綱領」の中に「入所してきた子どもたちが，安全に安心した生活を営むことができるよう，子どもの生命と人権を守り，育む責務があります[6]」という規定を盛り込み，なすべき責務を明確に示している（資料8-1，章末参照）。

（3）社会的養護における専門職の姿勢

「子どもの最善の利益」が重要視される事は言うまでもない事であり，専門職は，常に「子どもの最善の利益」を考え続ける姿勢を求められているといえる。これを具現化すると，①安全と安心の保障，②きちんとした食事の提供，③清潔で適切な衣服の提供，④学びの保障，という生活上の衣食住や教育等に関する点が，まず挙げられるだろう。そして，その上で，子どもの能動的権利を保障する事が「子どもの最善の利益」の基盤となると考えられる。そして，子どもの成長をどのように捉え成長にいかに寄り添えるかが重要となる。

この「寄り添う」際に最も重要なのが，逆説的だが「人はわかり合えない」と常に考え続ける事である。「わかり合えた」と思った瞬間に，人間は相手を「わかろう」とする努力をどうしても怠りがちになり，一度「わかり合えた」

と思った時の捉え方で，相手を見てしまいがちになる。そして，この「捉え方」はわかったつもりになった「思い込み」となる。なぜならば，「わかり合える」と思ったのは，あくまでこのように思った時点での話であり，状況が変わり時間が経てば，「わかり合えるという思い」自体が間違った判断になる事も十分に考えられるからである。つまり，この思い込みが，最も危険なのである。

　だからこそ「人はわかり合えない」という考えに基づく常にわかろうとする意識・態度が，「理解された」「受け止められた」「信じてもらえた」という思いを相手に抱かせる可能性をより高める事につながるのである。この「人はわかり合えない」という事実を受け止められる謙虚さを基に，相手をわかろうとする姿勢こそが，社会的養護をはじめとする福祉現場にいる専門職に必要とされる姿勢であり，理論だけでは不十分といえる所以である。

（4）専門職の関わり方

　子どもが様々な決定を行う時に指示的な関わりのみで行うことは，価値観や個性を尊重しないこととなり好ましくない。常に，相手の価値観や個性を意識しながら，尊重する事が重要である。また，子どもの自己決定に任せるのではなく，専門職としての考え方もきちんと伝えること，決定に至るまでの過程に丁寧に寄り添い，情報を開示することなどが求められる。その上で決定に伴う主体性を大事にしながら，子どもに寄り添う姿勢が求められる。

　社会的養護の下で生活することは，家族と切り離すことや保護だけが目的ではない。今，虐待問題の対応については，安全を第一に如何に親と分離し保護するかが重視されている。無論，これは大事な事ではある。しかし分離する前にできることはないのか，分離した後にどのように家族を再統合できるのかプランを持つことが必要である。これは，子どもに関係するすべての機関の専門職に求められることである。と同時に第3章第2節で述べたように「どんな保護者であれ，お客様として迎える」態度が必要である。

　こうしたことを通して，関係性を作り上げることは，当然差別や虐待があっては成立しないことであるし，他者を尊重しようとの姿勢はプライバシーを守

る態度にもつながっていく。

（5）倫理的ジレンマ

　実践では，子どもとの関係を優先すべきか，保護者との関係を優先すべきか，子ども同士の関係でどのように評価すべきか，といった判断に迷う問題が生じた時に，専門職自身の価値観と相容れにくい要素が存在すると，ジレンマが生じやすくなる。そして，このジレンマを「子どもの最善の利益」を守る際に，障壁と考えがちである。また専門家は，支援を受ける人にとって強者と写り，沈黙や返事だけの関係に陥る時もある。

　このような場合，専門職であればジレンマに陥っている事を大事にして，その現実と向き合い続ける事が必要である。前述した「人はわかり合えない」という事実を受け止める事と同様に，「ジレンマに陥るものだ」という事実を受け止める事も，専門職に求められる能力の一つである。さらに，社会的養護の実践においては一人で担おうとせず，共に実践している人々を信頼し，他の専門家に相談し力を借りることを恐れない態度を保つべきである。また，尾崎新は，次のように論じている。

> 「いかなるシステムも実践も，人を対象とする限り，つねにゆらぐことのできる余地と幅をもたなければならない。システムの問題点を発見する視点も，実践の改善を指向する発想も，これで良いのだろうかどこかに問題があるのではないかという『ゆらぎ』である。…（中略）…社会福祉実践の本質がゆらぎとの直面であるとすれば，実践の専門性や技術を高める出発点もゆらぎに存在するはずだからである。[7]」

　社会的養護においては，マニュアル的にAかBかと判断できないことも多い。このジレンマは専門職の心の「ゆらぎ」であるともいえ，不安を引き起こすと考えてしまうが，「ゆらぎ」を持つ事をできることが，他者の価値観を受け入れる態度となり，援助を受ける子どもの「最善の利益」を謙虚に考えようとす

る態度へとつながると思われる。

　問題なのはジレンマ状態にあることを気づかない事，無視する事，または自分の実践を意識せず漫然と行う事である。これこそが思い込みとなり，自分の思い込みに当てはまらない他者を否定し，力を使ってでも自分の価値観に当てはめようとする倫理観のないと言われる行動になりかねない。

　ゆらぐことを恐れず常に自らの実践を意識して取り組むがゆえにゆらぎ，ゆらぎを共に分かち合いながら解決を見出す態度こそが専門性であり，知識のみで理解しない態度となる。

注
(1)　厚生労働省ホームページ（2019年10月1日アクセス）。
(2)　「乳児院等における早期家庭復帰等の支援体制の強化について」（雇児発第0428005号，平成16年4月28日付）。
(3)　「児童福祉施設最低基準等の一部を改正する省令の施行について」（雇児発0617第7号／障発0617第4号／，平成23年6月17日付）にも規定されている。
(4)　「里親委託ガイドラインについて」（雇児発0330第9号，平成23年3月30日付）。
(5)　P. フルキエ／菅野照正・原好男・支倉崇晴・広田昌義訳『哲学講義4（行動Ⅱ）』筑摩書房，1977年。
(6)　全国社会福祉協議会・全国児童養護施設協議会「全国児童養護施設協議会　倫理綱領」2010年。
(7)　尾崎新編『「ゆらぐ」ことのできる力──ゆらぎと社会福祉実践』誠信書房，1999年，9-10頁。

参考文献
・第1節
厚生労働統計協会編『国民の福祉と介護の動向 2019/2020』2019年。
・第2節
喜多一憲監修，堀場純矢編『社会的養護』みらい，2017年。
児童養護における養育のあり方に関する特別委員会編『この子を受けとめて，育むために』全国児童養護施設協議会，2016年。
マーク・スミス，レオン・フルチャー，ピーター・ドラン／楢原真也監訳，益田啓裕・永野咲・徳永祥子・丹羽健太郎訳『ソーシャルペダゴジーから考える施設養育の新たな挑戦』明石書店，2018年。

資料8-1　全国児童養護施設協議会 倫理綱領

社会福祉法人 全国社会福祉協議会
全国児童養護施設協議会

原　則

　児童養護施設に携わるすべての役員・職員（以下，『私たち』という。）は，日本国憲法，世界人権宣言，国連・子どもの権利に関する条約，児童憲章，児童福祉法，児童虐待の防止等に関する法律，児童福祉施設最低基準にかかげられた理念と定めを遵守します。

　すべての子どもを，人種，性別，年齢，身体的精神的状況，宗教的文化的背景，保護者の社会的地位，経済状況等の違いにかかわらず，かけがえのない存在として尊重します。

使　命

　私たちは，入所してきた子どもたちが，安全に安心した生活を営むことができるよう，子どもの生命と人権を守り，育む責務があります。

　私たちは，子どもの意思を尊重しつつ，子どもの成長と発達を育み，自己実現と自立のために継続的な援助を保障する養育をおこない，子どもの最善の利益の実現をめざします。

倫理綱領

1. 私たちは，子どもの利益を最優先した養育をおこないます

　　一人ひとりの子どもの最善の利益を優先に考え，24時間365日の生活をとおして，子どもの自己実現と自立のために，専門性をもった養育を展開します。

2. 私たちは，子どもの理解と受容，信頼関係を大切にします

　　自らの思いこみや偏見をなくし，子どもをあるがままに受けとめ，一人ひとりの子どもとその個性を理解し，意見を尊重しながら，子どもとの信頼関係を大切にします。

3. 私たちは，子どもの自己決定と主体性の尊重につとめます

　　子どもが自己の見解を表明し，子ども自身が選択し，意思決定できる機会を保障し，支援します。また，子どもに必要な情報は適切に提供し，説明責任をはたします。

4. 私たちは，子どもと家族との関係を大切にした支援をおこないます

　　関係機関・団体と協働し，家族との関係調整のための支援をおこない，子どもと，子どもにとってかけがえのない家族を，継続してささえます。

5. 私たちは，子どものプライバシーの尊重と秘密を保持します

　　子どもの安全安心な生活を守るために，一人ひとりのプライバシーを尊重し，秘密の保持につとめます。

6. 私たちは，子どもへの差別・虐待を許さず，権利侵害の防止につとめます

　　いかなる理由の差別・虐待・人権侵害も決して許さず，子どもたちの基本的人権と権利を擁護します。

7. 私たちは，最良の養育実践を行うために専門性の向上をはかります

　　自らの人間性を高め，最良の養育実践をおこなうために，常に自己研鑽につとめ，養育と専門性の向上をはかります。

8. 私たちは，関係機関や地域と連携し，子どもを育みます

　　児童相談所や学校，医療機関などの関係機関や，近隣住民・ボランティアなどと連携し，子どもを育みます。

9. 私たちは，地域福祉への積極的な参加と協働につとめます

　　施設のもつ専門知識と技術を活かし，地域社会に協力することで，子育て支援につとめます。

10. 私たちは，常に施設環境および運営の改善向上につとめます

　　子どもの健康および発達のための施設環境をととのえ，施設運営に責任をもち，児童養護施設が高い公共性と専門性を有していることを常に自覚し，社会に対して，施設の説明責任にもとづく情報公開と，健全で公正，かつ活力ある施設運営につとめます。

2010年5月17日　制定

出所：全国児童養護施設協議会ホームページ（http://www.zenyokyo.gr.jp/what.htm, 2019年12月16日アクセス）。

第9章	児童福祉施設の運営管理と多職種連携

1 児童福祉施設の運営管理

（1）児童福祉施設運営の基本理念と設置主体

1）児童福祉施設運営の基本理念

　児童福祉施設は，児童福祉法を根拠として運営されている。2016（平成28）年の児童福祉法改正では，「児童の権利に関する条約」を基本理念とし，すべての児童が有する権利が第1条に明記された。児童福祉法の理念に当たる第1条の改正は，児童福祉法が制定されてから初めてのことである。

　児童福祉施設は，児童福祉法の他，児童の権利に関する条約，児童憲章などの考えを基に，子どもの権利擁護と「児童の最善の利益」のために運営されている。また社会的養護に関する施設では，保護者の適切な養育を受けられない子どもを公的責任の下で保護・養育している。これも，子どもが権利の主体であり，社会的養護を受ける権利を有するためである。

2）児童福祉施設の運営主体と目的

　児童福祉法に規定される施設を運営する事業は，社会福祉法によって社会福祉事業として位置づけられている。社会福祉事業は，第一種社会福祉事業と第二種社会福祉事業に分けられ，第一種社会福祉事業に分類される施設は，主に利用者にとって生活の場となる入所施設サービスのことを指す。第二種社会福祉事業は，主として通所や在宅サービスが中心となっている（表9-1）。

　児童福祉施設の中でも，第一種社会福祉事業に規定されている施設は，利用者の保護と支援の継続性・安定性が求められ，利用者にとって影響が大きい事業である。そのため，施設の運営主体は原則，地方公共団体や社会福祉法人が

表9-1　児童福祉法に規定する社会福祉事業

第一種社会福祉事業 主に入所施設サービス	①乳児院，②児童養護施設，③母子生活支援施設，④障害児入所施設，⑤児童心理治療施設，⑥児童自立支援施設
第二種社会福祉事業 主に通所・在宅サービス	①障害児通所支援事業，②障害児相談支援事業，③児童自立生活援助事業，④放課後児童健全育成事業，⑤子育て短期支援事業，⑥乳児家庭全戸訪問事業，⑦養育支援訪問事業，⑧地域子育て支援拠点事業，⑨一時預かり事業，⑩小規模住居型児童養育事業，⑪小規模保育事業，⑫病児保育事業，⑬子育て援助活動支援事業，⑭助産施設，⑮保育所，⑯児童厚生施設，⑰児童家庭支援センター，⑱児童の福祉の増進について相談に応じる事業

担い，安定した経営の中でサービス提供を行っている。

　第二種社会福祉事業は，利用者に対する保護機能はないことから，利用者への影響が比較的低いとされ，第一種社会福祉事業のように，経営主体に関する制限は設けられていない。その為，株式会社などの民間団体やNPO（特定非営利活動法人）等も事業経営が可能となっている。

（2）児童福祉施設の運営管理

1）児童福祉施設の設備及び運営に関する基準

　児童福祉施設の運営は，児童の権利擁護を基盤に，入所児童を適切に保護し，健全な発達や情緒的な安定，自立支援を保障できるだけの生活水準を確保していくことが必要である。そのため，児童福祉施設の設備・運営は，入所児童を支援する上での一定基準が設けられている。

　児童福祉施設の設置・運営の基準は，「児童福祉施設の設備及び運営に関する基準」（以下，設備運営基準）に規定され，「設備運営基準」には，設置すべき設備や入所児童の居室の広さ，職員の資格要件，養護内容等が規定されている。「設備運営基準」の内容は従来，「児童福祉施設最低基準」（昭和23年厚生省令第63号）に規定されていたが，2011（平成23）年の児童福祉法改正に伴い，翌年内容の改正と名称変更がなされた。この改正では，施設の人員，設備，運営基準を地域の実情に応じて都道府県等が定めた条例に委任する「条例委任」が規定され，厚生労働省令で定める基準は従うべき最低基準，都道府県等の条例は参酌すべき基準とされた。

表9-2　児童福祉施設の職員配置基準例

施設種別	措置費による人員配置	職員配置基準
乳児院	施設長，看護師（保育士・児童指導員に代替可），医師又は嘱託医，個別対応職員，家庭支援専門相談員，栄養士，調理員，心理療法担当職員	0・1歳児＝1.6：1（1.3：1） 2歳児＝2：1 3歳児以上＝4：1（3：1） ※（　）内の数値は加算にて対応
児童養護施設	施設長，児童指導員，保育士，栄養士，調理員，嘱託医，個別対応職員，家庭支援専門相談員，心理療法担当職員，職業指導員	0・1歳児＝1.6：1（1.3：1） 2歳児＝2：1 3歳児以上＝4：1（3：1） 就学以上＝5.5：1（4：1） ※（　）内の数値は加算にて対応
児童心理治療施設	施設長・医師・心理療法担当職員・児童指導員・保育士・看護師・個別対応職員，家庭支援専門相談員・栄養士・調理員	児童：心理療法担当職員＝10：1（7：1） 児童：児童指導員・保育士＝4.5：1（3：1） ※（　）内の数値は加算にて対応
児童自立支援施設	施設長・児童自立支援専門員・児童生活支援員・嘱託医・精神科医師・個別対応職員・家庭支援専門相談員・栄養士・調理員・心理療法担当職員・職業指導員	児童：児童自立支援専門員・児童生活支援員＝4.5：1（3：1） ※（　）内の数値は加算にて対応
母子生活支援施設	施設長・母子支援員・嘱託医・少年指導員・調理員・心理療法担当職員・個別対応職員	母子支援員： 10～20世帯未満＝2人 20世帯以上＝3人（30世帯以上4人） 少年指導員： 20世帯以上＝2人以上 （10世帯以上2人，20世帯以上3人，30世帯以上4人） ※（　）内の数値は加算にて対応

出所：「児童養護施設等について」2017年，2-6頁（https://www.mhlw.go.jp/file/05-Shingikai-11901000-Koyoukintoujidoukateikyoku-Soumuka/0000166119.pdf，2019年7月22日アクセス）より筆者作成。

　他にも，施設長に係る資格要件の明確化や研修の義務化，第三者評価等の義務化，基本的人員配置の引き上げや加算職員配置の義務化拡充なども変更された（表9-2）。

　「設備運営基準」は，児童福祉施設の最低基準であり，設備・運営を基準以下にすることなく，常に向上を目指していかなければならない。基準に達しない施設は，改善命令や事業の停止命令，施設の閉鎖命令などがとられる場合もある。

2）安定した生活の保障

　社会的養護を必要とする子どもたちは，複雑な家庭環境の中で過ごしてきた

場合も多い。そのため，安心できる環境の中で子どもが成長・発達できる生活を保障することが求められる。以下，この点について解説する。

① 環境整備と衛生管理

日々の清掃や整理整頓などの環境整備の徹底，施設設備の定期点検や修繕・修理は，安心できる環境づくりの土台となる。また，子ども達が集団で生活する施設において，感染症や食中毒の予防は重要である。食品の取り扱いや手洗い・うがいの励行など日ごろから衛生管理を徹底し，感染症発生の際には感染拡大を防止するための迅速な対応が求められる。

② 健康管理

子どもの健全な発達を保障する上で，子どもの心身の健康様態の把握は必要不可欠である。施設では，入所前に健康診断が義務付けられ，既往歴や予防接種の有無，通院歴など子どもの健康に関する情報収集を行う。施設入所後も，職員間で子どもの細かな変化を共有する他，定期の健康診断，予防接種，必要に応じた定期通院など，子どもの健康維持が求められる。

③ 危機管理と安全管理

児童福祉施設では，子どもの行動特性，子どもを取り巻く環境や人間関係などから，起こり得るトラブルや事故を事前に予測し防止する危機管理と安全管理が求められる。また，非常災害に備え，必要な設備の準備と毎月の避難及び消火訓練が義務付けられている。いかなるトラブルや事故が発生した場合にも，適切に対応できるようマニュアル作成と職員間での共有が求められる。

（3）児童福祉施設の利用方式

児童福祉施設をはじめ多くの福祉サービスは，措置制度によって実施されてきたが，2000（平成12）年の社会福祉基礎構造改革により，サービスの一部は利用契約制度へと移行した。しかし，児童福祉施設の多くは，子どもの最善の利益を守るために措置制度を維持している。

1）措置制度

措置制度がとられる児童福祉施設は，乳児院，児童養護施設，児童心理治療

施設，児童自立支援施設である。児童福祉施設への措置は，児童相談所が窓口となり，相談内容や家庭の状況に応じ，サービス内容や措置先となる施設の最終決定を行う。児童虐待などの子どもの成長に影響を及ぼす不適切な養育環境がある場合には，保護者の意向にかかわらず施設措置をとる場合もある。

2）利用契約制度

利用契約制度は，利用者が自らサービスを選択し，事業者との契約を結ぶことでサービス利用が可能となる制度である。児童福祉施設の中では，障害児施設がこれにあたる。ただし，虐待や養育拒否等を理由に入所施設の利用が必要な場合には，措置制度のかたちをとっている。

2012（平成24）年から障害児施設の入所・通所サービスには，給付費が支給される利用契約制度が導入された。入所施設には障害児入所給付費，通所サービスには障害児通所給付費がそれぞれ支給され，利用料の1割の自己負担でサービスを利用が可能となった。

（4）施設の財源

措置制度をとっている児童福祉施設は，「措置費」と呼ばれる財源によって運営される。「措置費」とは，施設の入所児童を支援するために必要な費用のことであり，国および地方自治体から支弁される。

1）措置費の内容

措置費は，「事務費」と「事業費」に大別される。「事務費」は，「人件費」や「管理費」など施設運営に必要な費用のことを指す。「人件費」は，設備運営基準に則った職種と定数を確保するために必要な給与で構成されている。「管理費」は，施設の維持・管理の費用であり，設備補修費や職員健康管理費，施設機能強化推進費などがある。

「事業費」は，入所している子どもの生活に必要な費用である。食費などの一般生活費，教育費，学校給食費などの学校教育に関わる費用，医療費，就職支度費など，子どもの養護と自立に関わる様々な費用がある。

2）負担区分

　措置制度をとる児童福祉施設は，原則措置児童の扶養義務者から，応能負担として施設利用料を徴収し，不足部分について国と地方自治体で負担している。負担割合は，国が1/2を負担し，残りを都道府県と市町村が一定の割合で負担している。

3）支弁方法

　児童福祉施設の入所児童1人（世帯）あたりに対して，措置費として支払われる月ごとの単価を「保護単価」という。毎月の定員や措置児童数によって算出し，施設に支払われる。事務費は，施設の利用定員をもとに支弁額が決定される「定員払い方式」であり，事業費はその月の初日の在籍児童数に月額単価を乗じる「現員払い方式」で支弁されている。

2　多様な職種による機関の連携
――児童家庭支援センター・要保護児童対策地域協議会の取り組みから

　機関の連携を考えるにあたり，本節では児童家庭支援センターおよび要保護児童対策地域協議会を取り上げ，各々の役割と合わせ連携の課題について解説する。

（1）児童家庭支援センター

1）設置の流れ

　児童家庭支援センターは，1997（平成9）年に行われた児童福祉法改正によって新たに制度化された地域の児童福祉に関する相談機関であり，児童福祉法第44条2項に規定された利用型の児童福祉施設である。

　児童家庭支援センターの設置が制度化された当時のわが国の子どもを取り巻く環境は，児童虐待の増加，いじめ，不登校，非行などが社会問題として取り上げられることが多くなり，子育てに苦悩する家庭やいじめ，不登校等で苦しんでいる子どもに対する相談窓口や支援体制を整備することが急務であった。このような社会背景の下で，児童家庭支援センターは，地域の子どもに関する

様々な問題について，子ども自身，家庭，地域住民等から相談を受け，子育てや子どもの発達などに関する専門的な知識，技術をもって助言や介入し，児童相談所や学校，児童養護施設，保育所などの他の専門機関と連携しながら，相談者を支援する児童相談所の補完的役割を担う相談機関として各地に設置されるようになっていった。

　その後，徐々に児童家庭支援センターに求められる役割が拡充していき，現在は，地域からの子どもに関する相談対応の他，市町村の求めに応じ専門的な助言やその他必要な支援を行う役割，児童虐待の早期発見と予防に関する役割，里親家庭やファミリーホームからの相談に応じる役割等を果たす地域の身近な相談機関として位置づけられている。

2）　設置状況と職員配置

　2019（令和元）年5月1日現在，全国に129カ所の児童家庭支援センターが設置されている。その設置運営の大半が社会福祉法人によるものであるが，これは，児童家庭支援センターの設置が乳児院や児童養護施設等の入所型施設に付置することが設置要件となっていたことと関連していると思われる。しかし，2008（平成20）年の児童福祉法改正により入所型の児童福祉施設に附置する要件が解かれたため，それ以降，NPO法人等が設置主体となる児童家庭支援センターも，徐々に増加している傾向にある。

　児童家庭支援センターで相談業務を行う職員配置は，専任相談員2名と心理士1名が必須であり，相談員には社会福祉士や精神保健福祉士の有資格者や，一定期間の相談経験や養育経験がある児童指導員や保育士が担うことが多い。さらに，自治体によっては里親支援専門相談員を配置しているところもある。

3）基本的な事業内容

①　地域の方からの子育てに関する相談対応

　児童家庭支援センターの多くは，電話相談や電子メール相談を媒介にして地域からの相談に対応しているが，電話相談だけでなく，相談者の希望に沿って面接を実施したり，相談内容によって介入（専門的な働きかけ）が必要と判断された場合には，相談者への家庭訪問や児童相談所との連携や通告等を行ってい

る。さらに子どもの成長発達を見ていく中で，心理士による心理的な側面からの助言や心理療法（プレイセラピー）等を行ったり，児童家庭支援センターに子どもの一時保護機能を備えているところもある。

② 児童虐待早期発見と予防

児童家庭支援センターには，「親子間のトラブルから家出してきたとセンターを訪ねてくる子どもからの相談」や，「感情的になって子どもを虐待してしまいそうという母親からの相談」「継父から性的行為を強要されている子どもからの相談」「地域にネグレクトが心配な家庭があるという児童委員からの相談」等々，児童虐待が疑われる相談が寄せられることが多々ある。このような場合，相談の入り口が電話による匿名相談であっても児童虐待を早期に発見し，子どもを児童虐待から救うために相談者と直接会って，その後の支援が適切に展開できるように積極的に働きかけ，児童相談所や学校，保育所など地域の関係機関等と連携して，児童虐待を未然に防いでいく関わりを児童家庭支援センターで実施している。そうした介入の結果，児童虐待がなかった場合でも，その後の見守りも含めて相談者との関わりを継続し，児童虐待を予防していく支援が展開されている。

さらに地方自治体によっては，公的相談機関に寄せられた市民からの児童虐待通告の後，児童相談所から委託されて，夜間・休日等に子どもの安全確認を行うため家庭訪問をする事業を実施している児童家庭支援センターもある。

③ 子どもと家庭を見守る——指導委託

指導委託とは，児童養護施設等から家庭引取りが決定し，再び家庭で生活を始めることになった子どもと保護者が，スムーズに家庭生活が再建できるように支援することを目的に，児童相談所が児童家庭支援センターに当面の期間，その家族を見守り支援することを委託する事業をいう（児童福祉法第27条第2項）。また，児童家庭支援センター以外にも市町村，障害者等相談支援事業を行う者等に委託される場合もある。児童相談所から指導委託を受けたその後の児童家庭支援センターの業務としては，児童相談所に代わり，親や子どもからの相談対応や子育て方法に関する指導・助言，定期的な家庭訪問，子どもが通

う学校や保育所，幼稚園等と子どもの適応状況の確認などを行い，その支援経過を児童相談所に報告する。子どもが入所していた児童福祉施設と協働して支援する方法や，必要に応じて，地域の民生委員児童委員と連携して支援することがある。

　この子どもと家庭を見守る指導委託は，施設退所ケースだけでなく，児童虐待のリスクのある家庭を対象に行われることもあり，児童虐待の予防や，子育ての孤立化を防ぐ意味において有効な支援の一つとなっている。

④　その他の児童家庭支援センターの求められている事業

　里親並びにファミリーホームへの支援　さまざまな理由から家庭での養育が困難になり，社会的養護が必要となった子どもの養育は，施設養育か里親養育，ファミリーホーム等といった社会的養育の場に児童相談所から措置（行政機関による決定）されているが，近年，社会的養護において，地域の子どものいる家庭により近い形態で子どもを養育する家庭養護の推進が徐々に進み，里親家庭で育つ子どもが増えている。これに伴って，児童家庭支援センターにおいても，里親家庭やファミリーホームに対する相談支援の役割がさらに求められ，里親家庭の養育上の悩みや子どもの発達上の課題への対応，里子と実親・家族等の面会・交流の場の提供や里親を対象とした研修会の開催等，それぞれのセンターで積極的な取組が行われている。

　さらに，児童養護施設等に配置されている里親支援専門相談員や家庭支援専門相談員と連携して，里子養育やファミリーホームへの支援を展開している。これらの取り組みは，里親の養育上の悩みやストレスの緩和，地域の子育て資源の活用に繋がるなど，共に里子の成長を喜び合える関係となっている。

　退所等児童へのアフターフォロー　児童養護施設等を退所した後のアフターフォローは，入所していた施設で主に展開されていることが多いが，児童家庭支援センターでも，退所児童のアフターフォローの支援機能を備えており，施設と協働しながら支援に当たっている。例えば，施設退所後子どもが社会自立に向かっている時に，失業や疾病が原因で生活困窮に陥った際，頼れる家族もおらず，途方に暮れているケースや，各地方自治体で行っている自立支援機

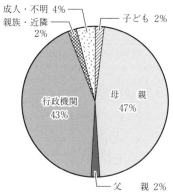

図 9 - 1　相談者内訳（羊ヶ丘児童家庭支援センター，2018年度）

成人・不明 4%
親族・近隣 2%
子ども 2%
行政機関 43%
母　親 47%
父　親 2%

出所：羊ヶ丘児童家庭支援センター資料。

関への仲介や生活保護窓口の案内など，解決の糸口につながるよう支援している。

　また，若年層の子育てを行っているケースに対する子育て相談や10代の妊娠，貧困，離婚問題，児童虐待の疑い，DV など幅広い相談に対し，来所相談や家庭訪問等を通じて支援にあたっている。

4）児童家庭支援センターの活動
——子育てと子育ちの相談対応

　児童家庭支援センターに相談してくる相談者の内訳は，集計年度や各センターの活動によって違ってくるが，羊ヶ丘児童家庭支援センターの集計結果から相談者の内訳を整理してみると，母親からの相談が多くなっており，他には，子ども自身からの相談，親族や近隣からの相談がある。また行政機関との連絡や情報共有の数も多い状況となっている（図9-1）。

　相談対応については，相談者に寄り添って信頼関係形成に努め，相談内容を整理しながら，最も解決を優先すべき課題は何かを相談者と共に考えて支援に当たる。その際，子どもの最善の利益を優先することや，相談者が解決に向かえるよう相談者のストレングス（強み，良い所）の視点を持って対応していくなど，ソーシャルワークの流れに沿って支援を組み立てている。

　相談内容については，養護相談，虐待相談，非行相談，性格行動相談，不登校相談，いじめ相談等，多岐にわたっている（表9-3）。

5）地域の子育て家庭への支援
①　地域の子育て機関との連携

　要保護児童対策地域協議会への参加と他機関連携　　要保護児童対策地域協議会（以下，要対協という）は，代表者会議，実務者会議，個別検討会議の3層構造で組織され，現在ではほとんどの市区町村で設置が進んでいる。児童家庭支

表9-3　相談内容の分類

相談内容分類		内　容
養護相談	養護相談	保護者の入院，離婚，養育困難等
	虐待相談	児童虐待のおそれ，DVで子どもに関わる場合の相談
保健相談		児童の疾患の初期対応，乳幼児発達相談
心身障害相談		心身障害に関する相談
非行相談		虚言癖，家出，万引き等の相談
育成相談	性格行動相談	落ち着きがない，家庭内暴力等の相談
	不登校相談	学校や保育園等に登校（登園）できない
	適正相談	進学適正，学業不振などの相談
	しつけ(養育)相談	幼児の養育，遊びに関する相談
いじめ相談		いじめに関する相談
DV相談		DVにかかわる大人のみの内容になる相談
その他の相談		以上のいずれにも該当しない相談

出所：全国児童家庭支援センター協議会「児童家庭支援センター運営事業実績報告記入要綱（2016年改訂版）より抜粋。

援センターが要対協の構成員になっている場合も多く，必要に応じて助言を行っている。

　実際の要対協実務者会議（以下，会議）では，地域の要支援家庭や要保護児童，特定妊婦等の情報収集の後，市町村が台帳を作成し記載内容を定期的に更新していく。その台帳を基に実際の会議では，要保護児童等の変化に応じ，関係機関の支援経過等の確認等を行い，必要に応じて個別のケース検討会議開催を進めるなど，ケースの進行を管理していく。

　更に要保護児童等だけではなく，要支援児童に対しても，要対協構成員間で情報を交換する場合や，必要に応じて機関連携を行う場合もある。

　児童虐待通告が右肩上がりに増えている現代社会の中では，要対協だけではなく，児童家庭支援センターと関係機関の連携は必要不可欠となっている。

　子ども家庭総合支援拠点との連携　子ども家庭総合支援拠点（以下，支援拠点という）は，2016（平成28）年の児童福祉法改正により市区町村に設置されるもので，期待されている役割としては，地域の子どもとその家庭，妊産婦も含

め，妊娠から出産，その後の子育てに関して相談に応じ，必要な調査や指導を行うなど，ソーシャルワークを中心とした機能を持つこととされている。

　この支援拠点設置については，現在すでに導入している市区町村もあるが，2022年度までに全市区町村に設置するという目標が「児童虐待防止体制総合強化プラン」にて示されており，支援拠点は前述の要保護児童対策地域協議会との連携だけでなく，子育て支援全般を含む包括的な機関と位置付けられている。そのため，今後，児童家庭支援センターは子ども家庭総合支援拠点とどのような協働が可能なのかについて模索し，役割を明確にしていくことが必要になってくる。

　子育て短期支援事業　子育て短期支援事業とは，「ショートステイ」「トワイライトステイ」と呼ばれているものである。ショートステイは，養育者の短期入院，出産，事故や災害，育児疲れ等が原因で一時的に子どもを養育することが難しい場合に，地域での生活を維持したまま，利用できる制度である。基本的には1泊2日から1週間程度利用できる場合が多い。また，日中や夜間など宿泊を伴わず，短時間子どもを預かるサービスを「トワイライトステイ」と呼び，いずれのサービスも申請窓口は各市区町村となっている。

　多くの児童家庭支援センターでは子育て短期支援事業の窓口対応を行っており，入所型の施設と市区町村間の調整だけでなく，利用者の直接の声に耳を傾け，利用後の見守り活動や在宅支援に繋がるように対応している。そうした在宅支援の継続が，その後の親子の安心で安全な生活の把握に加え，児童虐待の早期発見と予防の役割も担っている。近年ショートステイの利用者が増えているが，地域の子育て家庭をサポートする本事業は，各市区町村に限らず，児童家庭支援センターにとっても重要な子育て資源となっている。

　②　児童家庭支援センターの特徴を活かした支援

　全国の児童家庭支援センターでは，それぞれの地域性や独自性を活用しながら，さまざまな子育て支援を展開している。

　例えば，児童家庭支援センターのプレイルームを開放し，親子で参加できる「子育て広場」や「親子サロン」がある。また，母親向けの子育てに関する各

種学習会や講座の開催，子どもとの関わり方を学ぶペアレントトレーニングの開催，「子育てミーティング」「ママグループ」といった，親同士が集まり語り合う機会を設ける活動を行っているところもある。その他，不登校児童を対象とした学習支援や外出プログラムなどの活動を展開しているところもある。

　さらに定期的な子育て支援セミナーの開催や，毎年11月の児童虐待防止推進月間に，市民に向けて行われる啓蒙活動として，例えば子ども虐待防止オレンジリボン配布やオレンジリボンたすきリレー，市民向け研修会等といった活動を，単独または複数のセンターが合同で取り組んで展開している。

　このように，地域の子育てニーズや各センターの特徴を活かした子育て支援活動が全国各地で取り組まれており，地域の福祉向上に貢献する児童家庭支援センターの事業に益々期待が高まっている。

（2）要保護児童対策地域協議会

1）設置に至る経緯と守秘義務

　厚生労働省が，1990（平成2）年度より児童相談所における児童虐待対応件数を発表しはじめたその年，日本初の児童虐待を防止するための民間団体（現・認定NPO法人児童虐待防止協会）が創設され，それから10年経った2000（平成12）年，児童虐待の防止等に関する法律が成立した。児童虐待の顕在化が法律制定の引き金になったといえる。

　児童相談所における虐待相談対応件数は，「1990（平成2）年度，1,101件であったが，2000（平成12）年度は1万7,725件[1]」と大幅な伸びを示した。こうしたことから，受け身的に児童虐待の通告を待つのではなく，積極的かつ予防的に，被虐待児等の早期発見及びその見守りや支援を具現化し，2005（平成17）年に設置及び運営が開始されたのが，「要保護児童対策地域協議会」（以下，要対協）である。因みに，児童相談所における虐待相談対応件数は，「2004（平成16）年度には3万3,408件[1]」と，僅か5年で倍増したのである。

　こうした現状を問題視した要対協は，「被虐待児童の早期発見や，その適切な保護を図るため，関係機関が子ども等に関する情報や考え方を共有し，責任

体制を明確化することが必要である⁽²⁾」と考え，都道府県に対してその設置及び運営に努力義務を課している（児童福祉法第25条の2）。要対協は，市町村を基礎自治体とすることで責任の明確化を図り，年を追うごとに深刻さの増す児童虐待等に対し，関係機関は知り得た情報を躊躇うことなく開示することが必要になる。

しかし要対協への関係機関の出席者には，職種によって守秘義務が課せられている者（社会福祉施設職員等）や，資格等により守秘義務が課せられている者（医師・弁護士等）がいる反面，自治会関係者等のこれまで法律上，守秘義務が課せられていなかった者も参画している。

従前より守秘義務が課せられている者にとって，コアな個人情報を持っている場合，とりわけ1人のみが知り得る情報については，情報共有を躊躇うことが考えられる。要保護児童及びその保護者等に，自らの個人情報を関係諸機関で共有していることが漏洩してしまうと，その後の支援に窮することが十分に予想されるからである。

これは筆者が児童福祉司から直接聞いた話だが，民生委員児童委員を介して，虐待の通告を受けた児童相談所の担当児童福祉司が当該家庭を訪問したところ，玄関先に出てきた母親に，見事に通告者（民生委員児童委員）と通告元の地域住民を言い当てられたことがあったという。勿論，担当児童福祉司は，通告元を言ったわけではなく，どんぴしゃりと言い当てられたことに戸惑い，その戸惑いが顔に出てしまったという。言葉による漏洩だけでなく，表情等からの漏洩も少なくない証左である。筆者の経験からも，要保護児童やその保護者等は，一様に勘が鋭いように感じる事が多かった。

こうしたリスク要因が少なからずあることは事実であるが，それを超えてでも守らなければならない命があり，関係諸機関には，守秘義務が課されているのである。これまで度重なる虐待死等によって，児童虐待に対する国民の関心は徐々に高まり，児童虐待の防止については，他人事ではなく身近な問題と捉えられるようになり，要対協の設置が推進されるようになった。その結果，「2017（平成29）年4月1日現在において要対協は，1,735市町村に設置され，

進捗率は99.7％に至っている。（4町・2村未設置⁽³⁾）」。

　しかし，要対協がほぼすべての市町村に設置されたとしても，問題なのは，その運営の質である。要対協を設置した市町村によっては，その運営方法などがわからず，要対協自体が形骸化することも少なくない。要対協の運営については，専門資格を有する者の配置が有効であるが，「2018（平成30）年2月現在，専門資格を有する者の配置状況は66.9％であり，まだまだ十分な配置とは言えない状況⁽³⁾」がある。

　さらに言及すれば，専門資格を有する者の配置促進と併せて他職種による複数配置が必要である。たとえば，社会福祉士と保健師，あるいは精神保健福祉士と看護師など，様々な組み合わせによって互いの専門領域からの見解が要対協の運営に有効であると思われる。また広域連合については，「複数の市町村の連合型」は縦割り行政の影響からか「4市区・12町・4村のみ広域連合化⁽³⁾」している状態であり，遅々として進んでいないのが現状である。

　筆者の経験上，要対協の運営については，市町村による大きな格差があると思われる。先駆的な市町村もあれば，設置はしたものの運営については，機能していない市町村も存在すると思われる。この点は，2019（平成31）年1月24日に，千葉県野田市で小学校4年生の女児が父親による虐待で死亡した事例を見ても明らかである。沖縄県糸満市から，転居先への緊密な連絡や引き継ぎがあれば，沖縄県の児童相談所に父から母が受けたDVについても見逃されることなく，女児の虐待死も回避できたと考えられる。

　いずれにしても，広域連合化もさることながら，不適切な関わりのある世帯の転居については，転居前の市町村から転居後の市町村へ，緊密な連絡を義務づけ，法定化することが必要である。

2）運営の課題

　要対協においては，「地域の関係機関等が，子どもやその家庭に関する情報や考え方を共有し，連携して対応していくことで，①要保護児童等の早期発見，②支援の迅速開始，③各関係機関等が緊密に連携，④情報の共有化及び，それぞれの役割分担について共通の理解などの利点がある⁽²⁾」。

しかしながら，筆者も関わった要対協の個別ケース検討会議においては，要保護児童を早期発見して，関係諸機関による情報の共有を図るが，いざ役割分担するという段階において，困難な役割の押し付け合いも少なくなかった。前述したように，こうしたことを無くすためにも，社会福祉士や精神保健福祉士等の専門職を配置し，コーディネート役を担うよう位置づけることが，喫緊の課題といえる。

3）要保護児童対策地域協議会の対象児童

要対協の対象児童は，虐待を受けた子どもに限らず，非行児童なども含まれることを忘れてはいけない。要保護児童については言うまでもない。非行児童については被虐待児童と関係無いように思われるが，「児童自立支援施設に入所する児童の58.5％の児童が，施設入所前に何らかの虐待を受けている」[(4)]。また要支援児童の中には，保護者の養育を支援することが特に必要と認められる児童（要保護児童を除く）も含まれている。

まず，この要支援児童については2つの側面があり，1つ目は親の養育能力についてである。親自身に知的障害等がある場合や精神疾患等の影響によって養育が困難な場合は，親支援が必要である。また，世帯における貧困問題によって引き起こされる「子どもの貧困」も，今日的問題として大きな課題である。

2つ目は子ども自身の問題である。知的障害や自閉スペクトラム症（ASD），注意欠陥多動性障害（ADHD），学習障害（LD）等の影響から子どもたちは，何かしらの生きにくさを感じ，学校等の場面や，地域の中での暮らしが困難な状態に陥っている。こうした子どもに対し，特別支援教育機関との連携・協働や，医療面からの関わりが必要かつ重要である。

最後に，出産後の養育について出産前に支援を行うことが特に必要と認められる妊婦（以下，特定妊婦）の出生後の母子についてである。特定妊婦は，子どもの出生前の状況を指し，妊婦自身が子どもの出生をもって，その子どもは要支援児童となると考えられる。まず出産後の当人（母親）側の視点から考えると，たとえば初産・多子出産であった場合で，妊婦の両親等からの育児支援がない等の事情が該当するならば，その子どもは要支援児童となると考えられる。

つまり母親が初産・多子出産であるという不安を抱えた中で，誰からの支援も無く「ワンオペ育児」となった場合，育児は困難を極めることは想像に難くない。

　さらに対象児童を広げて考えると，福祉事務所及び児童相談所へ通告のあった子どもに関しても要対協の対象児童として含む必要がある。地域社会から，子どもへの不適切な関わりを虐待通告された以上，少なからず見過ごすことのできない育児等が存在し，児童虐待の予防的な見地から見ても，たとえ虐待認定されていなくても，その後の見守りが必要であり，その役割を要対協が担う必要があると考えられる。

（3）地域社会における多様な機関連携

　要対協の活動において，通告元となる主な機関は，「児童養護施設・乳児院・保育所・幼稚園・認定こども園・児童館・学校（教育委員会）・病院等（医師会や歯科医師会）・司法機関（弁護士会）・児童委員・児童家庭支援センター・里親支援機関・NPO・その他（自治会）[1]」などである。前述した通告元は情報を迅速にキャッチして，虐待を受けたと思われる若しくは要保護児童と判断できる個別ケースにおいては，躊躇することなく通告することが求められている。

　関係諸法に照らせば，関係諸機関の緊密な連携を求められていることが理解できるが，個別ケースに関わる関係者の情熱に差が生じることや，地域間格差等が懸念されている。以下は，筆者の要対協の実施する会議への参画経験を基にした他機関連携についての解説である。

　要対協の会議は，代表者会議・実務者会議・個別ケース検討会議があり，会議に参画するメンバーは市町村によって異なると考えられるが，筆者は，代表者会議と個別ケース検討会議へ参画していた。代表者会議については，年に1回程度の各種団体の代表者が集い，要対協の意義を確認し，前年度の活動報告を共有することを主な目的としているため，代表者の情熱に差が生じるとは思えないが，毎回のように民生委員児童委員の代表者から児童相談所長に対して，個別ケース検討会議で検討しないのかという要求が出されていた。このことは，

身近で起こる児童虐待を地域で見守り続けることに限界を感じている民生委員児童委員の心の叫びのように思われた。

　また個別ケースの検討会議の開催については，実務者会議でその優先順位を検討している。その実務者会議については，多くの市町村で行政機関が担当しており，会議における検討内容は公表されないのが実情である。

　児童相談所や福祉事務所に通告された個別ケースについて，実務者会議でその緊急性及び重篤度に優先順位を付け，個別ケース検討会議の開催をコーディネートしているわけだが，行政機関と民間団体との温度差が激しいのではないかと思われる。行政機関（児童相談所及び福祉事務所）は，日常的に要保護児童の通告を受けている機関である。多くの困難な個別ケースと関わり続けることで，児童虐待に関する感覚が鈍磨してしまう危険があるのではないかと考えられる。

　一方，地域において，身近に児童虐待及びそのおそれのある個別ケースについて，日々の丁寧な見守りで，民生委員児童委員の熱意は自ずと高くなる。筆者はある年の代表者会議において，こんな質問をしたことがある。

　　　「代表者会議の回数については，自分が出席しているので承知しているが，
　　　実務者会議が何回開催され，個別ケースを何ケース検討し，また個別ケー
　　　ス検討会議を実施したのは何ケースで，その頻度は何回でしたか。」

　この質問の答えについては，1年後の代表者会議において解消されることになるが，その答えも満足なものではなかったと記憶している。実務者会議の回数もさることながら，個別ケース検討会議については，取り上げられた個別ケースの少なさに愕然とし，その1ケースに対する個別ケース検討会議が1年間で1～2回ということもあり，要対協の運営に絶望感を持ってしまったことも偽らざる気持ちとして，今も想起するのである。

　次に，個別ケース検討会議において，代表者会議に参画した行政区とは異なる行政区で，少し変わった立ち位置でメンバーとして参画した事例を取り上げ

る。筆者の関わった個別ケースの保護者である母親が，筆者の勤めていた児童養護施設の入所児童であったことからの参画である。

　この会議で取り上げたのは，両親の下で育つ長男（4歳男児）に対する父親の身体的虐待である。通告元は長男の通う保育所であり登園の際，長男に顔の痣に対して本人に質問すると，長男は「父親に叩かれた」と話したことから，保育所が児童相談所に証拠写真とともに通告したのである。通告した当初，児童相談所は家庭訪問することも，保育所に意見聴取することも無かったので，筆者が再通告したのであった。

　その後，要対協の個別ケース検討会議の開催に至るが，当時の参加メンバーは，児童相談所（担当児童福祉司）・福祉事務所（家庭児童相談室の職員及び生活保護ケースワーカー）・保健所職員・保育所職員と筆者であったが，弟や妹への虐待も発覚したことで，長男が中学卒業した後も，会議は継続した。メンバーは年々増加し，児童館職員，小学校担任教諭，中学校担任教諭が加わった。

　個別ケース検討会議において，生活保護ケースワーカーからは定期的な家庭訪問から得られた家庭内の情報が報告され，保健所からは乳児家庭全戸訪問事業（こんにちは赤ちゃん事業）や1歳6ヶ月検診及び3歳児検診などから得られた情報が報告された。メンバーはこれらの情報を共有しながら，世帯への支援について役割分担に関する議論を進めていった。筆者の役割は，母親の面接や緊急時のショートステイ（子育て支援短期利用事業の一つ）の受け入れ等である。当時を回想しながら，この個別ケース検討会議への参画を通じて感じた問題点は，以下の通りである。

　役割分担については，関係機関が押しつけ合う場面が見られ，結果として，保育所が殆どの役割を担うことになった。また，個別ケース検討会議の開催頻度が，参画するメンバーが増える毎に，開催日程の調整は困難を極め，必然的に開催頻度が減ったことは大きな課題と考えられる。こうした実践を体験したことで，代表者会議や個別ケース検討会議の課題が，筆者なりに見えたことは事実である。筆者の体験の類似体験をした関係機関メンバーがいる反面，より良い体験をした関係機関メンバーが少なくないことも事実である。

2004（平成16）年，都道府県に対し要対協の設置が努力義務化する以前から活動している大阪府泉大津市の児童虐待防止ネットワーク（愛称 CAPIO）や，東京都三鷹市の子ども家庭支援ネットワーク等の先進市町村の蓄積されたノウハウを学び，要対協の運営を確実に機能させることが必要である。

注

⑴　厚生労働省「児童虐待の定義と現状」（https://www.mhlw.go.jp/seisakunitsuite/bunya/kodomo/kodomo_kosodate/dv/about.html，2019年12月14日アクセス）。
⑵　厚生労働省「要保護児童対策地域協議会設置運営指針」（https://www.mhlw.go.jp/bunya/kodomo/dv11/05.html，2019年12月11日アクセス）。
⑶　厚生労働省「要保護児童対策地域協議会の設置運営状況調査結果の概要」（https://www.mhlw.go.jp/content/11900000/000349526.pdf，2019年12月11日アクセス）。
⑷　厚生労働省「平成25年2月1日児童養護施設入所児童等調査結果（平成25年2月1日現在）」（https://www.mhlw.go.jp/stf/houdou/0000071187.html，2019年12月11日アクセス）。

参考文献

・第1節
厚生労働省「社会的養護の課題と将来像」（児童養護施設等の社会的養護の課題に関する検討会・社会保障審議会児童部会社会的養護専門委員会とりまとめ概要）2011年。
厚生労働省「児童養護施設等について」（新たな社会的養育の在り方に関する検討会）2015年。
新保育士養成講座編纂委員会編『社会的養護』（新保育士養成講座⑤）全国社会福祉協議会，2014年。
児童育成協会監修，相澤仁・林浩康編『社会的養護』（基本保育シリーズ⑥）中央法規出版，2015年。
平戸ルリ子編『児童や家庭に対する支援と児童・家庭福祉制度――児童・家庭福祉制度　児童・家庭福祉サービス　第3版』（社会福祉士シリーズ⑮）弘文堂，2017年。
・第2節（1）
厚生労働省子ども家庭局「市町村・都道府県における子ども家庭総合支援体制の整備に関する取扱状況について（追加資料）」2018年。
厚生労働省子ども家庭局長「児童虐待防止対策体制総合強化プラン（新プラン）に基

づく人材確保に向けた取り組みについて」（子発0228第4号，平成31年2月28日付）。

厚生労働省雇用均等・児童家庭局長「市区町村子ども家庭総合支援拠点の設置運営等について」（雇児発0331第49号，平成29年3月31日付）。

子どもの虹情報研修センター「平成28年度研究報告書児童家庭支援センターの役割と機能のあり方に関する研究（第1報）」2018年。

子どもの虹情報研修センター「平成29年度研究報告書児童家庭支援センターの役割と機能のあり方に関する研究（第2報）」2018年。

資生堂社会福祉事業財団『世界の児童と母性　82』2017年。

全国児童家庭支援センター協議会「児童家庭支援センター運営事業実績報告記入要領（2016年度改訂版）」。

渡辺顕一朗・橋本真紀編著『詳解　地域子育て支援拠点ガイドラインの手引』中央法規　出版，2018年。

・**第2節（2）（3）**

金子恵美編集代表『要保護児童対策調整機関専門職研修テキスト──基礎自治体職員向け』明石書店，2019年。

第10章　社会的養護従事者が取り組むべき課題

1　社会的養護とパーマネンシー保障

(1) パーマネンシー保障の概要

　パーマネンシー（permanency）は，「永続性」「恒久性」と訳される。欧米では，「子どもの最善の利益」が児童福祉の理念とされており，「子どもの最善の利益」のためにパーマネンシーの理念が有効と位置付けられている。パーマネンシーの理念とは，子どもにとっての「養育者」や子どもを取り巻く「養育環境」を，安定的で継続的に提供しなければならない，とする考え方である[(1)]。

　子どもにとって，温かい家族の中で安心して暮らすことが最も望まれる。しかし，すべての子どもが生みの親の下で，健やかに暮らせるとは限らない。家庭での子どもの生活が，健全ではないと判断された場合，子どもは，家庭から分離され，里親もしくは施設等で生活を送ることになる。この時，子どものフォスター・ケア（里親や施設による養育）を避けるか，あるいはできる限りそれを短期間にとどめ，子どもに永続的な家庭を保障するという目標に向けて立てられる援助計画がパーマネンシー・プランニングである。

　パーマネンシー・プランニングはアメリカで発案されたが，その背景として，子ども虐待の増加が挙げられる。1962年にヘンリー・ケンプ（C. Henry Kempe）が発表した論文において，保護者からの身体的な虐待を受けた子どもの状態は，「殴打された子ども症候群（The Battered Child Syndrome）」と名づけられ，アメリカ社会に大きな衝撃を与えた。その後，1974年に「児童虐待防止法及び処遇法（Child Prevention and Treatment Act）」が成立し，虐待をした保護者から子どもは分離されることとなる。しかし，その後保護された子どもが，

親への適切な支援がないために家庭に帰れず，施設や里親をたらい回しされる「フォスターケア・ドリフト」現象が起こった。子どもは成長・発達に不可欠な安定した生活環境を得ることができずにいたのである。さらに，ゴールドシュタイン（J. Goldstein）の調査結果(2)より，子どもにとって，特定の大人との恒久的な心理的関係を結ぶ環境が必要であることが裏づけられたこともあり，1980年に「養子縁組援助と児童福祉法（Adoption Assistance and Child Welfare Act）」（以下，同法）が成立した。この法律では，家庭の維持が難しい場合はその代わりになる安定した環境をできる限り速やかに子どもに用意しなければならないとしており，(3)これによりパーマネンシー・プランニングが推し進められた。

　同法には2つの主要な点がある。1つは「期限を明確にして子どもの処遇計画をたてること」である。これにより，社会的養護における措置を一時的介入として位置付け，子どもが適切なケアを受けながら，家庭復帰，あるいは永続的な措置に置かれることをできる限り早期に保障することを目指した。2つは「子どもは最も制限の少ない環境（the least restrictive setting）に措置されるべきこと」である。(4)これは，子どもにとって最も制限が少ない環境を最優先するという考え方である。この考え方では，家庭がもっとも制限が少なく，施設が最も制限が多い環境となる。なお，同法に一体化をしているアプローチでは，サービスの優先順序を次のように示し，援助過程の順序性を明らかにした。(5)

① 　家庭から子どもを分離するのを防ぐために家族支援をおこなうこと
② 　分離が必要なところでは，子どもたちが彼らの家庭に再結合されうるための永続的計画を展開させること，及び援助サービスを供給すること
③ 　これらの選択肢が不適切であるところでは子どもたちが養子になるような積極的サービスを供給すること。あるいはそれが選択した計画であるところでは永続的里親家庭に措置されるようサービスを供給すること

　これらが示すように，パーマネンシー・プランニングでは，社会的養護が必

要な状況を速やかに解消し，安定的に継続して子どもの養育を担うためには，「養子縁組」が次善策であると考えられている。

（2）パーマネンシー保障の必要性

・事　　例

　　裕子さんは出生と同時に乳児院に入所した。その後実父に引き取られたが，継母の養育拒否のため里親委託を数回繰り返し，中学生になってから児童養護施設入所となった。その裕子さんが高校生になり，将来の進路を考え始めたころ，「自分の過去について知りたい。今，それを確かめないと前に進めない気がする」と伝えてきた。そして，夏休みに裕子さんは自分の軌跡をたどるべく，自分探しの旅に出た。最初の里親宅を訪問し，幼い頃の自分の様子を聞き，「なぜ里親を変わらなければならなかったのか」について確認をした。その後，次の里親宅を訪問し，同様のことを確認した。さらに，次の里親宅を訪問した。そして，帰ってきた裕子さんは「今，ここにいる自分と過去の自分がつながった。これでやっと前に進める」と伝えてきた。

　事例の裕子さんについて考えてみよう。パーマネンシー保障という意味において，裕子さんの措置変更のプロセスは最善とは言い難い。養育者や養育環境が転々と変わる中，裕子さんはそれまで培われた生活様式や価値観の変化を強いられたこともあったであろう。また，措置変更の際に丁寧な説明があったとも思えない。気が付くと生活環境が変わっていた，というのが率直な思いだったのではないか。裕子さんは，こころの拠り所を持てず，「今，ここにいる自分」「今を生きている自分の存在」を受け入れることが難しかった。そんな裕子さんが，自らの努力でとぎれとぎれになった人生をつなぎ合わせ，「今，自分が生きている意味を見いだし，未来への見通しをもてた」と語った言葉は重たい。

　この裕子さんの言葉にパーマネンシー保障の必要性を見出すことができる。それは「アイデンティティの確立」である。アイデンティティとは「自分が自分であること」を認識すること，つまり「自分の個性や能力等を自覚し，将来の自分の生き方を考える」ことである。また，その答えを定めていくことをア

イデンティティの確立と呼ぶが，養育環境が転々とする中では過去の自分と現在の自分を連続性を持ってとらえることが難しい。「過去の自分があったから今の自分がいる」「これまでは自分らしく生きてきた」といった，これまでの自分を受け入れる感覚がなければ，アイデンティティの確立は困難となり，子どもの未来への展望を狭めることになる。

　また，子どもは，信頼できる大人から大切に育てられる経験を通して，他者や人間世界に対する信頼感を得ることができる。大切に育てられるとは，人間としての感情交流の中で育てられるということである。そのような日々の関わりの中で，自信や自己肯定感を獲得し，大人から価値や社会規範を取り入れながら自立へと向かっていく。養育者や養育環境がころころと変わるということは，信頼できる大人との安定・継続した生活を奪われることであり，「自分は大切な存在であり自分には価値がある」という自己肯定感の獲得も難しくなる。

　将来に希望を持ち，自分の人生を生きることは誰しもが望むことである。しかし，社会的養護での生活を余儀なくされる子どもにとって，過去と未来は不安要因であることが多い。過去の生活と現在の生活に連続性がなく，過去を見つめれば見つめるほど，現在の自分が不確実になる。現在の自分を受け入れることができなければ，未来に対する展望も持てない。社会的自立に必要なことは，自分の存在意義を見出し，自信を持って社会に参画していくことである。パーマネンシー保障は，子どもの過去・現在・未来をつなぐ架け橋であり，自信を持って人生を生きるために重要な概念である。

（3）わが国における現在の取り組み

　2016（平成28）年の児童福祉法改正では，社会的養護を必要とする子どもを含め，すべての子どもの育ちを保障する観点より，子どもが権利の主体であることを明確にし，実親による養育が困難であれば，特別養子縁組による永続的解決（パーマネンシー保障）や里親による養育を推進することを示した。これを受け，法改正の具体化に向けて，2017（平成29）年「新しい社会的養育ビジョン(7)」（以下，新ビジョン）が厚生労働省より公表された。

　新ビジョンでは，「社会的養護を必要とする子ども，つまり社会の介入ニーズの度合いが大きい子どもに対して，代替養育の必要性を適切に判断する必要性の原則と，必要と考えられる場合には，個別的に最も適切な養育環境が特定されるという適切性の原則という二つの原則による運用が求められている。」と述べ，代替養育は，本来は一時的な解決であるため，家庭復帰，親族との同居，養子縁組，中でも特別養子縁組といった永続的解決を目的とした対応を児童相談所は，行われなければならないとしている。

　さらに，「子どもの権利保障のための児童相談所の在り方」の中では，パーマネンシー保障は家庭養護の観点に加えてリーガルパーマネンシー（親子の法律的安定に基づいたパーマネンシー）保障も視野に入れる必要があることを指摘し，代替養育の優先順位を次のように示している。

①　家庭復帰に向けた努力を最大限に行う
②　親族・知人による養育（親族里親，親族・知人による養育里親，里親制度に基づかない親族・知人による養育，親族・知人による養子縁組）
③　特別養子縁組
④　普通養子縁組
⑤　長期里親・ファミリーホーム
⑥　施設養護

　また，援助計画のあり方として，ソーシャルワークにおける家庭復帰プランは児童相談所が責任をもって計画し，施設や里親と共有し，実行すべきであり，養育プランは施設や里親が責任を持って計画し，児童相談所と共有して，実行すべきである，としている。

　このように，養子縁組，中でも永続的解決を保障する特別養子縁組を子どもの福祉における重要な選択肢として位置づけており，措置機関である児童相談所に対して，それを具現化するための方向性と援助計画（パーマネンシー・プランニング）の必要性を示している。

パーマネンシー保障に対するわが国の取り組みは始まったばかりである。新ビジョンは法的に拘束力を持つものではないが，実現に向けての工程として具体的な目標年限や数値を示しており，今後の具体的な取り組みについて，期待されるところである。

（4）施設養護とパーマネンシー保障

　わが国における代替養育の現状は，施設養護が中心である。パーマネンシー保障からみると施設養護の選択順位は最も低いが，施設養護においても「養育者」や「養育環境」を子どもに安定的で継続的に提供する取り組みは必要といえる。したがって，ここでは施設養護の今後の課題として以下の2点を述べる。

　1点目は，現在進められている小規模化が本来目指すべき狙いを再認識することである。施設養護では，小規模化による家庭的養護の実現に向けて「地域小規模児童養護施設[(8)]」「小規模グループケア[(9)]」等が進められている。施設の小規模化は，「家庭的養護と個別化」を行うものであり，「あたりまえの生活」を保障するものである，といわれている。その指摘は当然ではあるが，その前提に「子どもと職員の養育関係」が大規模集団よりは成立させやすい，というメリットがあることを意識し，意図的に取り組む必要がある。

　「養育関係の成立」とは家族や子どもの抱える課題への接近に不可欠な信頼関係の構築であり，施設養護で最も大切にすべき視点である。また，「個別化」とは子ども一人ひとりが抱える状況や課題に対する理解であり，かかわりである。小規模化は形態で論じられることが多いが，大切にすべき養育関係のあり方を再認識し，日々のあたり前の生活が展開されるならば，子どもにとっての「養育者」や「養育環境」はよりを安定したものとなるであろう。

　ただし，担当職員の専門性向上への取り組みやサポート体制等，小規模化の今後に向けて議論すべき課題は多い。

　2点目は，職員の交代に対する対応である。施設は，担当者変更や職員の退職などで大人が入れ替わる状態が発生し，特定の大人との永続性という意味では制約が多い。特に養育関係が成立していた担当者との別離は子どもに大きな

影響を及ぼす。この危機的状況への対応は，後任者や周りの大人が示す共感性である。子どもが感ずる寂しさを共に共有することが必要である。子どもが語る大好きだった前任者の思い出に耳を傾けたり，思い出を共有をすることで，その危機的状況を和らげることができる。また，そのようなかかわりは，子どもが後任者に期待をよせ新しい関係性をつくり始める機会ともなり得る。さらに，担当者が変更となっても，「児童自立支援計画」の内容がしっかりと引き継がれるようにしなければならない。

　永続性では制限が多い施設養護である。職員が交代となっても子どもへの影響を最小限にとどめる工夫が大切といえよう。

2　被措置児童等の虐待防止

（1）被措置児童等の虐待

　社会福祉基礎構造改革を推進する社会福祉法が2000（平成12）年に制定され施行されたが，児童福祉施設は措置制度が残った。施設養護における「ケア基準」づくりや「子どもの権利ノート」「施設のサービス評価基準」の作成など，「児童の権利に関する条約（子どもの権利条約）」や社会福祉基礎構造改革に示されている理念の具現化が社会的養護の分野においても動き出したところであったが，児童養護施設での被措置児童等の虐待事件が相次ぎ，その後も権利侵害の通告が後を絶たない。児童虐待は，子どもの心身の発達と人格の形成に重大な影響を与え，子どもの一生涯，さらには世代を超えて深刻な影響をもたらすこともある。虐待を受けて入所してきた子どもが安心・安全に生活できる環境であるべき施設で，どんなことがあっても，さらに虐待を受けることがあってはならない。

　ここで，被措置児童等とは，児童福祉施設，小規模住居型児童養育事業に措置された児童，あるいは里親に委託された児童のことをいうが，その児童に与えられる虐待をマルトリートメント（Maltreatment）ということもある。これは「大人の子どもへの不適切なかかわり」を意味しており，児童虐待の意味を

広く捉えた概念である。また，「施設内虐待」という言葉も使われるようになった。

2008（平成20）年の児童福祉法改正で，社会的養護の対象児童（被措置児童）への虐待を「被措置児童等虐待」と定義し，施設内虐待について条文で明確に記されることとなった。児童福祉法第33条によると，「被措置児童等虐待」とは，①身体的虐待，②性的虐待，③ネグレクト，④心理的虐待，の4つである。基本的には「児童虐待防止法」における分類と同様であるが，③のネグレクトの中に，社会的養護における子ども同士の暴力や子ども間の性暴力に対して対処せず，放置することも含んでいる。

身体的虐待については，職員による体罰や暴力，身体拘束（後ろ手にしばるなど）などを挙げることができる。性的虐待についても，男性職員による女児に対するものや，女性職員による男児に対するものなど，少なくない数の事例報告がある。ネグレクトについては，食事を与えなかったり部屋に監禁した例などがあり，暴力を振るう子どもやいじめを見て見ぬ振りをしたり，見落したりした例がある。また，心理的虐待では，特定の子どもを無視する，職員が大きな声で怒鳴る，威圧的な言動なども含まれている。

（2）被措置児童等虐待の発生の背景

被措置児童等虐待の発生の背景には，①子どもの権利を守る観点の不足などの児童権利意識の低さ，②施設全体で体罰を容認するなど職員の専門性の低さ，③職員の配置基準の低さ，④職員への研修等の不足，スーパービジョン体制の不足など支援体制の不足，⑤職員間の連携不足，⑥施設の閉塞性，⑦施設長などによる強引な運営体制などが挙げられる。

ここで被措置児童等虐待の状況を，「平成29年度における被措置児童等虐待届出等制度の実施状況[11]」からみてみる。対象となっているのは，「乳児院」「児童養護施設」「里親・ファミリーホーム」「障害児入所施設等」「児童自立支援施設」「児童心理治療施設」「児童相談所の一時保護所（一時保護委託も含む）」などである。

　被措置児童等虐待の事実が認められた施設等は，「児童養護施設」が64件（64.6%），「里親・ファミリーホーム」が12件（12.1%），「障害児入所施設等」が10件（10.1%），「児童自立支援施設」が8件（8.1%），「一時保護所等」が4件（4.01%）であった。ただし，児童養護施設は，その他の施設と比較して施設数が多いため，発生件数も多くなっていると考えられる。また，児童養護施設64件のうち，ユニットケア（8人以下）の生活形態をとっている施設での事例は，35件であり，20人以上いる大舎制の形態より上回っていた。

　虐待を行った職員等の年齢については，29歳以下の職員が34.2%と最も多く，若い職員が虐待を行いがちであるようにも見える。しかし，30〜39歳，40〜49歳の職員もそれぞれ20%近くが虐待を行っている。虐待を行った職員等の実務経験年数については，5年未満の職員が47.7%であり最も多くなっている。ただし，年齢と同様に実務経験年数にかかわらず，どの年数の職員も虐待を行っている。年齢や実務経験年数が若い職員からの相談を受ける機会を設けたり，研修を行う機会などを増やすとともに，虐待はどの年齢についても起こりうることを認識し，対応していくことが重要である。自治体からの回答によると，虐待を行った職員等のパーソナリティとして最も多く見られた項目は，「怒りのコントロール不全」，次いで「衝動性」「攻撃性」「感情の起伏が激しい」や「養育技術の低さ」が挙げられている。

　また，虐待を受けた児童の総数は142人であった。児童の性別は，「男子」が92人（64.8%），「女子」が50人（35.2%）である。就学等の状況は，「小学校等」が48人（33.8%），「中学校等」が41人（28.9%），「高等学校等」が17人（12.0%），「就学前」が30人（21.1%），「就労・無職等」が1人（0.7%）であった。年齢では10〜14歳の61人（43.0%）で最も多く，次いで5〜9歳の39人（27.%），15歳以上が26人（18.3%）などであった。

　行われた虐待の種別は，身体的虐待が56.6%と最も高く，性的虐待23.2%，心理的虐待17.2%，ネグレクト3.0%と続く。ただし，性的虐待や心理的虐待は，身体的虐待と比較して見極めにくいため，通告はされなかったものの，より多くの虐待が行われている可能性はあるのかもしれない。

虐待の期間については，１週間以内の短期の事例は49件（49.5％）であり，虐待の期間が６カ月以上の長期にわたった事例は13件（13.1％）であった。虐待の回数については，１回の事例は44件（44.4％）であり，虐待の回数が10回以上にわたる事例は７件（7.1％）であった。日課の面では「就寝時間」「娯楽・テレビの時間」が多い。発生場所については，居室（個室）やホール等において多く起こっている。

　届出・通告者の内訳は，「当該施設・事業所等職員，受託里親」が109人（37.3％），「児童本人」が90人（30.8％），「家族・親戚」が28人（9.6％），「児童本人以外の被措置児童等」が18人（6.2％）等であった。届出・通告先別件数では，「児童相談所」が147件（53.1％），「都道府県市の担当部署」が125件（45.1％）等であった。

（3）　不適切な関わりを起こさないために

被措置児童等虐待が起こらないよう，その取り組みについて次の５つの視点から考えてみる。

１）職員の配置体制

　児童養護施設の職員配置はここ40年来変わっていなかった。2013（平成25）年「児童福祉施設の設備及び運営に関する基準の一部を改正する省令」により児童養護施設の人員配置基準で児童指導員及び保育士の総数を，満２歳に満たない幼児おおむね２人につき１人以上から，1.6人につき１人以上に，少年おおむね６人につき１人以上から，5.5人につき１人以上に引き上げられた。一人の職員が24時間子どもの対応をしているわけではないので職員１人あたりの子どもの数は平均すると10人から12人ほどあるいはそれ以上になる。さまざまな課題を抱えた子どもたちが利用しており，子どもの特性を十分理解した上で一人ひとりの子どもに目を配り，関わるためには複数の勤務体制が必要とされる。

２）職員の専門性

　子どもの最善の利益を保障するための適切な支援を行うためには，職員が共

通理解に基づくこと，および，その支援の適切性に関して検証することが必要である。職場での研修は職員の共通理解と支援の検証，そして，支援の質の向上のために必要不可欠である。

　「児童福祉施設の設備及び運営に関する基準」においても，職員は知識や技能，資質の向上に努めることが必要であると明記されている。職員の専門性の向上のためには，ケースカンファレンスなどの職場内研修や，スーパービジョンなどのOJT（On the Job Training）と，他の施設への見学，外部の各種研修会への参加などが重要である。

　職場での研修は，一般的に職務を通して，または職務に関連させながら上司や先輩が部下を指導・育成する研修，外部からのスーパーバイザー等がケースカンファレンスに参加するなど，児童への支援について客観的な視点を交えて検討する研修などがある。また，職務命令により，一定期間職務を離れて行う研修を Off-JT（Off the Job Training）がある。この Off-JT には，職場外の研修会や講習会に参加するものと，職場内で一定時間業務から離れて行う施設職員が集合して研修を受けるというものもある。「職場の働き方や危険防止（リスクマネジメント）のための研修会」「先進的な取組を実施している施設での宿泊研修」「子どもの権利擁護に関する研修」「体罰や心理的虐待に陥りやすい場面を想定したロールプレイを導入した研修」「職員の不適切対応の防止とスキルアップのため，異性の児童への対応に関する研修」など様々考えられる。　さらに，職員の職場内外での自発的な自己啓発活動を職場が認め，経済的，時間的援助などを行う SDS（Self Development System）もある。

3）職員間の連携

　日常生活支援において職員の対応にも一貫性がなくそうしたことが繰り返されれば，子どもたちは安心感を抱けず，不安感を増長させることになり，職員の不適切な関わりや虐待へつながる原因にもなりかねない。

　OJT においても Off-JT，SDS においても研修後は報告するなど職員間で共有されることが大切である。

　前述した「平成29年度における被措置児童等虐待届出等制度の実施状況」に

おいても，「研修を受講しても，その内容が職員に浸透していなかった」「職員間で児童の情報等を共有する仕組みが機能していなかった」「特別なケアが求められる児童への対応について，各職員任せになっておりチーム支援が出来ていなかった」などの報告がみられる。児童自立支援計画書など方針や計画を作成することにより子どもの日常生活支援の具体的な職員間の共通認識を図りながら共通認識を確認することもある。どのようにアセスメントして，どのように実行していくのかの支援計画を立案し支援を実施し評価（振り返り）を行う。子どもの状況については，日々の引継ぎの他，記録の電子化などにより閲覧しやすい環境を整えることなども有効である。

4）施設の閉塞性や施設長などによる強引な運営体制をなくす

被措置児童等の虐待の背景には施設の閉鎖性がみられたり，施設長のワンマン体制であったりする例が見受けられる。先に挙げた「平成29年度における被措置児童等虐待届出等制度の実施状況」においても「児童への理解や指導について，施設長としての専門性が低かった」「施設長の虐待防止に対する意識が不十分であった」などが報告されている。そこには施設職員と施設長などの間で意思疎通・意見交換を図られず，施設の風通しが悪い状況がみられる。

また，入所施設の場合，どうしても人間関係が職員と子どもの二者関係になり，外部に閉じられた空間になってしまう可能性も高い。施設内でしか通用しない物事が生じやすくなり，虐待や不適切な関わりを起こさせる温床となる可能性がある。そうした事態を改善するためには，施設を外部に開いていくことが大切である。

まず，施設開放やイベントへの参加など地域住民と交流する機会を増やし，ボランティアなどに積極的に関わってもらうなどして，外部の人と施設がつながりを持つようにする。

また，外部委員を入れた検証委員会，運営改善計画委員会等を立ち上げ，現状把握や検証を実施するなど苦情処理システムや施設の透明性を高めるため，定期的に外部機関からの評価を受けるなど第三者評価制度の活用，あるいは，ホームページ・通信・パンフレットなどを使った情報開示システムの構築など

より実体化されたものにしていくことが必要である。

5）被措置児童等虐待が発生後の対応

　被措置児童等虐待が発生後の対応として，施設及び当事者が直ちに本人及び保護者への謝罪を行い，児童相談所職員が，被害児童と面接を行い，現在の心境や今後の援助に対する要望等を聴取するなど対応が求められる。また，再発防止のため，外部委員を入れた検証委員会，運営改善計画委員会等を立ち上げ，現状把握や検証を行ったり，児童相談所を含めたケースカンファレンスを実施したり，再発防止策の実施について，指導監査及びフォローアップ調査により確認が行われたり，対応マニュアルを策定し周知徹底が必要とされる。自治体によっては児童相談所内に委員会を設置し定期的に被措置児童等へのヒアリングを行っているところもある。

3　社会的養護経験者の当事者組織との協働

（1）社会的養護の経験者と当事者

1）社会的養護経験者とは誰か

　何らかの事由により保護者と一緒に生活できない児童の代表的な社会的養護先は，乳児院はじめ児童養護施設，里親，児童心理治療施設，児童自立支援施設，自立援助ホーム等が挙げられる。

　つまり，社会的養護の経験者とは，公的責任の下で先に挙げた施設などで養護を受けた経験を有する人だといえる。近年，社会的養護の経験者をケア・リーバーと表現する例が見られる。

　たとえば，筆者は家庭の事情により，生後3日目より18歳10カ月まで児童福祉施設で生活した経験を有する。筆者の措置された期間は現在において日本最長と思われる。高校卒業後，施設では初めてとなる大学（福祉系）進学を果たし，卒業後は児童養護施設において5年間ほど児童指導員を勤めた経験を持っている。その後，大学教員を経て茨城県高萩市の首長を2期8年務めた。

2）社会的養護当事者とは誰か

　では社会的養護当事者を，どのように捉えれば良いのだろうか。上野千鶴子[12]らは当事者という捉え方を，問題を抱えた人々ではなく，ニーズを持った人々と定義している。この定義を，社会的養護当事者に置き換えれば，社会的養護から離れ社会的自立を図る際に生じる種々のニーズを有する人々を当事者と考えることができる。

　しかしながら，実際にはニーズを持った人ではなく，市川太郎[13]が指摘しているように施設出身者や施設育ち，あるいは里子だという見方，いわゆる偏見や差別を持たれることが多いのが実情である。筆者の経験においては，社会的養護という言葉を知っている人は，世間一般には2割に満たないと思われる。正しく理解している人となるとその割合はさらに低くなる。

　ここで大切となる視点は，社会的養護経験者が偏見やスティグマ（烙印）を持たず，また問題を抱えた人々ではなく，ニーズを持った人々を当事者と捉えることである。

　次に社会的養護経験者である当事者の課題を述べていきたいが，その前に障害者の当事者運動の歴史について少しだけ触れておきたい。上野らによれば[14]，1970年代にカリフォルニア大学バークレー校の一人の学生が始めた障害者学生支援活動が最初とされ，のちに20年かけて世界へと広がっていった歴史を持つ。障害者自身による自立生活運動そのものが，当事者運動を引っ張ってきた側面がある。

（2）社会的養護当事者が抱える課題とその解消方法

1）孤　独　感

①　課題が生じる理由

　本項では，当事者が抱える課題について述べる。市川は[15]，当事者から見た社会的養護の課題と展望について，「当事者は，当事者自身の自己決定力を高め『当事者主権』の確立をめざすべきである」と述べ，11項目に整理している。

　当事者の数だけ課題は存在するため，その数はきわめて多いと捉えることが

大切である。ここでは実態調査から見えてきた当事者の課題と筆者の経験から感じた課題について3つ挙げてみたい。

まず1つ目の課題である。2017（平成29）年2月に東京都福祉保健局が出した「東京都における児童養護施設等退所者の実態調査報告書」において，退所直後に困った事として最も多く上がったのは，「孤独感・孤立感」であった。2011（平成23）年の前回調査報告書でも同様の結果が出されているのは注目に値する。

また2012（平成24）年3月，NPO法人ふたばふらっとホームから出された「社会的養護施設等および里親出身者実態調査概要報告」によれば，社会に出て困ったことの問いで最も高い割合を示したのは，「いきなり一人になり寂しかった」であった。

さらに2011（平成23）年9月，「児童養護施設退所者における社会的自立の支援に関する調査研究」の報告書が出された。同研究は宮城県の児童養護施設5施設，岩手県3施設，山形県3施設，福島県3施設の計14施設の20歳以上の退所者172名を対象にした調査である。この調査結果において，退所後に困ったことの問いに対し，上から2番目に挙げられたのが，「孤独感を感じる」であった。

以上3つの調査報告書を示したが，社会的養護を経験した当事者が公的保護から離れ施設等を退所し社会へ巣立つ際，困ったことに共通していたのは，孤独感である。

筆者も高校卒業後，児童養護施設を離れ全くゆかりのない県外で一人暮らしを始めたが，彼ら同様に非常に強い孤独感やとても寂しい気分に苦しめられた経験がある。しかし筆者の場合は，施設長はじめ児童指導員や保育士の公私にわたる献身的な支援を受けられたことや大学の友人関係に大変恵まれ，学年が上がるにつれ心的負担が軽減されたのは誠に幸運であったと言わねばならない。

だが筆者の経験を一般化することができない。なぜならば，先の調査報告書において，当事者が退所後に最も困っている理由に「孤独感」が最上位に挙がっているからである。親や親族の支援や援助が見込めないため，やむなく公的保護を経験した当事者にとり，社会的自立を図る過程において孤独を感じ続け

る生活を強いられる現実は過酷といえる。社会の責務として，このような厳しい状況を変えていかなければならない。当事者の孤独感の解消をどのように図っていくかは大きな課題である。

　②　解消方法

　解消するための取り組みとしては，アフターケアがある。ニーズを抱えた当事者に対して，困りごとや悩みごとの相談援助に乗ったり，適宜助言を行ったり，生活支援など様々な形で社会適応支援を行っている。

　たとえば，当事者が転職を何度も繰り返すと社会的養護先に対して連絡しづらくなり，やがて疎遠となりアフターケアができないケースが意外に多いと現場の職員から聞く。当事者をどう追跡するかは課題だが，有効な手立てを講じられないのが実情である。社会的養護の当事者たちの一特性といえよう。

　なお厚生労働省調査（以下，厚労省）によれば，退所児童等アフターケア事業を実施している事業所数は31カ所にのぼる（2015年10月１日現在）。現在この事業は社会的養護自立支援事業に名称が変わり，居住者支援はじめ生活費支給や生活相談支援，就労相談支援などの事業が都道府県等において実施されている。

　２つ目の解消策として，2004（平成16）年の児童福祉法改正により義務化された児童自立生活援助事業がある。この事業は義務教育終了後，里親やファミリーホームへの委託または児童養護施設等への入所措置が解除された当事者たちに対して，自立援助ホームにおいて相談その他の日常生活上の援助や生活指導などを行うことを通して，地域社会において当事者の自立を図ることを目的としている。

　自立援助ホームの役割はこのようになるが，実際には当事者の自立を図るのに現場では苦労の連続でなかなか難しいという生の声が，筆者がコーディネーターとして参加した自立援助ホーム協議会第24回仙台大会（2017年）において多く出された。当事者の自立を図るのは，「言うは易く行うは難し」ということである。社会的養護のシビアな現実といえよう。

　厚労省が2017年４月から始めたのが，社会的養護自立支援事業である。この

事業は，児童自立支援事業をさらに包括的に拡大させたものであるが，今後地方自治体の実施を義務づけることが求められる。

2）低い自己肯定感

①　課題が生じる理由

2つ目の課題は，筆者の経験から捉えると自己肯定感を持つことである。残念ながら，筆者が接してきた当事者においては，親からの虐待や家庭環境の厳しさを経験してきた，あるいは過酷な状況に置かれた人ほど自己受容がされておらず，自己肯定感が育まれなかったように感じている。親から受け入れてもらえなければ，自分自身のことも受容できないのは当然である。つまり親から受ける愛情の質量の違いが，自己受容や自己肯定感の高低に大きな影響を及ぼしていると推察される。

②　解消方法

どのようにして自己受容を図りつつ自己肯定感を醸成していくか，その取り組みはどんなものがあるのだろうか。近年，社会的養護の中核的な存在である児童養護施設において，入所中の児童に対して，施設職員が児童と共に生い立ちを整理していく援助の導入が少しずつ進んでおり，静かな注目を集めている。

それがイギリスで開発されたライフストーリーワークという援助技術である。ライフストーリーワークは，信頼する重要な他者と児童が生まれてから今日に至るまでの生い立ちを年齢ごとに順追って両者で確認しながら埋めていくワーク（作業）である。

才村真理によってわが国に紹介されたライフストーリーワークの効果検証は，今後の検討課題となろう。しかしながら，信頼する職員と児童が自分の生い立ちを整理していくプロセスは，育ちの客観化を確実に促進すると同時に，その促進が自己の存在を相対化させることへと繋がり，児童がこれまで関わった親や養育者の接し方について気づきをもたらす実践報告[20]が施設現場から出ている。

何らかの援助方法により，出自や生い立ちに対する自己の認識基盤を築く時期は，社会的自立を果たしていく前にしておくことが求められる。ライフストーリーワークは，その一助となりうる可能性を秘めている。全国へさらに広

まることを期待したい。

3）結婚・家庭を持つこと

①　課題が生じる理由

　3つ目の課題は家庭を持つことである。結婚する，しないは個人の選択であり権利であるため，これはかなりセンシティブな問題提起になると思われるが，敢えて課題として挙げたい。何らかの事由により，家庭で育つことが叶わなかったのが社会的養護を経験した当事者である。筆者も含め当事者は，どれだけ家庭で育つことを願ったかは想像に難しくない。人として当然持つべき根源的な願望だからである。

　だからこそ，今度は自分が成人したときに，かつて自分が経験できず何度も夢見た家庭生活を味わう生き方が必要ではないかと筆者は強く思っているが，どうだろうか。筆者と同じ施設で育った当事者で結婚しない，したくない，できない人たちがいる。生い立ちコンプレックスや人間不信，あるいは自己肯定感の低さがその要因として影響しているのではないかと推察することが時折ある。

　かつて筆者もそんな当事者の一人であったことを告白したい。現在，結婚して25年を超え妻と3人の子どもに恵まれ幸せな家庭を築いている。この家庭の営みにより，幼少時の傷付いた心の痛みや寂しさ，孤独感がどれだけ癒されているか計りしれないと折に触れて感じている。

　筆者の経験を踏まえ，不安で結婚に踏み出せない当事者に伝えたいことは，「案ずるより産むが易し」という言葉である。実は筆者自身，妻と結婚に踏み出す勇気が湧かなかった。コンプレックスがあり，自信がなかったからである。そんな姿を見かねて助け舟を出してくれたのは，筆者の里親であった。彼から強く背中を押され里親宅で結納を執り行い，挙式では仲人まで引き受けてもらった。里親の導きがなければ今頃どうなっていたか分からない。

　筆者のケースは稀で一般化することは確かに難しい面があるが，しかし強調したいことは，「案ずるより産むが易し」である。一歩前に出てみることである。夫婦で分かち合い，苦労を半減させ喜びを倍加させる機能を家庭は有して

表10-1 社会的養護の当事者団体数（全国組織「こどもっと」を除く）

	団体名	代表者	所在地	運営形態	補助金の有無	設立日
1	だいじ家	塩尻真由美	宇都宮市 （8月移転予定）	NPO法人	無	2014.8.29
2	日向ぼっこ	渡井隆行	東京都文京区	NPO法人	有	2006.3.3
3	なごやかサポートみらい	蝦沢光	名古屋市	NPO法人	無	〈任意団体〉 2008.9.21 〈NPO法人化〉 2013.11.8
4	Childen's View&Voice （CVV）	徳廣潤一	大阪市	任意団体	無	2001.6
5	ひ・まわり	石川玲子	三島市	任意団体	無	2004.6.15
6	レインボーズ	池田征人	鳥取市	任意団体	無	2010.4.10
7	ふたばふらっとホーム	園武友	府中市	NPO法人	無	2011.3.15
8	社会的的当事者参加民間 グループこもれび	佐野優	松戸市	任意団体	無	2008.6.4
9	COLARS	伊達昭	…	任意団体	無	…
10	奈良県社会的養護の当事 者団体明日天気になあれ	M	天理市	任意団体	無	2010.9.6
11	さくらネットワークプロ ジェクト	滝沢正美	文京区	任意団体	無	2001.4.21
12	白ひげ	三浦宏一郎	横浜市	任意団体	無	2014.5.5

注：「…」は不明部分。
出所：草間吉夫「わが国の児童養護における自立と自立支援」マイク・スタイン／池上和子訳『社会的
養護から旅立つ若者への自立支援』福村出版，2015年，218-219頁を筆者改変。

いる。そして子どもたちが幸せを産み出してくれる。理解ある伴侶に恵まれ，
良い家庭を築ければ，社会的養護の再生産を親世代で断ち切ることにも繋がる。
そのためにも当事者には苦労したからこそ，家庭を築いて幸せになってほしい
と考えている。

②　解消方法

家庭を築くきっかけづくりとしては，当事者団体が運営する居場所はその1
つとなる可能性を持っている。当事者同士の境遇は似通っているため，共通理
解と共感性は高く人間関係を構築しやすい。その証拠に，当事者同士で結婚す
る例が少なくないからだ。筆者の出身施設のOB・OGや教え子でも夫婦が誕
生している。ただし表10-1で見れば分かる通り，現況では当事者団体の居場

所の数が少ないことは大きな課題である。

　2017年3月31日付で厚労省から通知された「社会的養護自立支援等事業の実施について」では，生活相談の実施における退所後の支援の具体的事業として，「(ウ)対象者が気軽に集まる場を提供し，意見交換や情報交換，情報発信等自助グループ活動の育成支援を行うこと」が明記された。

　さらに同年8月に同省から発表された「社会的養育ビジョン」の中でも，「当事者団体の形成を促進し，活動を支援する制度的取組が必要である」と謳われた。これらの施策により，当事者が気軽に立ち寄れる居場所づくりを，当事者と関係者及び関係機関が協働して都市部や県庁所在地に整備していくことを期待したい。

（3）社会的養護の当事者団体の課題と乗り越えるための視座

　　──活動を広げるために

1）社会的養護の当事者団体の課題

　次に社会的養護経験者の当事者団体活動の課題について述べていきたい。ここでは課題を4つ挙げたい。

　①　組織運営の基盤の脆弱さ

　2015（平成27）年2月11日時点において，日本における社会的養護を経験した当事者による団体数は12カ所存在する（表10-1参照）。この表からは，2001（平成13）年以降になってから設立が相次いだことが見て取れる。ちなみに表10-1は，朝日新聞厚生文化事業団の助成を受けて設立された当事者団体全国組織「こどもっと」代表の清水真一（当時）が，筆者の依頼を受けて作成したものである。今回，清水真一元代表に表10-1について確認したところ，代表も他者へ替わったことから現況を把握していないとのことであった。助成先である朝日厚生文化事業団の担当者へ照会をかけたところ，「現在は活動休止状態になっています」との返答であった。そこで社会的養護を所管する厚生労働省子ども家庭局家庭福祉課へも照会をかけてみたが返答は事業団と同様であった。

　このことから見えてくる当事者団体における1つ目の課題は，組織運営の基

盤が非常に脆いことである。法人格を有する団体が，４団体のみとなっていることが，それを証明している。安定的な事業運営を行っていくには，法人化を図ることは必須条件となる。組織運営に精通する会計士や行政書士，事業経営者といった専門家に支援を仰ぐことが求められる。

②　財政基盤の脆弱さ

２つ目の課題は，財政基盤がきわめて脆弱な点である。補助金を受けているのが１団体のみだからである。自己資金だけでは自らが行いたい事業が，早晩資金が底をつき休止に追い込まれる可能性は高い。資金獲得に秀でたアドバイザーに参画してもらうことや，官民の補助金を受給すべく積極的に申請を行うことが求められる。

③　人的ネットワークの構築能力の弱さ

３つ目の課題は，人的ネットワークの構築である。一般家庭人と当事者の間には，家族などによる有形無形の支援が有るのか無いのかというシビアな現実とハンディがある。そのため，これはきわめて逆説的な課題となるが，事業の継続化を図る上においては，複線的人的ネットワークを構築できるか否かで，成否が分かれると言ってよい。構築力を実現する難易度は高いが，果敢にトライすることが求められる。

④　組織運営の閉鎖性

４つ目の課題は，組織運営の閉鎖性である。当事者による当事者活動は，元経験者だけにニーズのミスマッチは起こりにくい面があり，それはメリットである。その反面，社会へ理解を広めていくには，外からの目，一般人の視点はとても大切になってくる。社会一般の理解が深まらなければ，外からの支援や寄付，補助金などを得ることができないからである。

組織メンバーには，当事者以外の人を必ず複数入れることが求められる。組織運営に一般性を担保しなければ，独りよがりで独善的な事業と外部からレッテルを貼られ支援の輪は広がらない。最終的には活動休止へと追い込まれるリスクが高い。当事者はこのシビアな現実を理解しなければならない。

大切なことは，構成メンバーと活動が外部に常に開かれていることと，当事

者ではない関係者および関係機関とどれだけ協働化が図れるか，これがとても重要である。

２）課題を乗り越えるための視座

① ソーシャルアクション

前項で当事者団体の現況が不明となっているのは，当事者が持つ厳しい現実を如実に物語っているように思われる。厳しい現実が社会的養護の一側面ともいえる。しかしながら，今世紀に入り当事者がソーシャルアクションを起こし始めたことは，特筆すべきことだと考えられる。当事者の声は，これまで関係機関には届きにくく無きに等しかったからである。当事者自らが声を上げ，行動を起こしたことは，わが国の社会的養護の前進といえる。

カナダ・オンタリオ州トロントにある Parc（Pape Adolescent Resource Center／ペープ青少年資源センター）という組織は，市内の２つの CAS（日本の児童相談所に相当）から支援を受け，児童福祉の保護下にある青少年や当事者の自立に資する活動支援を1986年から行い，様々なソーシャルアクションを展開している。そのため世界から注目されている組織でもある。

表10-1にある CVV は，Parc の取り組みに触発されて設立された団体で，メンバーは何度か現地へ足を運んでいる。筆者は Parc に1997（平成９）年５月から９月下旬にかけて約４カ月間インターンを経験し，活動の様子を間近で直接触れてきたが，わが国の当事者活動も彼らに一歩近づいたのではないかと考えている。当事者運動の芽生えは未来への展望といえる。

② 社会的養護自立支援事業

前述したが，厚労省は2017年４月から社会的養護自立支援事業を開始した。この補助事業を受託する当事者団体が今後見込めることは，明るい材料であり第２の展望である。この事業創設により，ボトルネックとなっていた財政基盤の改善が格段に図られるからである。当事者が事業採択に向けて応募することを期待したい。

③ 当事者の強みを活かした機能の発揮

第３の展望は，当事者ならではの固有性機能の発揮が見込めることである。

具体的には，当事者からの視点（当事者性），入所児童の思いや意見の代弁（代弁性），当事者起点の在り方論（当事者援助技術論），思いの共有（共感性），法制度の提言（提言性），地位の向上（発信性）など機能発揮が見込める。[23]当事者団体は今後設立が見込めるため，当事者は関係者および関係機関との協働を図ることを常に意識しながら，存分に固有性機能を発揮していくことを期待している。

　以上，社会的養護経験者の当事者と団体の現状を踏まえ解決すべき課題と展望について種々述べてきた。当事者の目指すべき人生は，自己実現するところにゴールが存在すると考えている。つまり，生涯をかけて潜在的な可能性と社会的な諸能力を高めながら自己実現を図っていく営為と過程が自立の目的であると考えている。自立が最終目標や目的ではなく，自己実現を図る上で欠かせない手段や方向性という捉え方が大切である。自立の仕方，すなわち自己実現の形は人の数だけある。百人百様なのである。

注

(1)　園井ゆり『里親制度の家族社会学』ミネルヴァ書房，2013年，62頁。

(2)　Goldstein, J., A. Freud & A. J. Solnit. *Before the Best Interests of the Child*, Free Press, 1979.

(3)　芝野松次郎『子ども虐待——ケース・マネジメント・マニュアル』有斐閣，2001年，12-14頁。

(4)　園井ゆり，前掲書，69頁。

(5)　野澤正子「児童福祉の方法原理——子どもの権利条約及びパーマネンシープランニングの意義と特質」『社會問題研究』49（2），2000年，66頁。

(6)　児童相談所が，社会的養護を必要とする子どもやその保護者に対して指導をしたり，子どもを児童福祉施設あるいは里親に養育を委託することを「措置」という。措置には主に「在宅措置」と「施設入所・里親委託等措置」の2つがある。

(7)　厚生労働省「新しい社会的養育ビジョン」2019年，8・19・31頁。

(8)　主に，長期にわたり家庭復帰が望めない子どもを対象に，地域社会の民間住宅を活用して，近隣住民との適切な関係を保持しつつ，家庭的な環境の中で養護を実施することにより，入所している子どもの社会的自立を促進するもの。

(9) 児童養護施設，乳児院，児童心理治療施設，児童自立支援施設において，虐待を受けた子どもが，できる限り家庭的な環境の中で職員との個別的な関係を通し他者との関係性を回復させることを目的とするもの。本体施設の敷地内で行うものと，敷地外においてグループホームとして行うものがある。

(10) 児童福祉施設入所中の子どもの自立を支援するために，入所から退所後までに継続的に取り組む援助計画。1998年に義務付けられた公的な書類である。作成における児童相談所等関係機関との連携についても言及されている。

(11) 施設職員等による被措置児童等虐待については，児童福祉法の規定により，都道府県市等が児童本人からの届出や周囲の者からの通告を受けて，調査等の対応を行い，その状況を都道府県知事等が公表することとしている。

(12) 中西正司・上野千鶴子『当事者主権』岩波新書，2003年，9頁。

(13) 望月彰編著『子どもの社会的養護——出会いと希望のかけはし』建帛社，2019年，169-170頁。

(14) 中西正司ら，前掲書，24-25頁。

(15) 望月彰編著，前掲書，183-188頁。

(16) 東京都福祉健康局『児童養護施設退所者における社会的自立の支援に関する調査研究』2017年，52頁。

(17) NPO法人ふたばふらっと『社会的養護施設等および里親出身者実態調査概要報告』2012年，14頁。

(18) 桑名佳代子『児童養護施設退所者における社会的自立の支援に関する調査研究』2011年，16頁。

(19) 児童福祉や就業支援に精通したスタッフを配置し，ソーシャル・スキル・トレーニング，相談支援，生活支援等を行うことにより，地域生活および自立を支援するとともに，退所した者同士が集まり，意見交換や情報交換・情報発信等を行えるような場を提供する。

(20) 才村真理ら編『今から学ぼうライフワークストーリー』福村出版，2016年，69-114頁。

(21) 新たな社会的養育の在り方に関する検討会『新しい社会的養育ビジョン』厚生労働省，2017年，44頁。

(22) 子どもの虹情報研究所編『子どもの権利擁護と自立支援——カナダ・オンタリオ州の取り組みに学ぶ』カナダ・ユース招聘委員会，1998年，24-31頁。

(23) マイク・スタイン・池上和子訳『社会的養護から旅立つ若者への自立支援』福村出版，2015年，219頁。

参考文献

・第1節

伊藤嘉余子『社会的養護の子どもと措置変更——養育の質とパーマネンシー保障から考える』明石書店，2017年。

園井ゆり『里親制度の家族社会学』ミネルヴァ書房，2013年。

中村直樹「社会的養護とパーマネンシーの保障——施設養護，里親，そして家族復帰」『北海道教育大学紀要　人文科学・社会科学編』65(1)，2014年，75-87頁。

・第2節

新保育士養成講座編纂委員会編『社会的養護』全国社会福祉協議会，2016年。

中山正雄編著『実践から学ぶ社会的養護の内容』保育出版社，2011年。

厚生労働省「児童虐待防止対策の抜本的強化について」(https://www.mhlw.go.jp/content/000496811.pdf，2019年9月29日アクセス)。

・第3節

新たな社会的養育の在り方に関する検討会「新しい社会的養育ビジョン」2017年。

石原孝二編『当事者研究の研究』医学書院，2013年。

ビル・ウォーレル／河東田博訳『ピープル・ファースト　当事者活動のてびき——支援者とリーダーになる人のために』現代書館，2010年。

草間吉夫『ひとりぼっちの私が市長になった！』講談社，2006年。

草間吉夫『高萩市長草間吉夫の1600日』茨城新聞社，2010年。

草間吉夫『高萩市長草間吉夫の1400日』茨城新聞社，2014年。

草間吉夫『児童養護施設の子どもの貧困を考える』社会福祉法人同仁会，2017年。

桑名佳代子「児童養護施設退所者における社会的自立の支援に関する調査研究」2011年。

厚生労働省雇用均等・子ども家庭局通知「社会的養護自立支援事業等の実施について」2017年3月31日。

厚生労働省子ども家庭局「最近の子ども家庭行政の動向について」2019年7月19日。

子どもの情報研究所編『子どもの権利擁護と自立支援——カナダ・オンタリオ州の取り組みに学ぶ』カナダ・ユース招聘委員会，1996年。

才村純ら監修・岸井勇雄ら編『子ども家庭福祉の新展開』同文書院，2019年。

才村真理ら編『今から学ぼうライフストーリーワーク』福村出版，2016年。

児童育成協会監修，相澤仁ら編『社会的養護Ⅰ』(新・基本保育シリーズ⑥)中央法規出版，2019年。

児童育成協会監修，相澤仁ら編『社会的養護Ⅱ』(新・基本保育シリーズ⑧)中央法規出版，2019年。

マイク・スタイン／池上和子訳『社会的養護から旅立つ若者への自立支援』福村出版，

2015年。

全国社会福祉協議会編『児童家庭福祉論——児童や家庭に対する支援と児童・家庭福祉制度』全国社会福祉協議会，2019年。

東京都福祉健康局「児童養護施設退所者における社会的自立の支援に関する調査研究」東京都，2017年。

中西正司・上野千鶴子『当事者主権』岩波新書，2003年。

日本社会福祉学会編『社会福祉学事典』丸善出版，2014年。

NPO法人日向ぼっこ『施設で育った子どもたちの居場所「日向ぼっこ」と社会的養護』明石書店，2009年。

NPO法人ふたばふらっと「社会的養護施設等および里親出身者実態調査概要報告」2012年。

望月彰編『三訂 子どもの社会的養護——出会いと希望のかけはし』建帛社，2019年。

吉田幸恵『社会的養護の歴史的変遷——制度・制作・展望』ミネルヴァ書房，2018年。

吉田幸恵・山縣文治編『新版 よくわかる子ども家庭福祉』ミネルヴァ書房，2019年。

読売光と愛の事業団『I have a dream 児童養護施設からはばたく若者の体験記録集』2009年。

索　引

著者紹介 （所属，分担，執筆順，＊は編者）

＊小川恭子（編著者紹介参照：第1章1・第10章1）

福玉大輔（北海道社会事業協会 すずらん施設長：第1章1）

兎澤 聖（尚絅学院大学総合人間学系心理・教育学群准教授：第1章2）

＊坂本 健（編著者紹介参照：第2章）

上薗昭二郎（南さつま子どもの家園長：第3章・第8章2）

岡本眞幸（横浜女子短期大学保育科教授：第4章1・2）

トムソン・スティーヴン（横浜女子短期大学保育科准教授：第4章3）

木塚勝豊（大谷大学教育学部准教授：第5章・第9章2（2）（3））

潮谷佳男（慈愛園乳児ホーム施設長：第6章1）

高橋誠一郎（至誠学舎立川児童事業本部副本部長：第6章2）

齋藤弘美（大洋社常務理事：第6章3）

中垣真通（子どもの虹情報研修センター研修部長：第6章4）

保坂葉子（鳥取県立喜多原学園保育士：第6章5）

佐久間美智雄（東北文教大学短期大学部子ども学科教授：第6章6・第10章2）

齋藤信哉（国立障害者リハビリテーションセンター自立支援局秩父学園療育支援課長：第6章7）

髙橋美帆（いずみ寮主任支援員：第6章8）

本多洋実（公益財団法人全国里親会副会長：第7章）

井元真澄（梅花女子大学心理こども学部教授：第8章1）

熊﨑有香（日本児童教育専門学校保育福祉科非常勤講師：第9章1）

高木真理（児童養護施設羊ヶ丘養護園指導部長兼羊ヶ丘児童家庭支援センター相談員：第9章2（1））

草間吉夫（新島学園短期大学准教授：第10章3）

編著者紹介

小川恭子（おがわ・きょうこ）

北星学園大学大学院社会福祉学研究科博士後期課程社会福祉学専攻単位取得満期退学。
現　　在　藤女子大学人間生活学部特任教授。
主　　著　『子どもの社会的養護』（共著）大学図書出版，2011年。
　　　　　『相談援助実習・実習指導』（共著）久美出版，2011年。
　　　　　『保育・教育　実習日誌の書き方』（共著）中央法規出版，2016年。

坂本　健（さかもと・たけし）

東洋大学大学院社会学研究科社会福祉学専攻博士後期課程満期退学。
現　　在　白百合女子大学人間総合学部教授。
主　　著　『児童相談援助活動の実際』（編著）ミネルヴァ書房，2002年。
　　　　　『保育者のための児童福祉論』（共著）樹村房，2008年。
　　　　　『子どもの社会的養護』（編著）大学図書出版，2011年。

シリーズ・保育の基礎を学ぶ③
実践に活かす社会的養護 I

2020年4月30日　初版第1刷発行　　〈検印省略〉
2024年3月30日　初版第4刷発行

定価はカバーに
表示しています

編　著　者　　小　川　恭　子
　　　　　　　坂　本　　　健
発　行　者　　杉　田　啓　三
印　刷　者　　中　村　勝　弘

発　行　所　　株式会社　ミネルヴァ書房
　　　　　607-8494　京都市山科区日ノ岡堤谷町1
　　　　　電話代表　(075)581-5191
　　　　　振替口座　01020-0-8076

© 小川・坂本ほか，2020　　中村印刷・古田三誠堂製本

ISBN978-4-623-08921-5

Printed in Japan

シリーズ・保育の基礎を学ぶ

（全7巻）

A5判・並製カバー・各巻平均250頁

第1巻　実 践 に 活 か す 社 会 福 祉

第2巻　実践に活かす子ども家庭福祉

第3巻　実 践 に 活 か す 社 会 的 養 護 I

第4巻　実 践 に 活 か す 社 会 的 養 護 II

第5巻　実 践 に 活 か す 子 育 て 支 援

第6巻　実践に活かす子ども家庭支援

第7巻　実 践 に 活 か す 保 育 実 習

──────── ミネルヴァ書房 ────────

https://www.minervashobo.co.jp/